SFV

Justus F. Wittkop

Unter der schwarzen Fahne

Aktionen und Gestalten des Anarchismus

S. Fischer

Umschlagentwurf Hannes Jähn
Satz und Druck Georg Wagner, Nördlingen
Einband Hans Klotz, Augsburg
Printed in Germany 1973
ISBN 3 10 091401 5

Inhalt

I. KAPITEL

Das Konzept der zwangsfreien Gesellschaft

»Der Mensch ist gut.« Auf dieser Überzeugung basiert der Anarchismus und zieht aus ihr seine Folgerungen: Wenn der Mensch gut ist, bedarf es keines Zwanges, um ihn auf dem rechten Weg zu halten, worum sich die staatlichen Institutionen (Polizei, Gerichte, Gesetze, Regierungen und Kirchen) seit jeher durch Zwangsmittel bemühen, ja womit sie sogar ihre Daseinsberechtigung erklären. Der Mensch hat ein Recht auf unbedingte Freiheit. Da er autonom ist, kann nur freiwillige Zustimmung ihn zu irgendetwas verpflichten. Die Zwangs-Instanzen wollen jedoch auf die angemaßte Gewalt nicht verzichten: Daraus entstehen alle Unterdrückungen, Ungerechtigkeiten, Verbrechen und sozialen Leiden. Darum muß der Mensch sich selbst befreien, das heißt, er muß die Revolution entfesseln, nicht die politische, die immer nur Herrschaft durch andere Herrschaft ersetzt, sondern eine viel umfassendere, die alles Vorgeformte zerstört, was die Menschen in einseitiger Entwicklung in ihre heutigen Abhängigkeiten geführt hat; eine Revolution, die Freiheit von allen wirtschaftlichen und politischen Zwängen bringt, weil diese Freiheit der einzig angemessene Zustand sein kann. Darum ist alles, was ihren Ausbruch beschleunigt, von größtem Verdienst, alles jedoch, was ihr im Wege steht oder sich ihr widersetzt, der Vernichtung anheimzugeben.

Dieses auf die einfachste Formel gebrachte Glaubensbekenntnis des Anarchisten enthält bereits das Paradox, daß der endzeitliche Zustand unbedinger Gewaltlosigkeit mit Hilfe von Gewalt erstrebt wird, wobei freilich zu bemerken ist, daß es auch anarchistische Richtungen gab, die jede Form der Gewalt ablehnten. Anarchismus kennt eben keine Dogmen. Theoretisch einig waren alle Anarchisten nur darin, sich gegen jede staatliche Gewalt und vor allem gegen jede Diktatur zu wehren, auch dann, wenn sie als Übergangslösung zu dem beispielsweise von Karl Marx versprochenen »Absterben des Staates« gedacht ist und sich »Diktatur des Proletariats« nennt, in Wirklichkeit Diktatur von Parteiführern.

Anarchisten haben ein tiefes Mißtrauen gegen politische Parteien; sie sehen in ihnen nur Mittel zur Herrschaftsausübung, enthalten sich darum in der Regel der Stimmabgabe bei Wahlen, verzichten also auf Vertretungen in den Parlamenten, die ihrer Ansicht nach nur auf Kosten der Wähler basisfremde Machtpositionen bilden, und haben sich nie zu einer eigentlichen Partei zusammengeschlossen, da sie weder herrschen noch beherrscht werden wollen. Zwar gab es bei ihnen Gruppen und lose Verbände bis hin zu den anarcho-syndikalistischen Zusammenschlüssen, doch oberster Grundsatz blieb stets die Gleichheit und die Solidarität unter den Gliedern: Selbst eine so charismatische Persönlichkeit wie Bakunin, einer der Begründer des revolutionären Anarchismus, galt zum Beispiel unter den libertären Sozialisten des sogenannten Jurabundes nie als ein Führer, immer nur als *l'ami Michel*, als Freund.

Als es im letzten Viertel des vorigen Jahrhunderts zu einer Reihe spektakulärer Attentate kam, vermuteten die Polizeiverwaltungen europäischer Staaten ganz zu Unrecht eine internationale Organisation. Überall handelte es sich um Taten einzelner Anhänger der An-archie*, die für ihren mit politischer Mystik durchsetzten Glauben das Selbstopfer und

* Herrschaftslosigkeit.

das Verbrechen nicht scheuten. Mit ihrer »Propaganda durch die Tat« haben sie zwar jahrzehntelang immer wieder Schlagzeilen gemacht, doch hinter diesen von Ideen und Zwangsvorstellungen Gejagten stehen die Theoretiker des Anarchismus, deren wirtschaftspolitische und soziale Programme eine Musterkarte libertärer Denkmodelle darstellen und unbeschadet der situationsbedingten, terroristischen Auswüchse und bei aller utopischen Zielsetzung ernsthafte Prüfung in zumindest vielen Punkten nicht zu fürchten brauchen.

Freilich lassen sich unter dem Wort Anarchismus widerspruchsvolle Ideen subsumieren, denn *die* anarchistische Lehrmeinung gibt es nicht. Die Wege zur herrschaftsfreien Gesellschaft stellen sich den einzelnen Theoretikern ganz verschieden dar. Sie alle setzen einen uralten philosophischen Traum fort, dem manche Historiker bis ins Altertum nachgegangen sind. Von Max Nettlau[1], dem deutschen Chronisten des Anarchismus, existiert ein ganzer Band über das, was er den *Vorfrühling der Anarchie* nennt. Von dem alexandrinischen Philosophen Karpokrates (2. Jahrh. v. Chr.) über Rabelais (1495–1553) bis zu dem italienischen Freischarenführer Carlo Pisacane, der einen *Essay über die Revolution* geschrieben hat und während des italienischen Risorgimento im Kampf gefallen ist, geht er die gesamte europäische Geistesgeschichte nach Ansätzen libertären Denkens durch. Begreiflicherweise war das 18. Jahrhundert, das sich soziologischer Probleme bewußt zu werden begann, reich an »Reißbrettkonstruktionen« zwangsfreier Zukunftsgesellschaften.[2] Es sei hier nur Morelly mit seinem *Naufrage des îles flottantes, ou Basiliade du célèbre Pilpai** (1753) erwähnt, in dem der gelehrte Abbé ein Gesellschaftssystem der »natürlichen Anarchie« beschreibt, das er anonym in seinem *Code de la nature* (1755) noch erläutert: Keine Gesetze, keine Institutionen, kein Eigentum; es

* Schiffbruch der schwimmenden Inseln oder Basiliade des berühmten Pilpaí.

geht darin wie unter den Gliedern einer wundervoll harmonischen Urfamilie zu, die von einer Art Vaterkönig regiert wird, ohne daß ihm Machtmittel zur Verfügung stehen, da eine von der Vernunft bedingte Einmütigkeit als selbstverständliche Voraussetzung gilt. Auch die behäbige Zukunftsvision des Freiherrn von Knigge (1752–1796), der meist nur wegen seines häufig falsch zitierten, für die Emanzipation des Bürgertums geschriebenen Buches *Über den Umgang mit Menschen* (1788) bekannt ist, bezieht ihre Farben aus dem Idyll:

»Fürsten und Nationen werden ohne Gewalttätigkeit von der Erde verschwinden; das Menschengeschlecht wird dereinst eine Familie und die Welt der Aufenthalt vernünftiger Menschen werden [...] Jeder Hausvater wird dereinst, wie vordem Abraham und die Patriarchen, der Priester und uneingeschränkte Herr seiner Familie und die Vernunft das alleinige Gesetzbuch der Menschen sein.«[3]

Wir brauchen nicht alle Gesellschaftsutopien aus der Spielzeugschachtel der Aufklärung anzuführen. Konkreter wurden die Vorstellungen von einer Welt ohne Herrschaft des Menschen über den Menschen mit dem Sturz der Theokratie, das heißt dem Fortfall der göttlichen Sanktionierung des Herrschertums. Als aber der Freiheitstaumel der Französischen Revolution nur neue und eindringlichere Herrschaft hervorbrachte, und als im bürgerlichen Zeitalter die Ausbeutung des Menschen durch den Menschen neue erschreckende Formen annahm, versuchten verschiedene Denker, den alten Traum in politische, wirtschaftliche und soziale Postulate umzumünzen. Sie konnten nun aus dem Ideenarsenal der Aufklärungsphilosophie schöpfen. Im Grunde nimmt der Anarchismus die Parole wieder auf, die die bürgerliche Revolution benützt und dann verraten hatte: Freiheit (seine oberste Forderung), Gleichheit (keinerlei autoritäre Bevormundung mehr), Brüderlichkeit (die er zur Solidarität vertieft).

II. KAPITEL

Früh-Anarchisten

In England, das am Ende des 18. Jahrhunderts unter den großbürgerlichen Whigs und der Grundbesitzer-Oligarchie, von Jacobinerfurcht geschüttelt, die Waffen gegen das revolutionäre Frankreich führt, in dem England, das als erstes Land bereits die Folgen der industriellen Entwicklung, trübe Fabriklandschaften, Kapitalhäufung und verelendende Proletariermassen kennenlernt, erscheint im Jahre 1793 ein umfangreiches Buch mit dem harmlos klingenden Titel *Enquiry concerning Political Justice and Its Influence on Morals and Happiness**. Verfasser ist der ehemalige Dissentergeistliche William Godwin (1756–1836), selbst Sohn eines Geistlichen. Sein Priesteramt hat er aufgegeben, als er den Glauben verlor. Durch die Lektüre von Helvetius (1685–1755) und Holbach (1723–1789), den Atheisten unter den französischen Aufklärern, hat er sich dem philosophischen Materialismus zugewandt. Sein Leben verdient er als *hack-writer*, als literarischer Lohnarbeiter. Nachts aber steht er an seinem Schreibpult und zeichnet seine eignen unkonventionellen Gedanken auf. In fröhlicher Zuversicht hat er die optimistische Meinung von der Erziehbarkeit der Menschen zur Vernunft und von ihrer natürlichen Güte übernommen. Vernunft wird, gibt man ihr

* Untersuchung über politische Gerechtigkeit und ihren Einfluß auf die Moral und das Glück.

erst eine Freistatt auf Erden, letztlich alles zum Besten lenken.

»Mit welchem Entzücken muß der wohlunterrichtete Menschenfreund jener glücklichen Zeit entgegensehen, wo der Staat verschwunden sein wird, diese rohe Maschine, welche die einzige fortwährende Ursache der menschlichen Laster gewesen ist und so mannigfache Fehler mit sich führt, die nur durch ihre völlige Vernichtung beseitigt werden können.«[1]

Eines der wesentlichen Hindernisse auf dem Weg in jene glückliche Zeit sind die bei der Industrialisierung sich ausbreitenden Ansammlungen von Eigentum: »Die Anhäufung von Eigentum tritt alle Fähigkeiten des Verstandes in den Staub, sie zerstört jeden Funken Geist und läßt die große Masse der Menschheit in kleinliche Sorgen versinken. [...] Die ergiebigste Quelle der Verbrechen bildet der Umstand, daß der eine im Überfluß besitzt, was der andere entbehren muß. Es mag wahr sein, daß Einsicht, nicht Gewalt das einzige Mittel ist, um diese Ungleichheit zu beseitigen. Unsere bestehende Ordnung strebt aber danach, die Menschheit von der Ohnmacht der Vernunft zu überzeugen. Die Ungerechtigkeit, über die man so klagt, wird mit Gewalt aufrecht erhalten, und die Versuchung, nach einer Änderung auf dem Wege der Gewalt zu streben, ist groß. [...] Allein sein Reichtum erlaubt einem einzelnen Menschen, ohne Widerstand befürchten zu müssen, seinen Einfluß über ganze Volksmassen geltend zu machen. Nur dieser bestimmten Art der Verteilung des Einkommens verdanken die gegenwärtigen Regierungen der Welt ihr Dasein. Nichts ist leichter, als derart organisierte Völker in Kriege zu stürzen.«[2]

Nicht alles Eigentum ist verwerflich, sondern nur »die Art des Eigentums, auf der aller Reichtum der sogenannten zivilisierten Gesellschaft beruht und die zugleich den größten Teil der Menschheit zu elenden Sklaven einer besitzenden Minderheit macht, [...] das System des Eigentums, das einem Menschen die Möglichkeit gibt, über die Produkte der Arbeit eines anderen Menschen zu verfügen.«[3] Diese Art Eigentum soll in Gemeinbesitz übergeführt werden. Ist das geschehen, so erübrigen sich Staat, Regierung und Justiz. Sie haben ihre Rolle ausgespielt.

Ein weiteres Hindernis auf dem Weg ins Glück ist aber auch die »Ehe, wie sie heute gewöhnlich in europäischen Ländern geschlossen wird. [...] es wäre unsinnig, wollte man sich der Erwartung hingeben, daß zwei Menschen längere Zeit vollständig miteinander übereinstimmen könnten. Sie zwingen zu wollen, zusammen zu handeln und zusammen zu leben, hieße, sie den vielen unvermeidlichen Widerwärtigkeiten, Zank und Unglück aussetzen. [...] Das Institut der Ehe ist ein System des Betrugs. [...] Solange ich danach trachte, eine Frau für mich allein in Anspruch zu nehmen und zu verhindern, daß ein anderer seine Überlegenheit zeigt und hierfür die Früchte erntet, mache ich mich der abscheulichsten Alleinherrschaft schuldig.«[4]

Trotz seiner Ablehnung der Ehe heiratete Godwin 1797, also in seinem einundvierzigsten Jahr, die drei Jahre jüngere Mary Wollstonecraft, eine zu ihrer Zeit bekannte Schriftstellerin und die erste Frauenrechtlerin Englands. Bei dem Sturz des französischen Königtums war die schöne, dunkelhaarige Frau nach Paris gefahren, um den Fortschritt der Revolution aus der Nähe zu sehen; auch während der Schreckensherrschaft, als für Ausländer das Pflaster der gärenden Stadt gefährlich wurde, blieb sie in Paris und kehrte erst 1795 nach London zurück.

In seiner *Enquiry* hatte William Godwin das Bekenntnis abgelegt: »Eifrig werde ich den Verkehr mit *der* Frau pflegen, deren Bildung in mir den mächtigsten Eindruck hervorruft. ›Dabei kann es sich freilich ereignen, daß andre Männer sie

ebenso bevorzugen wie ich.‹ – Daraus werden keine Schwierigkeiten erwachsen. Wir mögen uns alle an ihrer Unterhaltung erfreuen, und wir werden verständig genug sein, den Geschlechtsverkehr für gering zu achten.«[5]
Allerdings hatte er nicht lange Gelegenheit, seine Ehe nach diesem toleranten Grundsatz zu führen. Mary Wollstonecraft starb bei der Geburt ihrer Tochter Mary. Freunde besorgten dem Witwer eine kleine Stelle beim Schatzamt, mit deren Gehalt er seine Tochter großziehen konnte. Wegen der explosiven Gedanken in seinem Werk hatte er ernstliche Schwierigkeiten nie gehabt. Der Premierminister Pitt soll gesagt haben: »Ein Buch, das drei Guineas kostet, bewirkt keine Revolution.« Tatsächlich war das Buch wegen seines Umfangs sehr teuer. Trotzdem hatte es zeitweise starke Wirkung auf die jüngere Generation in England, auf die frühen Werke von Coleridge (1772–1834) und von Wordsworth (1770–1850), vor allem aber auf Percy Bysshe Shelley (1792–1822), der auch in verwandtschaftliche Beziehung zu Godwin trat. Nach der Trennung von seiner ersten Frau Harriet Westbrook lebte Shelley mit Godwins Tochter Mary zusammen und heiratete sie 1816 nach dem Selbstmord Harriets. Mary ist übrigens die Verfasserin des berühmten Horror-Romans *Frankenstein*, den sie 1818 veröffentlichte.
William Godwin hatte 1801 zum zweiten Mal geheiratet und sich in traditionellem Vaterzorn mit seiner Tochter überworfen, als sie sich dem jungen Dichter anschloß. Erst nach der Trauung versöhnte er sich mit dem Paar.
1805 hatte Godwin einen kleinen Verlag gegründet, der jedoch nicht florieren wollte. Seine späteren Lebensjahre waren ein ständiger Kampf gegen Mangel und Schulden. Er schrieb noch andere Bücher, darunter eine *History of the Commonwealth of England*, doch keines brachte ihm einen nennenswerten Erfolg.

Ein Porträt von ihm zeigt einen Kopf, der an Statuen aus der Zeit der römischen Republik erinnert. Etwas wie Stoizismus prägt auch manche seiner Reformvorschläge: »Was zunächst die Gebildeten und Mächtigen angeht, so sind sie bestimmt, der Menge bei dem Suchen nach Wahrheit den Weg zu weisen; sie sind gehalten, eifrig, unermüdlich und selbstlos tätig zu sein.«[6]

Über alles aber geht ihm die individuelle Freiheit als die Voraussetzung für individuelles Glück. »Alles, was man gewöhnlich unter Kooperation versteht, ist in gewissem Maß von Übel [...] Wir können nicht in den Gleichgang von Uhren gezwungen werden. Daraus folgt, daß jede über das Notwendigste hinausgehende Zusammenarbeit sorgfältig vermieden werden muß.«[7]

Bereits bei der Erziehung ist der Freiheit in vollem Umfang Rechnung zu tragen: »Ebensowenig wie man Männer zu Sklaven machen darf, wird es erlaubt sein, aus Kindern solche zu machen. Man denkt nicht mehr daran, so viele Meister in der Eierschale heranzubilden, nur um der Eitelkeit der Eltern zu schmeicheln [...]. Man wird von keinem Geschöpf in Menschengestalt verlangen können, daß es etwas lerne, es sei denn, daß solches aus freiem Antrieb geschieht.«[8]

Erstaunlich modern ist seine Auffassung vom Strafvollzug: »Eine [...] Vorstellung, die sich herausgebildet hat hinsichtlich der Entfernung von Verbrechern aus der Gemeinschaft, die sie verletzt haben, ist die, sie auf einen Zustand der Sklaverei oder der Zwangsarbeit hinabzudrücken [...] Für die Sicherheit der Gesellschaft ist diese Maßnahme unnötig. Als Mittel der Besserung des Verbrechers ist sie unglaublich schlecht erdacht. Der Mensch ist ein Verstandeswesen.« Für eine Resozialisierung, wie wir heute sagen würden, gibt es daher »keinen anderen Weg [...] als den, der ihn frei macht. [...] Du möchtest, daß ich arbeite? Treibe mich nicht mit der

Peitsche dazu an; denn wenn ich schon vorher Nichtstun als besser erachtete, so wird die Peitsche meine Entfremdung noch verstärken. Überzeuge mich durch Vernunftsgründe, überlasse meinem Einsichtsvermögen die Wahl.«[9]
Am Ende des 19. Jahrhunderts wird Kropotkin sich auf manchen Gedanken Godwins berufen, und es ist kein Zufall, daß Anarchisten häufig eine Vorliebe für die Dichtungen Shelleys gezeigt haben, in denen viele Gedanken seines Schwiegervaters wiederkehren. Godwin freilich dachte keineswegs daran, für die Änderung der Wirklichkeit den Weg der Gewalt zu empfehlen, da er wußte, daß durch Gewalt das Ziel der Gewaltlosigkeit nie zu erreichen ist. Bei Shelley dagegen klingen auch schon heftige Töne an, wie in seinem Gedicht *The Mask of Anarchy:**

> Steht auf wie Löwen nach dem Schlummer
> in unbesiegbarer Anzahl!
> Schüttelt eure Ketten ab wie Tau,
> der im Schlaf auf euch gefallen war;
> Ihr seid viele – sie sind wenige.[10]

Einen wirklich revolutionären Vorläufer des Anarchismus hat die Französische Revolution hervorgebracht: Filippo Buonarroti (1761–1834), der nicht nur Theoretiker, sondern auch Aktivist war. Der Ururenkel Michelangelos, gebürtig aus Florenz, war in seinen jungen Jahren ein intimer Freund des Herzogs von Toscana, des späteren Kaisers Leopold II. und dritten Sohnes der Kaiserin Maria Theresia. Unruhig war schon seine Jugend. Mit neunzehn Jahren flieht er aus Liebeskummer nach Marseille, um beim Regiment Royal-Italien in fremde Dienste zu treten, kehrt aber zwei Jahre später nach Florenz zurück, wo er ein Jurastudium abschließt und die Contessina Elisabetta Conti heiratet, mit der er fünf Kinder hat. Da trifft ihn, wegen

* Die Maske der Anarchie.

seiner Begeisterung für die französischen Sansculotten, die herzogliche Ungnade. Er muß in die Verbannung und läßt Frau und Kinder zurück. Später heiratet er, aufgrund der revolutionären Scheidungsgesetze in Frankreich, eine Bürgerliche.
Auf der unruhigen Insel Korsika gibt er vorübergehend eine revolutionäre Zeitung heraus und freundet sich mit dem acht Jahre jüngeren Artillerieoffizier Napoleone Buonaparte an. Der heiße Hauch der Marseillaise dringt bis nach Ajaccio herüber. Als der Kopf des Königs im Januar 1793 in Sansons Sägespäne gerollt ist, begibt Buonarroti sich ins Zentrum der Revolution, um sich als Mitglied des Jacobiner- Clubs einzutragen. Der Konvent ernennt den italienischen Edelmann seiner republikanischen Gesinnung wegen ehrenhalber zum *citoyen français* und beauftragt ihn mit verschiedenen Missionen, von denen die gefährlichste ihn nach Lyon führt, wo verkappte Royalisten regieren, die ihn prompt in den Kerker werfen, bis die Truppen des Generals Kellermann die konterrevolutionäre Stadt einnehmen und ihn befreien. In Paris ist er ständiger Gast im Haus Duplay bei Robespierre und seinen Wirtsleuten, wo er, *grande artista e musicista,* bei den bukolischen Zusammenkünften auf dem Cembalo patriotische Weisen spielt. Nach dem 9. Thermidor muß er, als Parteigänger der gestürzten Jacobinerdiktatur, abermals ins Gefängnis, bis er im Oktober 1795 amnestiert wird. Doch sieben Monate später steht er, nun als Verschwörer und Mitglied eines heimlichen *directoire insurrectionnel,* wiederum vor Gericht. Der Grund ist seine Teilnahme an der sogenannten »Verschwörung der Gleichen«, einer Gruppe unter Führung des lebenslang vom Pech verfolgten Gracchus Babeuf (1760–1797), die auf eine Art Kommunismus abzielte, jedoch von Polizeispitzeln durchsetzt, schon bei der ersten Aktion gescheitert ist. Immerhin hat sie die folgenreiche Theorie des revolutionären Staatsstreichs entwickelt.

Das herrschende Großbürgertum, das seit Robespierres Sturz bei krassester Not des Volkes und zügellosem Luxus einer übermütigen Schicht die Revolution in ein *juste-milieu* überzuführen versucht, ist vor der propagandistisch maßlos übertriebenen Gefahr eines Umsturzes durch die »Gleichen« von Panik ergriffen worden und, um jedem Tumult auszuweichen, wird der Prozeß nach Vendôme verlegt. Vor den Richtern in ihrem »republikanischen« Federnaufputz steht, stattlicher als die anderen Angeklagten, auch der Florentiner, möglicherweise mehr als Babeuf selbst einer der Initiatoren des gescheiterten Komplotts. Als man ihm vor dem Urteilsspruch noch einmal das Wort erteilt, erklingen, vielleicht zum ersten Mal in einem Gerichtssaal, Sätze, die schon an anarchistische Thesen erinnern:

»Für die Pflicht jedes bewußten Mannes halte ich es, zum Umsturz des sozialen Systems, das Europa knechtet, beizutragen, um an seine Stelle eine Ordnung zu setzen, die die Würde und das Glück aller verbürgt. [...] Ich muß Ihnen, Bürger Geschworene, glaube ich, vor Augen führen, welches mein sittliches und politisches Glaubensbekenntnis war, als ich nach Frankreich geeilt bin, um mich hier der Sache der Revolution zu weihen. In dem Maß, in dem bei Bildung des allgemeinen Willens der individuelle Wille jedes Einzelnen stärker das gleiche Gewicht erhält, in dem Maß nähert man sich der ›sozialen Gesundheit‹. Weil man dieses Gesetz mißachtet hat, konnte eine kleine Anzahl von Menschen die Güter, das Wissen und die Macht an sich reißen. Darin liegt der Grund zum Despotismus der Herrscher und der Großen, der Grund zu Habsucht und Stolz, an denen die Welt verzweifelt. Pflicht jedes rechtlich denkenden Mannes ist es, daran zu arbeiten, daß mittels der Gleichheit die Herrschaft des wahren Souveräns, die Herrschaft des Volkes herbeigeführt wird. Er muß also die Gewalt bekämpfen, die List entlarven, die Unwissenheit aufklären. Danach, Bürger Geschworene, habe ich mein Verhalten stets gerichtet und als Lohn nur Haß und Verfolgung von seiten der Großen geerntet.«[11]

Fünfundvierzig Tage dauert der Prozeß gegen die Verschwörer. Babeuf aber ist von vornherein als Opfer ausersehen. Nebst einem zweiten, wenig bekannten Mann namens Darthé, der sich dem Tribunal gegenüber despektierlich gezeigt hat, wird er zum Tod verurteilt. Von den vier »Assoziierten«, die ihn zur Aktion getrieben haben, werden zwei freigesprochen, der dritte, Sylvain Maréchal (1750–1803), Verfasser des Manifestes der »Gleichen«, ist nicht einmal verhaftet worden. Der vierte ist Filippo Buonarroti. Er wird zur Deportation verurteilt, wartet im Kerker von Cherbourg auf die Einschiffung und wird dann auf die Insel Oléron gebracht. Ein einflußreicher Freund aus korsischen Tagen, Antoine-Christophe Salicetti (1757–1802), einer der frühen Förderer des jungen Buonaparte, erwirkt die Begnadigung, und Buonarroti kann in die Schweiz entkommen.

1812 versucht er vergeblich, in Grenoble einen Aufstand gegen Napoleon zu entfachen, den zum Tyrann gewordenen einstigen Freund, und flieht zurück in die Schweiz nach Genf. Später hat er eine *Histoire de la conspiration pour l'égalité, dite de Babeuf** geschrieben. Sie wurde zu einem Evangelium für die Revolutionäre der folgenden Generationen, und wir werden sie später in den Händen der russischen Nihilisten wiederfinden.

Mit seinen französischen Abenteuern schloß der glänzende Aristokrat und leidenschaftliche Kämpfer für die soziale Gleichheit seine revolutionäre Laufbahn nicht ab. In Genf lebte er von Sprachunterricht und führte das Leben eines

* Geschichte der Verschwörung für die Gleichheit, der sogenannten Verschwörung Babeufs.

Emigranten. Aber seine Wohnung wurde zu einer geheimen Zentrale, zu einer »Verschwörerschule«.

Es kamen die für Italien von Spannung, Revolte, Unterdrükkung und Hoffnung erfüllten Jahre des Kampfes gegen die österreichische Vorherrschaft. Von seinem Schweizer Exil aus spielte Buonarroti eine wichtige Rolle. Im italienischen Untergrund begannen die geheimen Bünde zu wuchern, die Carbonari, die Guelfen, die Federati, die Adelfen. Sie alle holten sich in Genf bei ihm Rat. Aus Paris kamen Mitglieder des Geheimbundes der Charbonniers, die gegen die Restauration revolutionäre Ziele verfochten. Nicht zuletzt unter seinem Einfluß gingen die meisten dieser Geheimgesellschaften von der abstrakten Idee zu gewaltsamen Aktionen über. Er selbst gehörte zu den Gründern der Adelfia, übernahm aber auch in anderen Verschwörerlogen führende Funktionen. Für die Carbonari, die, ursprünglich gegen die napoleonische Herrschaft gerichtet, einem katholischen Mystizismus gehuldigt hatten, nahm der Wahlspruch »Säuberung des Waldes von den Wölfen« längst eine neue Bedeutung an. Bei einem ihrer Führer, dem Conte Oroboni, fand die österreichische Polizei 1820 einen *catechismo del maestro carbonaro*, worin unter anderem zu lesen stand: *»La proprietà particolare è un attentato contro i diritti del genere umano«**.

Buonarroti gab dem Bund, vielleicht gewarnt durch die trübe Erfahrung bei der Verschwörung der »Gleichen«, eine Organisation, die auf dem System relativ kleiner Zellen beruhte. Keine dieser *venta* genannten Zellen wußte von der anderen; nur durch Verbindungsleute verkehrten sie mit einer *Centralventa,* die wiederum Delegierte in die Provinz-venta sandte, und so fort. Das Eindringen von Polizeispitzeln in die innere Organisation war dadurch erschwert. Einen gleichen Aufbau

* Das Privateigentum ist ein Attentat gegen die Menschenrechte.

finden wir perfektioniert später bei vielen revolutionären, auch anarchistischen Zusammenschlüssen; unter anderen wird ihn auch der russische »Nihilist« Netschajew übernehmen.
Wenn man einem allerdings fragwürdigen Zeugen Glauben schenken darf, dem Denunzianten und Abenteurer Wit von Doering, so hat das eigentliche Endziel der Carbonari, über den erklärten Zweck, die Freiheit Italiens, hinaus darin bestanden, jede Regierung, ob despotisch oder demokratisch, zu bekämpfen, bis ein herrschaftsfreier Zustand, die Anarchie, erreicht sei. Dem »Patriarchen der Carbonari« in Genf mochten solche Vorstellungen in der Tat nicht ganz fremd sein, so suspekt die haßerfüllten »Enthüllungen« des Renegaten Wit von Doering auch sein mögen.
Man darf nicht vergessen, wie stark nationale und revolutionäre Ideale zu Beginn des 19. Jahrhunderts und während der Metternich-Ära überall in Europa noch miteinander verquickt, wenn nicht sogar identisch waren. Es sei nur an die »Unbedingten« oder »Schwarzen«, die Studentengruppe des Gießener, später Jenaer Professors Karl Follen (1795–1840) erinnert; neben hitzig nationalistischen Ansichten lehrte er sie: »Jeder Bürger ist Haupt des Staates, denn der gerechte Staat ist eine vollkommene Kugel, wo es kein Oben und kein Unten gibt, weil jeder Punkt Spitze ist.«[12] Auch terroristische Tendenzen finden sich bei dem Jura-Dozenten: »Dem Gerechten gilt kein Gesetz; die Verwirklichung der Vernunft ist sittliche Notwendigkeit, dazu ist alles erlaubt.« Er zieht den Schluß: »Da Revolution zur Zeit nicht möglich ist, muß man zunächst einige Verräter ermorden, um das Volk zu erschrecken und anzufeuern.«[13] Also bereits »Propaganda durch die Tat« lange bevor der Begriff in den späteren anarchistischen Zirkeln aufkam! Als Karl Ludwig Sand (1795–1820), ein ergebener Anhänger des Professors, den Schriftsteller Kotzebue (1761–1819) ermordet, rät Follen seinen »Schwarzen«,

nach Mannheim zu ziehen, die Stadt anzuzünden und den »Märtyrer« Sand aus dem Gefängnis zu befreien.

Ein gleiches Amalgam aus nationaler Leidenschaft, Entschlossenheit zur Gewalttat und revolutionärem Streben findet sich weit häufiger noch südlich der Alpen unter dem vereinten Druck von Fremdherrschaft und Polizeiterror. Bei Buonarroti aber wiegen, mehr als bei allen anderen revolutionären Führern seiner Zeit, soziale Motive vor. Immerhin kommt es zunächst zwischen seiner jüngst gegründeten Gruppe *I Veri Italiani* und der *Giovine Italia* des jungen Genueser Rechtsanwaltes Giuseppe Mazzini (1805–1872) zu einem Bündnis, das von beiden feierlich unterzeichnet wird. Bekanntlich sollte das »Junge Italien« Mazzinis, der fast alle freiheitlichen Gruppen unter seiner Führung zu vereinigen verstand, beim *Risorgimento,* der Errichtung des geeinten, laizistischen italienischen Staates, eine entscheidende Rolle spielen. Das Bündnis, der *accordo di fratellanza,* mit den *Veri Italiani* zerbrach allerdings schon bald. Zwar arbeitete Buonarroti zunächst an Mazzinis Zeitung mit, aber über den Inhalt seiner Artikel, über ihre Tendenz, kam es zum Zerwürfnis. Der Konflikt zwischen den liberal-revolutionären Vorstellungen des Bürgertums und den sozial-revolutionären Buonarrotis konnte nicht ausbleiben, ein Konflikt, der die Revolutionen des 19. Jahrhunderts allesamt kennzeichnet: Unter scheinbar gleich klingenden Parolen kämpfte man für verschiedene, ja entgegengesetzte Ziele. Der alte Revolutionsveteran brach die Verbindung zu Mazzini, dem jungen Revolutionstaktiker, der viel weniger weit gesteckte Ziele verfocht, gänzlich ab.

Beim Ausbruch der Juli-Revolution in Paris (1830) war der fast Siebzigjährige noch einmal nach Frankreich geeilt. Mit italienischen *patrioti* zusammen bildete er ein Komitee, um in Savoyen einen Aufstand anzufachen und der in Paris siegreichen Revolution über das Piemont einen Weg nach Italien zu

bahnen. Er wurde jedoch verhaftet und lernte noch einmal französische Gefängnisse kennen. Das Bürgertum hatte für den ungerufenen Helfer mit seinen »Babeufschen Ideen« keine Verwendung, es wünschte der Revolution einen Verlauf nach eigenen Konzeptionen. Auch daß einige seiner Anhänger von ihm abfielen, verbitterte den alten Verschwörungsspezialisten.
Am 17. Dezember 1837 starb er verarmt im Haus seines Freundes und Gönners Voyer d'Argenson. Zweitausend Personen, meist Arbeiter und viele italienische Emigranten, folgten seinem Sarg. Ein Arbeiter war es auch, der am Grab auf dem Friedhof von Montmartre die Leichenrede hielt.
Der italienische Edelmann, der sein soziales Weltbild revolutionär in einem egalitären Sozialismus zu verwirklichen trachtete, wirkt fast wie eine Vorskizze zu dem Russen Michail Bakunin, der mit ihm übrigens auch die Vorliebe für die romantischen Formen der geheimen Bünde teilt, seine Agitation viele Jahre lang ebenfalls von der Schweiz aus betreibt und ebenfalls überall präsent ist, wo ein revolutionäres Feuer zu flackern beginnt. Bakunin wird in Italien an die Tätigkeit Buonarrotis anknüpfen können, wenn auch nach dessen Tod die Zahl der Anhänger eines egalitären Sozialismus geschmolzen ist und Mazzinis Einfluß mit den Kräften der bürgerlichen Revolution und der nationalen Einigung überwiegt, die sich dann freilich nicht in Mazzinis Sinn republikanisch, sondern unter der Krone des Savoyers verwirklicht.

Unter den Vorläufern des Anarchismus müssen wir noch zwei weitere erwähnen: Stirner und Thoreau. Bei dem Amerikaner Henry David Thoreau (1817–1862) bleibt allerdings strittig, ob man ihn in die Ahnenreihe der späteren Anarchisten einfügen soll. Zwar hat er 1849 einen langen Essay geschrieben mit dem Titel *Civil Disobedience**, weil er wegen

* *Über die Pflicht zum Ungehorsam gegen den Staat,* Neuausgabe Zürich 1970.

einer Steuerschuld verhaftet wurde. Aber schon nach einer Nacht, die er im Gefängnis zur Niederschrift des erwähnten Essays benutzt, kommt er frei. Eine Tante hat die geschuldete Summe für ihn hinterlegt. Thoreau war ein Freund des militanten Sklaverei-Gegners John Brown, der in den Vereinigten Staaten gegen Sklavenhalter und Regierungstruppen regelrechte Guerillakämpfe organisierte und deswegen 1859 in Charlestown gehängt wurde.

In seinem Hauptwerk *Walden or the Life in the Woods** (1854) schildert Thoreau sein Experiment, durch ein völlig isoliertes Leben in einer selbstgebauten Blockhütte die absolute Freiheit von allen institutionellen und zivilisatorischen Zwängen zu suchen. Ein Experiment, das in wichtigen Punkten offenbar gescheitert ist. Aber im Grunde ist er, den man »den kosmischen Yankee« genannt hat, nur ein aus Widerspruchsgeist rebellierender Kauz. Seinem ganz auf Naturgefühl abgestimmten Individualismus fehlt es jedenfalls an gesellschaftlicher Relevanz.

»Sicher, ich hätte mich – mit mehr oder weniger Erfolg – gewaltsam widersetzen, ich hätte ›Amok‹ gegen die Gesellschaft laufen können; aber lieber sollte die Gesellschaft gegen mich ›Amok‹ laufen; *sie* war doch die verzweifelte Partei«,[14] stellte er hinsichtlich seiner Verhaftung wegen der Steuerschuld fest. Sein Nonkonformismus mündet als gesellschaftliches Verhalten in passiver Resistenz: »Man sagt von Mirabeau, er habe sich auf Straßenräuberei verlegt, ›um sich zu vergewissern, welcher Grad von Entschlossenheit nötig sei, sich in nachdrückliche Opposition zu den heiligsten Gesetzen der Gesellschaft zu setzen‹. [...] Das war männlich, und doch war es Torheit, vielleicht Wahnsinn. Ein vernünftiger Mensch wird sich oft genug in ›nachdrücklicher Opposition‹ zu dem finden, was man so ›die heiligsten Gesetze der Gesellschaft‹

* *Walden oder das Leben in den Wäldern,* Neuausgabe Zürich 1971.

nennt, aus Gehorsam gegen noch heiligere Gesetze, und vermag seine Entschlossenheit ohne Umwege auf die Probe zu stellen. Es ist nicht Sache des Mannes, der Gesellschaft gegenüber eine solche Haltung einzunehmen, sondern in jedweder Haltung zu beharren, in welche er sich durch den Gehorsam gegen die Gesetze seines Seins versetzt findet; diese werden nie im Gegensatz zu einer gerechten Regierung stehen, wenn er zufälligerweise eine solche finden sollte.«[15]

Auch in den Schriften Max Stirners kommt das Wort Anarchismus nicht vor. Und doch war sein Einfluß auf anarchistische Theorien besonders unter den Russen groß. Alexander Herzen, Bakunin und die Nihilisten haben aus seiner Philosophie geschöpft.

Max Stirner (1806–1856), mit bürgerlichem Namen Johann Kaspar Schmidt, war der Sohn eines Flötenschnitzers aus Bayreuth und hat auf den Universitäten von Berlin, Erlangen und Königsberg Theologie und Philosophie studiert. Anfang der vierziger Jahre treffen wir ihn in Berlin im Kreis der »Freien«, einer losen Vereinigung radikal denkender junger Leute um den Theologen Bruno Bauer (1809–1882), dem das Kultusministerium wegen seiner Evangelienkritik gerade die Lehrerlaubnis an der Universität Bonn entzogen hat. Sie kommen in Hippels Weinstuben an der Friedrichstraße, im Café Stehely am Gendarmenmarkt oder in der Hinterstube des Zigarrenladens zusammen, den Bruno Bauer seinem Bruder Egbert in Charlottenburg gekauft hat.

Zu den Freunden gehört auch der zweiundzwanzigjährige Friedrich Engels (1820–1895), der in der Schweiz eine Art Studentenulk in Knittelversen veröffentlicht hat: *Die frechbedräute, jedoch wunderbar befreite Bibel. Oder: der Triumph des Glaubens. Christliches Heldengedicht in vier Gesängen.* Bei den »Freien« ist man atheistisch und antiklerikal. In seinem »Heldengedicht« hat Engels auch den Dr. Schmidt halb scherzhaft charakterisiert: ein »bedächt'ger Schrankenhasser, für jetzt noch trinkt er Bier, bald trinkt er Blut wie Wasser«.

Freilich gehört der so Karikierte zu den Radikalsten unter den Radikalen. Prinzipiell ist er gegen den Staat: »Der Staat hat immer nur den Zweck, den Einzelnen zu beschränken, zu bändigen, zu subordinieren, ihn irgendeinem Allgemeinen untertan zu machen!« wird er schreiben. Oder auch: »Jeder Staat ist eine Despotie, sei nun einer oder viele der Despot, oder seien, wie man sich wohl von einer Republik vorstellt, alle die Herren, denn das heißt nur: Einer despotiert den anderen.«[16]

Dabei ist es im Jahre 1842 unter dem strengen Auge des Oberzensurkollegiums nicht ratsam, der von höchster Stelle geförderten Idee des »christlichen Staates« entgegenzutreten. Die preußische Militärmonarchie unter dem von seinem Gottesgnadentum gläubig überzeugten König wacht darüber, daß sich der »seelenaustrocknende« Liberalismus oder gar die höllisch gefürchteten demokratischen Gedanken nicht ausbreiten. Und da unternimmt es ein verkrachter Lehramtskandidat, den Staat überhaupt in Frage zu stellen.

Äußerlich hat er nichts von einem Aufrührer, ein nicht sehr großer, gedrungener Mann mit einer Stahlbrille auf einer Nase, die an einen Entenschnabel denken läßt. Trotz seiner Sucht, sich bei höchst bescheidenen Mitteln als Dandy zu kleiden, wirkt er in seiner gesprächigen Pedanterie ein wenig schulmeisterlich. Über persönliche Dinge freilich redet er nie, er liebt die Thesen und Theorien, über die die »Freien« in der *Allgemeinen Literaturzeitung* sich verbreiten. Wegen seiner auffallend hohen Stirn rufen die Freunde ihn Stirner, ein Spitzname, den er auch zu seinem Pseudonym gewählt hat.

Das Glück hat ihn nicht verwöhnt, und viel zu verlieren hat er nicht. Kühn kann er schreiben: »Der Bürger müßte fürchten, alles zu verlieren, wenn die Macht des Staates gebrochen würde. Wie ist es aber mit dem, der nichts zu verlieren hat, mit dem Proletarier? Da er nichts zu verlieren hat, braucht er für sein Nichts den Staatsschutz nicht. Er kann im Gegenteil gewinnen, wenn jeder Staatsschutz den Schützlingen entzogen wird.«[17]

Diese Thesen veröffentlicht er in seinem Buch, das 1843 in Leipzig unter dem Namen Max Stirner und dem Titel *Der Einzige und sein Eigentum* erscheint. Blut zwar wird er nie trinken, und Friedrich Engels, mit dem er sich duzt, wird später einräumen: »Er war eine gute Haut, lange nicht so schlimm wie er sich im *Einzigen* macht.«[18]

Im bürgerlichen Sinn war er ein Gescheiterter. Als Lehramtsanwärter hatte ihn die preußische Schulverwaltung zurückgewiesen: Als »der Schulamts Candidat Schmidt [...] am 4. April 1835 in Prima des Joachimsthalischen Gymnasiums eine historische Probelektion« hielt, lautete das Prüfungsurteil: »Der Candidat ging in eine Unterredung mit den Schülern nicht ein [...] Der Fluß der Rede, den man zu bewundern hatte, überschlug sich fast selbst, so daß eine Gleichmäßigkeit, die wie fertig und gemacht erschien, fast ermüdete.«

Nach dem Fiasko, das ihm die Beamtenlaufbahn des Gymnasialprofessors versperrte, lehrte er ein paar Jahre lang an einer privaten »Töchterschule« in Berlin, die von einer Madame Gropius geleitet wurde und später an ein Fräulein Zepp überging. Was er dort den Mädchen aus dem wohlhabenden Bürgertum von seinen unzeitgemäßen Ideen beizubringen versuchte, oder ob er sich in der Praxis streng an den vorgezeichneten Lehrplan gehalten hat, ob seine Schülerinnen für ihn schwärmten oder vor ihm zitterten, entzieht sich der Kenntnis. Immerhin hatte er schon Schriften über »die falschen Prinzipien unserer Erziehung« veröffentlicht, in denen er Forderungen erhob, die heute sehr zeitgemäß klingen: Überwindung des bloßen Wissens durch den Ausbau der Gedankenfreiheit zur Willensfreiheit.

Er hielt auch Vorträge in dem vom Stadtsyndikus Hedemann 1844 für den Vortrupp der Berliner Arbeiter geschaffenen »Handwerkerverein« in der Johannisstraße, der der wissenschaftlichen und praktischen Fortbildung diente, und wo unentgeltlich nicht nur Fachlehrer, sondern auch Erzieher »zu freierem Menschentum« lehrten. Stirner erregte aber den Unwillen der Regierung und mußte aus dem Lehrkörper ausscheiden; der Verein blieb dennoch eine »Schule für heranwachsende Revolutionäre«.

In der Gesellschaft der »Freien« verkehrten auch einige emanzipierte junge Frauen, unter anderen die hübsche, blonde Mecklenburgerin Maria Dänhardt, die nicht unbegütert war. Mit ihr verheiratete sich der nach einer ersten kurzen Ehe früh verwitwete Stirner. So wie Bruno Bauer seinem Bruder den Zigarrenladen gekauft hatte, wollte auch der junge Ehemann die Mitgift seiner Frau nutzbringend anlegen. Seine Spekulation lief darauf hinaus, einen Milchhandel zu organisieren, bei dem die Bauern vor den Toren Berlins die frische Ware direkt anliefern sollten. Nur was später einem Herrn Bolle so vorzüglich gelang, Berlin mit einer Kette von Milchgeschäften zu durchsetzen, schlug dem verkrachten Schulmeister fehl. Auch die Ehe scheiterte, sie wurde 1845 geschieden.

Stirners Biograph, John-Henry Mackay, hat Maria Dänhardt ein halbes Jahrhundert später in London getroffen, wo sie frömmelnd und verbittert lebte, voller Vorwurf gegen den einstigen, längst verstorbenen Ehemann, der ihr Vermögen verschleudert habe.

Jedenfalls ging Stirner aus dem ökonomischen Experiment mit einer drückenden Schuldenlast hervor. Auch die Zeiten waren vorbei, in denen er mit den »Freien« – und mit Maria – in den

Weinstuben fröhlich gezecht hatte. Nach dem Bankrott mußte der enttäuschte Pläneschmied ins Berliner Schuldgefängnis.
Das Buch, das ihn berühmt gemacht hat, hatte er Maria Dänhardt gewidmet. Kurz nach dem Erscheinen wurde es von der Zensur beschlagnahmt. Doch seine kühnen und geistreichen Negationen gingen über den Begriff beamteter Buchstabenwächter: Als »zu absurd« und darum »ungefährlich« gaben sie es nach wenigen Wochen wieder frei. Dabei hatte sich vor Max Stirner wohl nur der Marquis de Sade zu einer gleich ich-bezogenen, absolut autonomen Moral verstiegen. Im *Einzigen* heißt es: »Ich bin zu allem berechtigt, dessen Ich mächtig bin [...], bin durch Mich berechtigt zu morden, wenn Ich Mirs nicht selbst verbiete, wenn Ich selbst Mich nicht vorm Morde als vor einem Unrecht fürchte [...] Ich entscheide, ob es in Mir das Rechte ist; außer Mir gibt es kein Recht. Ist es Mir recht, so ist es recht. Möglich, daß es darum den Anderen noch nicht recht ist; das ist ihre Sorge, nicht meine, sie mögen sich wehren. Und wäre etwas der ganzen Welt nicht recht, Mir aber wäre es recht, d. h. Ich wollte es, so früge ich nach der ganzen Welt nichts.«[19]
Und in der Schlußapotheose seines Buches verkündet er beinahe mystisch: »Im Einzigen kehrt selbst der Eigner in sein schöpferisches Nichts zurück, aus welchem er geboren wird. Jedes höhere Wesen über Mir, sei es Gott, sei es der Mensch, schwächt das Gefühl meiner Einzigkeit und erbleicht vor der Sonne dieses Bewußtseins. Stell' Ich auf Mich, den Einzigen, meine Sache, dann steht sie auf dem vergänglichen, dem sterblichen Schöpfer seiner, der sich selbst verzehrt, und ich darf sagen: Ich hab' mein' Sach' auf Nichts gestellt.«[20]
Max Stirners Philosophie ist die radikalste Absage an den Hegelschen Anti-Individualismus, an dessen Vergöttlichung des Staates, wonach es die höchste Pflicht des einzelnen wäre, Mitglied eines Staates zu sein und sich ihm ganz hinzugeben,

wie Hegel es in seinen *Grundlinien der Philosophie des Rechts* (1821) fordert. Seine Schüler, die »Junghegelianer«, eben der Kreis um Bruno Bauer, hatten zwar auch den Staat der dialektischen Entwicklungsmethode ihres Meisters unterwerfen wollen, doch keiner redet, wie Max Stirner, dem Individuum das Wort.

Andererseits antizipiert seine Philosophie das, was Proudhon, Bakunin oder Kropotkin später unter »Föderalismus« verstehen werden, nämlich die Möglichkeit des Einzelnen, sich mit anderen freiwillig zu föderieren, zu assoziieren, denn Stirner unterscheidet zwischen der prä-etablierten Gesellschaft (Staat, Klasse, Familie), die immer auf Zwang beruht, und der Assoziierung aus freiem Entschluß. Mit anderen zusammenschließen will er sich nur, ohne auf eine Fahne schwören zu müssen. Insofern ist er der konsequenteste Apostel der »Freiheit«, dieses Schlüsselworts für eine Grundtendenz des 19. Jahrhunderts, die sich im Liberalismus und seinem *laisser-faire* ebenso wie im Anarchismus Wege sucht.

Zu seiner Zeit fanden seine Ideen jedoch wenig Echo. Trotzdem blieb er auch nach dem Mißerfolg seines Hauptwerkes, das erst 1882, lange nach Stirners Tod, die zweite Auflage erlebte, schriftstellerisch tätig. Unter anderem übersetzte und kommentierte er den englischen Theoretiker Adam Smith (1723–1790), den Begründer der modernen Nationalökonomie, und veröffentlichte 1852 eine Geschichte der Reaktion. Er war Mitarbeiter an Oppositionsblättern, so an der *Leipziger Allgemeinen Zeitung*. Übrigens finden sich auch in der von Karl Marx redigierten *Rheinischen Zeitung* Beiträge von ihm. Marx, der vorübergehend im Berliner Kreis der »Freien« verkehrt hatte, greift Stirner dann jedoch in seiner – erst posthum 1932 veröffentlichten – *Deutschen Ideologie* unter anderen einstigen Freunden aus dem Kreis um Bruno Bauer an, mit denen er sich bereits in seiner *Heiligen Familie* (1845) auseinandergesetzt hatte. Die marxistische Kritik an Stirner ist – aus guten Gründen – nie verstummt, da seine Verherrlichung des Individualismus dem Gedanken der Parteidisziplin zuwiderläuft. Abwegig ist es aber auch, wenn man neuerdings die Entstehung faschistischer Ideologien aus Stirners Philosophie ableiten will. Stirners »Mir geht nichts über Mich« ist das krasseste Gegenteil der Staats- und Führervergottung, der sich der Einzelne bis zur Selbstaufgabe beugen soll. Daß Benito Mussolini in jungen Jahren anarchistischen Neigungen huldigte und gern Max Stirner zitierte, hat mit seiner später ausgegebenen Parole *marciare, credere, ubbidire* nichts zu tun.

Als es am 18. März 1848 in Berlin zu Straßenkämpfen kommt, findet man Stirner nicht unter den Aufständischen, obwohl seine Thesen revolutionärer waren als alles, was die Bürger auf die Barrikaden trieb. Diese Enthaltsamkeit hat ihm der aus Brüssel nach Köln geeilte Marx besonders verübelt. Für Demokratie, die das Losungswort der Barrikadenkämpfer war, hatte der »Einzige« sich nie erwärmt: Der Umbau des Staates ließ ihn skeptisch beiseite stehen, da ihm erstrebenswert nur der freie Verein der Einzelnen, nicht irgendwelche neuen oder alten Staatsformen schienen. Seinem Habitus nach war er zudem auch nicht der Mann der Tat, der in der Stunde der Revolution zur Flinte greift. Aus der Geschichte hatte er die Sucht der Menschen erkannt, für gestürzte Götzen sich neue zu errichten: »Hatte der weltliche Egoist eine höhere Macht abgeschüttelt, z. B. das alttestamentliche Gesetz, den römischen Papst usw., so war gleich eine siebenfach höhere wieder über ihm, z. B. der Glaube an der Stelle des Gesetzes, die Umwandlung aller Laien in Geistliche statt des beschränkten Klerus usw. Es ging ihm wie dem Besessenen, in den sieben Teufel fuhren, als er sich von dem einen befreit zu haben glaubte.«[21]

Und seine Meinung von der Demokratie: »Im Bürgerstaat gibt es nur ›freie Leute‹, die zu Tausenderlei [...] *gezwungen* werden.«[22]
Er eilte nicht zum Oranienburger Tor, um die Arbeiter der Maschinenfabriken zum Kampf aufzurufen. Er beteiligte sich nicht daran, die königliche Eisengießerei in der Invalidenstraße in Brand zu setzen. Er lag nicht mit einer Schußwunde im Tanzsaal der Jerusalemer Straße, wo Frauen und Ärzte die verwundeten Bürger und Arbeiter pflegten. – Nahm er an den Sitzungen der Klubs teil? Stand er in der Menge, die nach dem Scheitern der Revolution die in Berlin einziehenden Truppen des Generals Wrangel auszischte?
Während das deutsche Bürgertum sich aus Furcht vor dem vierten Stand, den es für seine Revolution mobilisiert hatte, hinter die Kanonen des königlichen Militärs und unter den Schutz der Junker-Kaste flüchtete, lebte Stirner, in Vergessenheit geraten, am Rande des Elends. Tief verschuldet, später sogar in Lumpen gekleidet, saß er in den Berliner Kneipen nüchtern bei seinem Bier, bedürfnislos, außer seinem Hang zu Zigarren, formte er hinter seiner steilen Stirn im Lärm der Gaststube Gedanken, die aufzuzeichnen er vielleicht nicht einmal mehr für wert fand. Er floh seine einstigen Freunde. Er nannte sich noch Publizist, Professor, Dr. phil., aber er lebte von kleinen Kommissionen und Botengängen, wechselte wegen Mietschulden häufig die Wohnung, bis eine Madame Weiss sich seiner erbarmte und ihn in ihrer bescheidenen Pension aufnahm. Lumpenproletarier? Verkommener Bohemien? Verkanntes Genie? Politisch heimatloser Intellektueller? Immerhin hat Friedrich Nietzsche ihn für den kühnsten Denker seit Hobbes gehalten und seine eigene Verwandtschaft mit ihm in solchem Maß empfunden, daß er sogar gefürchtet haben soll, man könnte ihn für einen Plagiator halten.[23]

Im Juni 1856 starb Max Stirner in Berlin fünfzigjährig an einer Infektion. Nur wenige folgten seinem Sarg, unter ihnen Bruno Bauer.

III. KAPITEL

Der soziale Anarchismus entsteht

Neben dem Leitmotiv der Freiheit – Benedetto Croce[1] spricht sogar von der »Religion der Freiheit« als Triebkraft für die Entwicklung des 19. Jahrhunderts – wird immer stärker auch die Idee des Sozialismus wirksam. Schon von der ersten Jahrhunderthälfte an bezieht sie ihre Leidenschaftlichkeit aus dem großen Zorn über die unmenschlichen Folgen der industriellen Umwälzung, über das wachsende Elend des seinen Erpressern schutzlos ausgelieferten Proletariats.

Der erste, der beide Tendenzen zu verbinden sucht und somit zum eigentlichen Begründer des libertären Sozialismus wird, ist Pierre-Joseph Proudhon (1809–1865). Gebürtig aus Besançon als Sohn eines Küfers und einer Köchin, war er ein echtes Kind des »Volkes«, und das Volk hat er, getreu der Tradition von 1792, mythisiert, wie viele seiner Zeitgenossen.

»Meine Vorfahren von Vater- und Mutterseite her waren sämtlich freie Ackersleute und seit undenklichen Zeiten von Fron und *mainmorte** ausgenommen. [...] Bis zu meinem zwölften Jahr verlief mein Leben fast ganz auf dem Feld draußen, bald bei kleinen bäuerlichen Arbeiten, bald beim Hüten der Kühe. Fünf Jahre lang war ich Kuhhirt. Ich kenne kein gleichzeitig kontemplativeres und realistischeres Leben.«[2] Er hat eine tiefe und heitere Erinnerung daran bewahrt.

* Fron im Dienst der Kirche.

Ein paar Jahre lang besuchte er eine Schule, bis die Eltern für sein Studium nicht mehr aufkommen konnten. Der Vater hatte ein Gasthaus eröffnet, wo er selbstgebrautes Bier ausschenkte; da er aber mit zu geringer Verdienstspanne kalkulierte, weil er sich nicht »unrechtmäßig« bereichern wollte, machte er mit seinem Ausschank bankrott. »Ich hatte ein sehr genaues Gefühl für die Redlichkeit und den Anstand in der Methode meines Vaters, doch ich sah ebenso deutlich auch das Risiko, das er dabei lief. Mein Gewissen billigte das eine, mein Bedürfnis nach Sicherheit trieb mich in die andere Richtung. Das Ganze war für mich ein Rätsel[3]«, schrieb der Sohn in seinen Erinnerungen. Dieser Anschauungsunterricht, der ihm früh einen Sinn für die Komplexheit wirtschaftlicher Fragen beibrachte, zog aber – wie erwähnt – für seine Schulbildung jene Folgen nach sich, die manche Kritiker aus seiner ganzen Formation abzulesen meinen: Er blieb im wesentlichen Autodidakt.

Mit neunzehn Jahren wird er Schriftsetzer. Doch es ist nicht leicht, Arbeit zu finden. »Zwei Jahre lang schweife ich durch die Welt, erforsche und befrage das einfache Volk, dem ich mich durch meine soziale Lage nahe fühle; zum Lesen, gar zum Schreiben hatte ich keine Zeit [...]. – So war, so ist auch heute noch mein Leben: in Werkstätten wohnend, Zeuge der Laster und Tugenden des Volkes, täglich mein Brot im Schweiße meines Angesichts verdienend, gezwungen, mit meinem bescheidenen Lohn meine Familie zu unterstützen und zur Erziehung meiner Brüder beizutragen; und bei all dem nachdenkend, philosophierend, die geringsten Fakten aus unvorhergesehenen Beobachtungen sammelnd. Der prekären und elenden Lage eines Arbeiters müde, wollte ich schließlich versuchen, mit einem Kollegen zusammen ein kleines Druckereiunternehmen einzurichten. Die schmalen Ersparnisse der beiden Freunde wurden zusammengelegt und alle Mittel ihrer

Familien für diese Lotterie eingesetzt. Das perfide Spiel der Geschäfte hat unsere Hoffnung enttäuscht: Ordnung, Arbeit, Sparsamkeit, nichts hat geholfen; von den beiden Kompagnons ging der eine in einem Waldwinkel an Erschöpfung zugrund, dem anderen blieb nur die Reue, das letzte Stück Brot seines Vaters angebrochen zu haben.«[4]

Aufmerksam wurde man in der Öffentlichkeit auf ihn, als er 26 Jahre alt war. Er gewann 1837, also in der Regierungszeit des Bürgerkönigs Louis-Philippe (1830–1848), aufgrund eines Memoires ein dreijähriges Stipendium der Académie von Besançon. »Ich machte mich sofort ans Werk [...] Ich begann die Arbeit meiner einsamen Verschwörung mit dem Studium der sozialistischen Altertümer [...] Ich fand sie zunächst in der Bibel. [...] Merkwürdige Tatsache und ein gutes Vorzeichen für mich: Dafür, aus Moses einen Philosophen und Sozialisten gemacht zu haben, bekam ich Beifall. Doch mein Studium sollte vor allem dazu dienen zu realisieren. Ich hatte nicht Muße, ein Gelehrter zu werden, noch weniger ein Literat. Ich machte mich sofort an die politische Ökonomie [...] Nach einer langen, minuziösen, vor allem unparteiischen Analyse kam ich [...] zu dem überraschenden Schluß: Eigentum, wie man es auch wendet, mit welchem Prinzip man es auch verknüpft, ist eine widersprüchliche Vorstellung. Und da die Negation des Eigentums die der Autorität nach sich zog, folgerte ich unverzüglich aus meiner Definition das nicht weniger paradoxe Korrolar: die eigentliche Regierungsform ist die *Anarchie*.«[5]

Es entstand sein berühmt gewordenes Buch *Qu'est-ce que la propriété?*[6], das 1841 erschien und die provozierende Feststellung enthält: Eigentum ist Diebstahl! Karl Marx beurteilte in seiner Schrift *Die Heilige Familie*[7] das Buch als ebenso bedeutend für das Proletariat, wie es für das Bürgertum die Abhandlung des Abbé Sieyès *Was ist der dritte*

Stand? (1788) gewesen sei. Proudhon meint Eigentum, das dazu zwingt, andere auszubeuten. Und obwohl er sich im nächsten Absatz seines Buches sofort dagegen verwahrt, zum Aufruhr anstiften zu wollen, wurde er unter die vierfache Anklage eines Angriffs auf das Eigentum, einer Aufreizung zur Mißachtung der Regierung, einer Beleidigung der Religion und eines Frevels gegen die Sitten vor ein Geschworenengericht gestellt. Er verteidigte sich selbst. Das Gericht kam zu dem Spruch: Da es sich um einen wissenschaftlichen Stoff handele, sei es nicht zuständig; der Angeklagte sei freizusprechen.

Das Buch enthält auch bereits sein Glaubensbekenntnis: »Die Politik ist die Wissenschaft von der Freiheit: Die Herrschaft des Menschen über den Menschen ist, unter welchem Namen sie sich auch versteckt, Unterdrückung; die höchste Vollendung der Gesellschaft findet sich in der Vereinigung von Ordnung und Anarchie.« Später wird er erläutern: »Weil sie sie für Unordnung halten, widerstreben die Politiker aller Richtungen unweigerlich der Anarchie; als ob Demokratie sich anders als durch die Verteilung der Autorität verwirklichen könnte, und als ob der eigentliche Sinn des Wortes Demokratie nicht Abschaffung der Regierung wäre.«[8]

Fast humoristisch definiert er: »Regiert werden heißt, bei jedem Werk, bei jedem Handeln, bei jeder Bewegung festgestellt, registriert, zensiert, tarifiert, abgestempelt, geschätzt, mit Abgaben belegt, lizenziert, autorisiert, befürwortet, behindert, reformiert, korrigiert werden; es heißt, unter dem Vorwand des öffentlichen Nutzens und im Namen des allgemeinen Interesses besteuert, dressiert, gerupft, ausgenutzt, monopolisiert, bevollmächtigt, gedrängt, mystifiziert, bestohlen und beim ersten Wort der Klage unterdrückt, bestraft, verunglimpft, schikaniert, verfolgt, gezaust, verurteilt, gerichtet, deportiert, geopfert, verkauft und verraten, dabei noch

gefoppt, genarrt, gekränkt und entehrt werden. Das heißt Regierung, das ist ihre Gerechtigkeit, das ist ihre Moral.«[9]
Seine Kritik gilt unabhängig von der Regierungsform und ihrer politischen Farbe, denn er wendet sich auch gegen die kommunistische Staatstheorie: »Die Kommunisten verzeihen mir nicht meine Kritik an ihrer *communauté*; als sei eine Nation ein großer Polypenstock und als gäbe es neben dem sozialen Recht nicht auch das individuelle Recht.«[10]
Als im Februar 1848 in Paris die Revolution gegen das Regime der Bankiers, Aktionäre, Spekulanten und Geldscheffler ausbrach, unter dem die vom ersten Minister Guizot ausgegebene Parole *Enrichissez-vous** weitgehend auf Kosten des Proletariats befolgt worden war, stimmte Proudhon dem Aufstand der Massen zu, stellte aber fest: »Ich hätte die Revolution vom 24. Februar nicht gemacht; der Volksinstinkt hat anders entschieden.« Er sah, daß es sich wesentlich um eine politische Revolution handelte, die einen Wechsel des politischen Systems anstrebte; und wenn sich auch soziale Unterströmungen in sie mischten, ging es ihr in ihrem Hauptziel doch nicht darum, die Gesellschaft umzuformen. Bereits 1846 hatte Proudhon notiert: »Die soziale Revolution wird ernsthaft kompromittiert, wenn sie durch die politische Revolution eintrifft.«[11]
Obwohl er im Grunde gegen den Parlamentarismus war, wurde er Anfang Juni mit 77 000 Stimmen in die Nationalversammlung gewählt. Vierzehn Tage später gehen die Arbeiter der Vorstädte auf die Straße, um gegen die Aufhebung der »Nationalwerkstätten«, einer von der provisorischen Regierung gegen die Arbeitslosigkeit geschaffenen Institution, zu protestieren. Das Militär unter General Cavaignac schießt sie zusammen. Das blutige Ereignis hat tiefen Einfluß auf Proudhons Haltung. Mit dem ihm eigenen Freimut, auch Fehler

* Bereichert Euch!

einzugestehen, bekennt er: »Die Erinnerung an diese Juni-Tage wird ewig als Gewissensbiß auf meinem Gemüt lasten; schmerzlich gestehe ich ein: bis zum 25. hatte ich nichts vorausgesehen, nichts gewußt, nichts geahnt. Seit vierzehn Tagen als Volksvertreter gewählt, war ich mit der Schüchternheit eines Kindes in die Nationalversammlung eingetreten, mit dem Eifer eines Neophyten. Von neun Uhr an fleißig bei den Zusammenkünften der Ausschüsse und Comités, verließ ich die Versammlung erst abends erschöpft von Müdigkeit und Ekel. [...] Da mich die legislativen Arbeiten absorbierten, hatte ich das Laufende völlig aus den Augen verloren und die Beziehung zu den Massen abgebrochen. Ich wußte nichts, weder von der Situation der Nationalwerkstätten, noch von der Regierungspolitik, noch von den Intrigen, die sich im Schoß der Versammlung kreuzten. Man muß in der Isolieranstalt, die man eine Nationalversammlung nennt, gelebt haben, um zu erfahren, wie die Männer, die den Zustand eines Landes am vollständigsten mißkennen, fast immer gerade die sind, die es repräsentieren.«[12]

In der Folge tut er sich durch Anträge hervor, die so aggressiv klingen, daß die Versammlung sich in ihrer bürgerlichen Mehrheit skandalisiert fühlt; sie werden fast einstimmig abgelehnt. Als dann am 10. Dezember Louis Bonaparte, da er gegen den Juni-Schlächter Cavaignac kandidiert, auch mit vielen Stimmen sogar linker Republikaner zum Präsidenten der Republik gewählt wird, kann die Revolution in Frankreich als gescheitert gelten. Proudhon schrieb zwei scharfe Artikel gegen den Prinz-Präsidenten, die ihm drei Jahre Gefängnis und eine Strafe von 7000 frs. eintrugen, ein für die Epoche enormer Betrag, zumal wenn er von einem Proletarier gefordert wurde. Dem Verurteilten gelang die Flucht nach Belgien, doch seiner Braut, einer kleinen Modistin, zuliebe kehrte er zurück, wurde erkannt und denunziert. Nach der

Verhaftung ließ er sich trauen; die natürlich nur zivile Zeremonie fand beiderseits des Sprechgitters im Gefängnis Sainte-Pélagie statt. Die dreijährige Zwangsmuße benutzte er zur Niederschrift seiner *Confessions d'un Revolutionnaire*. Darin legt er seine Auffassung von der Revolution dar, die er als »eine Explosion der organischen Kraft, Evolution der Gesellschaft von innen nach außen« versteht. Legitim ist sie nur, »wenn sie spontan, friedlich und historisch begründet ist«. Der Grund, warum die Februarrevolution scheitern mußte? Das meiste »war nur Farce, Parade, Unsinn und wider den gesunden Menschenverstand. Man könnte meinen, Macht verwandelt auch geistreiche Leute in Dummköpfe.« Vor allem hätte man, meint Proudhon, die staatliche Zentralisation aufheben sollen. Wenn man nicht bis zur Anarchie gehen wollte, »die, wie jedes Prinzip, mehr ein Ideal als eine Realität ist«[13], hätte man wenigstens den Gemeinden und Departements die Selbstverwaltung, die Sorge für ihre Polizei, die Verfügung über ihre Geldmittel und über ihre Truppen geben sollen. Man hielt jedoch das Volk für unmündig, darum sei die Regierungsgewalt statt gemildert, noch verstärkt worden.

»Die Erfahrung lehrt aber, und die Philosophie beweist wider alle vorgefaßte Meinung, daß jede Revolution spontan sein und nicht den Köpfen der Machthaber, sondern dem Eingeweide des Volks entspringen muß, daß die Regierung lieber reaktionär als progressiv ist, [...] daß schließlich die einzige Beziehung, die zwischen der Arbeit und der Regierung besteht, die ist: Die Arbeit hat, indem sie sich organisiert, die Aufgabe, die Regierung aufzuheben.«[14]

Die Arbeit organisieren aber heißt, »die Solidarität der Arbeiter unter sich organisieren, heißt ihre gegenseitige Garantie nach dem Prinzip der üblichen Ökonomie schaffen, wonach alles, was Tauschwert hat, Gegenstand eines Tausches und folglich Material für einen Kredit sein kann.«[15] Die Arbeiter sollen sich assoziieren und aus eigner Regie produzieren. »Wir wollen diese Assoziationen als Modell für Landwirtschaft, Industrie und Handel, als ersten Kern der weiten Föderation von Kompagnien und Gesellschaften, die im gemeinsamen Verbund der demokratischen und sozialen Republik vereinigt sind.«[16] Um solche Assoziationen anzuregen, die sich seiner Meinung nach ausbreiten, nach und nach alle privatunternehmerische Initiative ausschalten, den Staat durchsetzen und endlich überflüssig machen würden, hatte er als zinsloses Kreditinstitut die »Volksbank« ins Leben gerufen, deren baldige Liquidierung man zu Unrecht ihrem Gründer höhnisch vorgehalten hat. Keineswegs aus wirtschaftlichen Ursachen war es zur Schließung gekommen, sondern lediglich, weil ihr Initiator und Leiter seine Gefängnisstrafe antreten mußte.

Nach seiner Entlassung aus Sainte-Pélagie soll es zu einem Gespräch zwischen ihm und dem zum Kaiser gewordenen Prinz-Präsidenten gekommen sein; auf ausdrücklichen Wunsch Napoleons III. sollen sie sich im Büro des Zeitungskönigs im damaligen Paris, im Büro von Emile de Girardin getroffen haben. Keiner der Beteiligten, auch Girardin nicht, hat Aufzeichnungen darüber hinterlassen. André Salmon will die Vermutung nicht von der Hand weisen, daß die Erinnerung, die der Kaiser und ehemalige Carbonaro davon bewahrte, ihn bewogen habe, den Arbeitern das Streikrecht zuzugestehen, das im großen und ganzen allerdings bloßer Buchstabe blieb, da gegen Streikende bald kaiserliches Militär eingesetzt wurde.

In Proudhon hatten die Revolutionserfahrungen die Ablehnung jeder staatlichen Autorität noch verstärkt. 1849 schrieb er an den sozialistischen Publizisten Pierre Leroux (1797–1871): »Die Abschaffung der Ausbeutung des Menschen durch den Menschen und die Abschaffung der Regierung des Menschen durch den Menschen sind eine und dieselbe

Formel.«[17] Gegen die Theorie des Staatskommunismus, wie ihn das Mitglied der provisorischen Regierung Louis Blanc (1811–1882) vertrat (von dem übrigens die in der Folge oft aufgegriffene Formulierung stammt: »Jedem nach seinen Bedürfnissen, jedem nach seinen Fähigkeiten«), wendet Proudhon sich in seiner Schrift *De la capacité politique des classes ouvrières* (1864):

»Das politische System nach Blanc läßt sich definieren: eine kompakte Demokratie, scheinbar auf der Diktatur der Massen gegründet, wobei die Massen aber nur insoweit Macht haben, als nötig ist, um die allgemeine Knechtung nach folgenden Formeln und Maximen zu sichern, die dem alten Absolutismus entlehnt sind:

Unteilbarkeit der Macht;

Absorbierende Zentralisierung;

Systematische Zerstörung allen individuellen, korporativen und lokalen Denkens, da es als spalterisch angesehen wird;

Inquisitorische Polizei;

Abschaffung oder zum mindesten Einschränkung der Familie, erst recht der Erblichkeit;

Das allgemeine Wahlrecht so organisiert, daß es zur ständigen Sanktion dieser anonymen Tyrannei durch das Vorwiegen der mittelmäßigen oder sogar nichtigen Elemente dient, die immer in der Mehrzahl gegen die fähigen Staatsbürger und unabhängigen Charaktere sind, die, natürlich in der Minderzahl, als verdächtig gelten.«

Diese 1864 veröffentlichte Schrift Proudhons wurde auf viele Jahre hinaus Programmschrift der französischen Arbeiterbewegung. Zur Enttäuschung von Karl Marx konnte seine Lehre gegen Proudhons Einfluß in Frankreich nur sehr schwer Fuß fassen. Er selbst hatte 1844 mit 26 Jahren als noch ziemlich unbekannter Publizist den fünfunddreißigjährigen Proudhon, dem seine ersten Schriften bereits einen Ruf eingetragen hatten, persönlich in Paris kennengelernt. Einen Winter lang verkehrten sie, scheint es, ziemlich häufig miteinander. Im Jahr darauf schlug Marx, nach seiner Ausweisung aus Paris, eine Zusammenarbeit an einer internationalen sozialistischen Korrespondenz vor, worauf Proudhon nur mit einer gewissen Reserve einging: »Lassen Sie uns, wenn Sie wollen, gemeinsam die Gesetze der Gesellschaft erforschen, den Weg zu ihrer Verwirklichung einschlagen und den Prozeß zu ihrer Entdekkung erörtern; hüten wir uns jedoch um Himmels willen davor, nach der Zerstörung aller a-priori-Dogmen den Menschen sofort wiederum neue doktrinäre Ideen einzupflanzen; verfallen wir doch nicht in den Selbstwiderspruch Ihres Landsmannes Luther, der die katholische Theologie zerschmetterte, um dann mit Hilfe von Exkommunizierungen und Bannflüchen gleich die protestantische Theologie zu begründen.«[18]

Proudhon war nicht der Mann, sich fremder Autorität zu beugen. In seinem Absagebrief an Marx schrieb er 1846: »Machen wir uns nicht zu Oberhäuptern einer neuen Religion, sei es auch die Religion der Logik oder die Religion der Vernunft.«[19]

Zum öffentlichen Angriff gegen Proudhon ging Marx in der Erwiderung vor, die er als Streitschrift auf dessen *Système des contradictions économiques ou Philosophie de la Misère* (1846) schrieb, in der Schrift *Misère de la Philosophie*, die 1847 auf Französisch erschien. Seiner Gewohnheit nach beschränkte sich seine Polemik nicht auf das Theoretische, sondern versuchte deren Gegenstand auch menschlich zu »erledigen«. Proudhon hat behauptet, daß Marx seine Darlegungen absichtlich mißverstanden habe. Diesem endgültigen Bruch folgten in den Schriften von Marx und Engels noch viele verärgerte, sich sarkastisch gebende Seitenhiebe auf den gefährlichen Konkurrenten.

Einer der oft wiederholten Vorwürfe gegen Proudhon lautet, daß seine Lehren und Schriften voller Widerspruch seien. Dem könnte man mit einem Satz aus dem *Principe fédératif* (1863) erwidern: »Die Wirklichkeit ist ihrer Natur nach komplex: das Einfache verläßt die Idealform nicht, es wird nicht konkret.« 1858 hatte Proudhon eine Schrift veröffentlicht *De la Justice dans la Révolution et dans l'Eglise.** Sie trug ihm wegen der Angriffe auf die Familie, Moral und Religion wiederum eine Anklage ein, und wieder wurde er zu drei Jahren Gefängnis verurteilt. Es gelang ihm jedoch abermals, nach Belgien zu fliehen. Er hütete sich, den Fehler von 1853 zu wiederholen. Er ließ sich in Ixelles nieder, einem Vorort von Brüssel.

Unermüdlich war er als Journalist tätig. Die Nationalitätenfrage erregte Europa: In Italien brach mit französischer Unterstützung der Krieg gegen Österreich aus. Die Polenbegeisterung war lebhaft wie je. Die ungarische Unabhängigkeitsbestrebung traf auf die Sympathie aller liberalen Kräfte. Dieser einmütigen Strömung stellte Proudhon sich entgegen. Er dachte international, da ihm eine Konföderation von Föderationen statt dem Gegeneinander der Nationalstaaten vorschwebte. Die Bildung neuer Nationalstaaten hielt er für verhängnisvoll: In ihnen fänden die erhofften föderativen und sozialen Lösungen keinen Platz; statt neu gefügte Staaten zu gründen, sollte man lieber die alten in kleine Volksgruppen, unabhängige, miteinander assoziierte Gemeinden, ökonomische Arbeitsverbände und zu lockeren Föderationen auflösen. Hatte die Welt etwas verloren, wenn es keinen polnischen Staat gab? Er attackierte den Herold des italienischen Nationalaufstandes Mazzini und sogar den Volkshelden Garibaldi, der mit seinen Freischaren Rom erobert hatte. Wenn Napo-

* Von der Gerechtigkeit im Verlauf der Revolution und im Schoß der Kirche.

leon III. schon die italienische Einheit zu schmieden half, dann sei es doch nur konsequent, stellte Proudhon mit bitterer Ironie fest, daß er überhaupt das Reich Karls des Großen wiederaufrichte und also auch Belgien annektiere.

Darin verstanden nun freilich die guten Leute von Ixelles keinen Spaß. Längst verärgert über seine anti-liberalistischen Artikel gegen die Nationalrevolutionen, wenn nicht gar durch seinen Atheismus gereizt, obwohl sich inzwischen seine Ansichten über ein gewisses christliches Zeremoniell gewandelt hatten, bildeten sich randalierende Volksaufläufe vor seinen Fenstern, aufgehetzt durch die bürgerliche Presse. Polizei mußte zu seinem Schutz eingesetzt werden, und um das Ärgernis auszuräumen, forderte man ihn schließlich auf, Belgien zu verlassen.

Da das Gerichtsurteil gegen ihn – wohl auf Betreiben des kaiserlichen Vetters Jérome Napoléon, der ihn persönlich und als Autor schätzte – schon 1860 kassiert worden war, konnte Proudhon nach Paris zurückkehren.

Die Diktatur des zweiten Kaiserreichs hatte sich in zwölfjähriger Herrschaft ein wenig abgenutzt, und als geschulter Politiker versuchte Napoleon III., seine Popularität durch scheinbar freie Wahlen zu einem neuen Parlament aufzufrischen. Sie wurden für den 1. Juni 1863 ausgeschrieben. Proudhon kam gerade recht, um an Ort und Stelle zum Für und Wider einer Wahlbeteiligung Stellung zu nehmen. Von der Stimmung in Paris hat er eine Schilderung gegeben: »Am Montag, den 1. Juni 1863, gegen zehn Uhr abends war Paris in einer dumpfen Erregung, die an die des 26. Juli 1830 und des 22. Februar 1848 erinnerte. Wäre es nach den Eindrücken auf der Straße gegangen, so fehlte nicht viel, daß man sich am Vorabend eines Kampfes glauben konnte. Überall hörte man sagen: Paris, das seit zwanzig Jahren zum ersten Mal wieder ein politisches Leben hat, erwacht aus der Betäubung, fühlt sich aufleben, revolutionärer Atem befeuert es. – Paris als Wächter über die Freiheiten der Nation hatte sich beim Anruf seiner Redner erhoben und mit einem der schärfsten Nein auf das Werben der Regierung geantwortet.«[20]

Tatsächlich wurde in Paris die Regierungsliste mit fast zwei Drittel Mehrheit von der Opposition überstimmt.

»Der erste Juni 1863 war aber eine Mondfinsternis«, fährt Proudhon in seiner Schilderung fort. »Der Himmel war strahlend, der Abend wundervoll. Eine leichte Brise tändelte und schien an der heilsamen Erregung teilzunehmen [...]. ›So verdunkelt sich auch der Despotismus vor der Freiheit!‹ sagten die Spaßvögel. [...] ›Sagt lieber‹, erwiderten die Kleinlauten, ›daß die Pariser Vernunft sich verdunkelt hat. Ach, ihr fangt mit eueren Scherzen von 1830 und 1848 wieder an. Na, gut! Es wird euch schlimmer ergehen als 1830 und 1848!‹«[21]

Proudhon war mit aller Entschiedenheit für die Stimmenthaltung. Er war dagegen, daß die Arbeiterschaft mit ihren Stimmen die bürgerliche, liberale Opposition stärke. Bei fehlender Presse- und Versammlungsfreiheit konnte von freien Wahlen auch nicht die Rede sein, zumal die Gewählten den Eid auf den Kaiser leisten mußten. Nur durch massenhafte Stimmenthaltung konnte man dem Staatschef deutlich machen, daß er auf die Diktatur verzichten müsse.

Übrigens hatten auch zum ersten Mal die Pariser Arbeiter einen eignen Kandidaten aufgestellt, der freilich nur eine verschwindend kleine Zahl von Stimmen auf sich zog; bei den Ergänzungswahlen im Frühjahr kandidierte Henri-Louis Tolain (1828–1897), später ein Mitbegründer der ersten Internationale; er erhielt nur 424 Stimmen. Ein Arbeiter-Wahlkomitee von sechzig Mitgliedern hatte ein Manifest ausgearbeitet, das als »der erste öffentliche Ausdruck des Klassenbewußtseins der Arbeiter«[22] auf die Nachwelt gekommen ist. Sein Text beweist, obwohl Proudhon es aus taktischen Erwä-

gungen nicht unbedingt billigte, wieviel von seinen Gedanken bereits in der Arbeiterschaft gängige Münze war.
Aber er hatte sich mit allen politischen Gruppen und Organisationen verfeindet. Sein Mißtrauen gegen jede »Politik«, sein Glaube an die Präponderanz natürlich gewachsener Gruppen, an autonome soziale Institutionen, an Solidarität und wechselseitige ökonomische Hilfe fand jedoch ein Echo. So arbeiteten z. B. bereits 35 Kreditgesellschaften auf Gegenseitigkeit in Paris, die, wie das Manifest der Sechzig feststellt, »fruchtbare Keime enthalten; aber um sich voll zu entwickeln, die Sonne der Freiheit nötig hätten«.
Proudhons letzte Schrift, *La capacité politique des classes ouvrières,* ist sein politisches Testament, eigentlich ein Kommentar zu dem Manifest der Sechzig. Er mußte die letzte Überarbeitung einem Freund überlassen. Krankheit und dann der Tod nahmen ihm die Feder aus der Hand. Er starb im Jahre 1865.
Nach Daniel Guérins Charakterisierung war Proudhon »der Schöpfer des ›wissenschaftlichen Sozialismus‹, der sozialistischen politischen Ökonomie und der modernen Soziologie, der Vater des Anarchismus, des Mutualismus (ökonomische Zusammenarbeit auf Gegenseitigkeit), des revolutionären Syndikalismus, des (wirtschaftlichen und kommunalen) Föderalismus und der besonderen Form des Kollektivismus, den heute die ›Autogestion‹ aktualisiert [...]. Schließlich und vor allem ist er der erste gewesen, der die Gefahren eines autoritären und dogmatischen Sozialismus erkannt und prophetisch aufgezeigt hat.«[23] Sein Leben lang hat Proudhon das Gelöbnis gehalten, das er als junger Mensch, in seinem Memoire für die Académie von Besançon, abgelegt hatte: »Inmitten der Arbeiterklasse geboren und aufgewachsen, ihr durch Herz und Neigung zugehörig, vor allem aber auch durch gemeinsame Leiden und Wünsche, wäre es meine größte Freude [...] uner-

müdlich durch Philosophie und Wissenschaft mit meinem Willen und mit ganzer Kraft meines Geistes an der leiblichen, sittlichen und geistigen Förderung derer zu arbeiten, die ich meine Brüder und Gefährten nennen möchte, und unter ihnen den Samen einer Lehre ausstreuen zu können, in der ich das Gesetz der sittlichen Welt sehe. Als ihr Stellvertreter betrachte ich mich bereits Ihnen, meine Herren, gegenüber, in Erwartung des Erfolgs meiner Bemühungen.«[24] Am Ende seines Lebens stellte er wohl resigniert fest: »Es gibt für mich in der Welt keinen Platz; ich betrachte mich als im Zustand fortwährender Auflehnung gegen die Ordnung der Dinge.«

Oder noch viel verbitterter:

»Hätte ich nicht die Befreiung dieser feilen Menge im Sinn, ich stünde in der ersten Reihe derer, die sie ausbeuten. Doch da gibt es Recht, Freiheit, menschliche Würde, Unverletzlichkeit der Person, des Geistes und des Gewissens. Und dafür muß ich mich einsetzen.«[25]

Die im letzten unlösbare Aufgabe, die er erkannt und sich gestellt hat, drückt er in den *Bekenntnissen eines Revolutionärs* so aus: »Der durch den Grundwiderspruch zwischen Gesellschaft und Individualität fortwährend von neuem sich erzeugende Antagonismus muß auch fortwährend auf eine Synthese zurückgeführt werden.« Dieser Aufgabe pragmatisch und in freiheitlichem Geist zu genügen, hat er sein Leben lang mit leidenschaftlicher Hingabe und praktischem Verstand versucht.

Obwohl er, im Gegensatz zu Karl Marx, revolutionäre Gewaltanwendung verwarf, spielten Anhänger seiner Lehre bei der ersten proletarischen Revolution, dem Commune-Aufstand vom März 1871 in Paris, übrigens der friedlichsten Revolution, die je stattfand und die blutig erst unter dem Terror der Versailler Reaktion wurde, eine bestimmende Rolle. Freilich sind die Interpretationsmöglichkeiten von Prou-

dhons Texten so groß, daß die *Commune*, zu der viele seiner Jünger gehörten, den Testamentsvollstrecker des »Meisters«, Gustave Chaudey – grausames Paradox – während der *Semaine sanglante* füsilieren ließ. Einige Proudhonianer, z. B. Tolain, waren sogar Parteigänger von Versailles!
Auf die französische Arbeiterbewegung, die nach fast zehnjähriger Lähmung sich erst Anfang der achtziger Jahre wieder konsolidierte, gewann, soweit es sich um Parteibildung handelte, die Marxsche Lehre nach und nach größeren Einfluß, während hingegen die französischen Gewerkschaften die syndikalistischen Theorien aufgreifen, die auf Proudhonsche Gedanken zurückgehen: Danach bilden die Gewerkschaften die eigentliche Kampfgruppe der Arbeiterschaft; nur durch sie wäre die Umformung der Gesellschaft möglich. Ist dieser Kampf gewonnen, sollen sie dann die Basis für die Organisation einer freien und klassenlosen Gesellschaft abgeben und den Staat überflüssig machen. Die zukünftige Gesellschaft soll sich in einer losen Föderation kleiner Gruppen nach dem Muster der Betriebe organisieren, während den überregionalen Verbänden der lokalen Gewerkschaften nur die Funktion der Koordinierung zukäme.
Die Ausstrahlung Proudhons übertraf zunächst jahrzehntelang die marxistische nicht nur in Frankreich, sondern z. B. auch in Rußland. Alexander Herzen, der einflußreiche russische Revolutionär, verschmolz anarchistische Ideen mit russischen Vorstellungen. Er hatte übrigens im Revolutionsjahr 1848 in Paris Proudhon persönlich erlebt.

IV. KAPITEL

Russische Saatkörner der Revolution

Alexander Herzen (1812–1870) schrieb: »Das abgelaufene Jahr [1848/49] hat ein furchtbares Schauspiel geboten: den Kampf des freien Menschen gegen die Befreier der Menschheit. Die kühne Rede, der beißende Skeptizismus, die unbarmherzige Negation, die unerbittliche Ironie Proudhons haben die patentierten Revolutionäre nicht weniger aufgebracht als die Konservativen: sie fielen wütend über ihn her, mit der Starrheit von Legitimisten stellten sie sich vor ihre Traditionen, sie hatten Angst vor seinem Atheismus und seiner Anarchie; sie konnten nicht begreifen, wie man frei sein kann ohne Staat, ohne demokratische Verwaltung; mit Verwunderung hörten sie die unmoralischen Worte, die Republik sei für die Menschen gemacht und nicht die Menschen für die Republik. Und als sie weder genug Logik noch genug schöne Worte aufbringen konnten, erklärten sie Proudhon für verdächtig, verhängten den revolutionären Bann über ihn, stießen ihn aus ihrer orthodoxen Einheit aus. [...] Und da habt ihr die Kreuzritter der Freiheit, die privilegierten Befreier der Menschheit! Sie haben Angst vor der Freiheit; sie brauchen einen Herrn, um nicht über die Stränge zu schlagen; sie brauchen eine Macht über sich, weil sie kein Zutrauen zu sich selbst haben.«[1]

Alexander Herzen war der Sohn eines reichen russischen Adligen und einer Schwäbin. Das H seines Namens – ein H gibt es im Russischen nicht – erhielt er auf Wunsch seines Vaters. Schon auf der Universität hatte er sich in Moskauer Studentenzirkeln mit den französischen Frühsozialisten beschäftigt. Von Proudhon lag noch nichts vor; doch Schriften, hauptsächlich von Fourier (1772–1837), kursierten trotz scharfer Verbote durch die Zensur. In Moskau freundete sich Herzen auch mit dem jungen Bakunin an, der sich in Kant vertiefte, sich für Schiller und Fichte begeisterte und noch daran dachte, die Universitätslaufbahn einzuschlagen. Herzen wurde verhaftet und – Schicksal so vieler russischer Intellektueller – nach Sibirien verbannt, von wo er 1843 zurückkehren und sogar ins Ausland reisen konnte. Er betrat nie wieder russischen Boden. Nach der Pariser Zeit lebte er in Nizza und ließ sich 1851 für lange Jahre in London nieder, wo er die Zeitschrift *Kolokol** herausgab; sie fand in Rußland illegal weite Verbreitung, und durch sie wirkte Herzen stark auf das russische Geistesleben ein.

»Herzen hat die freie russische Presse im Ausland geschaffen – darin liegt sein großes Verdienst. Der *Kolokol* trat leidenschaftlich für die Befreiung der Bauern ein. Das sklavische Schweigen war gebrochen«, stellte Lenin 1912 fest, und weiter: »Er erhob das Banner der Revolution.«[2] Als den Begründer des »russischen« Sozialismus der »Volkstümlerrichtung« allerdings kritisierte er ihn im selben Aufsatz scharf. In der Tat glaubte Herzen, in der russischen Dorfgemeinde, dem *mir*, einen Ansatzpunkt zu einem kollektivistischen Sozialismus der Zukunft zu finden.

»Was für ein Glück für das russische Volk«, schrieb er 1861, »daß es immer außer allen politischen Bewegungen geblieben ist, außer der europäischen Zivilisation, die zweifellos die

* Die Glocke.

Dorfgemeinde untergraben hätte, die Zivilisation, die jetzt im Sozialismus sich selbst verleugnet. [...] Soll man sich wundern, daß ein Volk, das den *mir*, die Dorfgemeinde und Arbeitsgenossenschaft, besitzt, das eine eigne Meinung über das Recht des Bodenbesitzes und über Gemeindebürgschaft hat [...], daß dieses Volk der Verwirklichung der ökonomischen, d. h. sozialen Revolution näher stehe als das römisch-feudale, bürgerliche Europa?«[3]
Er war überzeugt, daß die Zukunft dem russischen Bauern und dem europäischen Arbeiter gehöre, einer »Arbeitswelt, die die Welt derer aufgibt, welche genießen, ohne zu arbeiten«. Sein Sozialismus hatte mancherlei Züge des »individuellen Anarchismus«.

Urvater der russischen Opposition, der liberalen bis zur radikalen Richtung, aber war Alexander N. Radischtschew (1749–1802), von dem Katharina II. erklärte, er sei »schlimmer als Washington, schlimmer als Pugatschew«.* Auch Radischtschew war Sproß einer reichen Gutsbesitzerfamilie, hatte u. a. an der Leipziger Universität studiert und sich mit der französischen Aufklärungsphilosophie und der englischen Nationalökonomie (Adam Smith) beschäftigt. Von der deutschen Literatur schätzte er vor allem Herder (1744–1803). Er war als Dichter, Publizist und Übersetzer tätig; Bedeutung gewann nur eines seiner Bücher, und obwohl nach dem Eklat kaum ein Exemplar mehr davon aufzutreiben war, blieb es jahrzehntelang ein Sauerteig der geistigen Entwicklung Rußlands. Es trug den harmlosen Titel *Reise von Petersburg nach Moskau* und war mit amtlicher Genehmigung erschienen. Doch als die Zarin einen Blick hineinwarf, ließ sie den Verfasser sofort verhaften. Die gerühmte Rolle als »aufgeklärte« Despotin spielte sie nur vor den Intellektuellen Westeuro-

* Der Führer des großen Kosakenaufstandes von 1773.

pas, die von Voltaire bis Diderot auch alle darauf hereinfielen. Radischtschew wurde zum Tod verurteilt, dann dank hoher Gönnerschaft zu Verbannung begnadigt. Schließlich durfte ihm nach Sibirien sogar eine Freundin folgen, die auch seine beiden Kinder mitbrachte. Nach dem Tod der Zarin konnte er unter Paul I. zurückkehren, aber erst Alexander I. rehabilitierte ihn bei seinem Regierungsantritt 1801. Doch schon im folgenden Jahr beging Radischtschew Selbstmord.

In dem für ihn so verhängnisvollen Buch schildert er bei einer Reise in einzelnen aufwühlenden Anekdoten typische Leibeigenenschicksale: erbarmungslose Prügelstrafen für Lappalien, sexuellen Mißbrauch wehrloser Mägde durch den Grundherrn, rücksichtslose Versteigerung von Bauern und deren herzzerreißenden Abschied von ihren Familien, Abschied der zum 25 Jahre dauernden Militärdienst erpreßten Burschen und erzwungene absurde Hochzeiten, wie sie später auch Kropotkin aus eigner Anschauung vom Gut seines Vaters berichtete. Radischtschew kommt zu der Schlußfolgerung: »Tod und Brand werden die Vergeltung für unsere unmenschliche Grausamkeit sein.« Er ruft die fürs Wohl des Volkes verantwortlichen Beamten – wohlgemerkt nicht die Bauern selbst – zum Eingreifen gegen den hartherzigen Gutsbesitzer auf: »Verbrennt seine Getreidekarren, Scheunen und Speicher, zerstreut die Asche auf den Feldern, wo seine Tyrannei gewutet hat, brandmarkt ihn öffentlich als Verbrecher!« Und noch rebellischer: »Die Ungerechtigkeit des Herrschers gibt dem Volke, das sein Richter ist, dasselbe Recht, welches das Gesetz in bezug auf den Verbrecher erteilt, und sogar noch mehr als das.«[4]

Der russische Despotismus erreichte einen neuen Höhepunkt mit der Thronbesteigung Nikolaus' I. (1796–1855, Zar seit 1825) und der Niederwerfung des Dekabristenaufstandes. Geistfeindlich und beschränkt sträubte der Zar sich gegen jede

Reform, baute das von Peter I. vorgebildete Polizeiregime zur Perfektion aus und wollte das Leben jedes Untertans unter Staatsaufsicht regeln; kein noch so kleines Stück Freiheit wurde mehr zugelassen; vor allem sollte jede Art von Denktätigkeit unterbunden werden. Der Geometrie-Unterricht in den höheren Schulen etwa mußte auf ausdrücklichen Wunsch des Zaren »unter Fortfall der Beweise« erteilt werden. Das Leben wurde immer bedrückender. A. Tjutschewa, eine der Hofdamen, nannte den Zaren in ihren Erinnerungen »einen schrecklichen und bösartigen Don Quichotte des Absolutismus«.[5] Zwar suchten Literatur und Diskussion Zuflucht in privaten Zirkeln hinter verschlossenen Fenstern und Türen; doch jeder Teilnehmer riskierte, ohne Gerichtsverhandlung zu Verbannung, Zuchthaus oder Militärdienst als Gemeiner verurteilt zu werden. Das war die Atmosphäre, in der die Jugend eines Alexander Herzen, eines Dostojewskij, eines Bakunin verlief.

Auf die studentischen Kreise übte Wissarion Grigorjewitsch Belinskij (1811–1848), nicht zuletzt durch seine private Korrespondenz, großen Einfluß aus. Er agitierte nicht nur für Abschaffung der Leibeigenschaft, sondern für Beseitigung der Dynastie und überhaupt der Monarchie, aber auch gegen die nur theoretische Philosophie; er proklamierte das Recht des Menschen auf Glück in *diesem* Leben und vertrat, als einer der ersten in Rußland, bereits sozialistische Ideen. Bakunin, der mit ihm in der Moskauer Zeit eng befreundet war, hat, wie viele junge Russen von damals, von ihm starke Anregung empfangen. Das offizielle Staatsdenken lehnten aber auch die Slawophilen ab; Konstantin Aksakow (1817–1860) stellte dem Staat als »dem Prinzip des Bösen« das Volk gegenüber. Wenn er in den Slawen »staatenlose« Völker sah, so hätten sie dagegen – hier trifft er sich mit dem »Westler« Herzen – den *mir*, das Kollektiv der Dorfgemeinde, geschaffen. »Die fortschrittlichsten Geister Europas kommen zur Erkenntnis, daß die Lüge nicht in der einen oder anderen Staatsform, sondern *im Staat als solchem* liege.«[6] Der Weg des Staates ist Unfreiheit, der Weg der inneren Gerechtigkeit ist Freiheit; nur der zweite Weg ist, zu diesem Schluß kommt K. Aksakow, des Menschen würdig. Gedanken, die wie eine Ouvertüre zum europäischen Anarchismus klingen, bei dem die Russen eine so bedeutende Rolle spielen sollten.

Auch in Rußland setzte um die Mitte des Jahrhunderts die industrielle Entwicklung ein. »Der junge Kapitalismus hatte allerdings in der Atmosphäre der alten Sitten, unter bestechlichen Beamten und mit den rechtlich schutzlosen Arbeitern, die noch gestern Leibeigene gewesen waren, abstoßende Formen angenommen und konnte weniger als anderswo für denkende und moralisch empfindende Menschen irgendeine Anziehungskraft gewinnen«, urteilt der eher konservative Historiker Tschiżewskij.[6] Auch die Lage der Bauern verschlimmerte sich nach der Aufhebung der Leibeigenschaft unter Alexander II. erheblich. Von den ihnen zugeteilten Parzellen ernteten sie höchstens ein Drittel ihres Lebensunterhaltes, sie wurden außerdem steuerpflichtig, waren durch wirtschaftliche Not zu Lohn- und Heimarbeit gezwungen und gerieten trotzdem immer tiefer in Schulden, so daß die selbständigen Großbauern, die Kulaken, immer mehr Land an sich reißen konnten.

Viele einstige Leibeigene wurden zu Proletariern und formten die für eine kapitalistische Entwicklung erforderliche Arbeiterschaft. Gleichzeitig wuchs das Beamtenheer, allein schon wegen der Steuererfassung, was die Erweiterung des Schulsystems nötig machte. Volksschulen entstanden, und die Universität wurde, theoretisch zum mindesten, allen Klassen, allerdings noch nicht den Frauen, geöffnet. Viele junge Mädchen aus Adel und Bürgertum gingen darum ins Ausland. Es wurden aber auch private Universitäten eröffnet, und Kropotkin berichtet: »Trotz der erbitterten Opposition der Staatspolizei, in deren Augen jede Studentin eine Anhängerin der Revolution war, [...] gelang es den Frauen doch, dicht unter den Augen der Regierung eine Reihe von Unterrichtsanstalten zu eröffnen.«[7]

Bald nahm die Intelligenzschicht derart zu, daß es an offenen Stellen für die Universitätsabsolventen fehlte. Ihre halbdeklassierte Schar wurde zudem von den terroristischen Methoden des Polizeistaates dazu gedrängt, desperate Positionen zu beziehen: Befreiung und Negation überkommener Werte mußten ihnen identisch erscheinen.

Im Jahr 1861, das die Aufhebung der Leibeigenschaft brachte, traf Bakunin als Flüchtender in London ein.

V. KAPITEL

Ein neuer Beruf: Revolutionär

Alexander Herzen hat Bakunin, der in London zu ihm stieß, mit folgenden Worten geschildert:
»Bakunin besaß viele Mängel. Aber die Mängel waren geringer Art, seine guten Eigenschaften dagegen gewaltig. Ist nicht bereits dieser eine Zug imposant, daß Bakunin, sobald er vom Schicksal, wohin es auch sei, verschlagen worden war, [...] die revolutionäre Strömung separierte und sich unverzüglich daran machte, sie voranzutreiben und das Feuer anzufachen, indem er die Revolution zu einer leidenschaftlichen Lebensfrage machte? [...] – In London begann er [...] die ›Glocke‹ zu revolutionieren, [...] Bakunin fand, daß wir zu gemäßigt seien, daß wir zu wenig geneigt seien, entschiedene Mittel anzuwenden. [...] In Erwartung unserer Bekehrung gruppierte Bakunin um sich selbst einen ganzen Kreis von Slawen. Da waren Tschechen, [...] Serben, [...] ein Bulgare, türkischer Armeearzt, und Polen aller Sprengel – Anhänger von Bonaparte, Mieroslawski, Czartoryski –, Demokraten ohne soziale Ideen, aber mit einem Schuß Offiziersblut; katholische Sozialisten, aristokratische Anarchisten und einfach Soldaten, die irgendwo ein bißchen raufen wollten, in Nord- oder Südamerika – vorzugsweise aber in Polen.
Bei ihnen erholte Bakunin sich [...] von der Einsamkeit. Er debattierte, predigte, traf Anordnungen, schrie, entschied, lei-

tete, organisierte und ermunterte den ganzen Tag, die ganze Nacht, ganze vierundzwanzig Stunden lang. In den kurzen freien Augenblicken, die ihm blieben, stürzte er an seinen Schreibtisch, säuberte eine wenig umfangreiche Stelle von der Asche und begann zu schreiben – fünf, zehn, fünfzehn Briefe [...]. Mitten im Schreiben warf er die Feder hin und rief irgendeinen zurückgebliebenen Dalmatiner zur Ordnung [...] sodann, ohne seine Rede beendet zu haben, griff er wieder zur Feder [...]. Seine Tätigkeit, sein Müßiggang, sein Appetit und alles andere, wie sein gigantischer Wuchs und sein ständiges Schwitzen – das alles war ebensowenig wie er selbst von menschlichen Ausmaßen; und er selbst war ein Riese mit einem Löwenkopf, mit seiner zerzausten Mähne.

Mit fünfzig Jahren war er noch ganz der nomadisierende Student von der Marossejka-Straße, derselbe obdachlose Bohème von der Rue de Bourgogne; unbekümmert um den nächsten Tag und das Geld geringschätzend: wenn er welches hatte, verschwendete er es nach rechts und nach links; wenn er keines hatte, lieh er sich mit jener Selbstverständlichkeit, mit der Kinder es von ihren Eltern entgegennehmen – unbesorgt um die Rückgabe, mit jener Naivität, mit der er selbst bereit war, einem jeden sein letztes Geld zu geben, nachdem er sich die nötige Summe für Zigaretten und Tee beiseite gelegt hatte [...]

In ihm war etwas Kindliches, Argloses, Schlichtes, und das verlieh ihm einen ungewöhnlichen Charme, der die Schwachen wie die Starken anzog, nur kleinliche Spießbürger fühlten sich davon abgestoßen.

[...] Haufen von Tabak lagen auf dem Tisch, gewissermaßen vorsorglich als Fourage, unter den Papieren und nicht ausgetrunkenen Teegläsern lag Zigarrenasche [...] vom frühen Morgen an zog der Rauch in dicken Schwaden durch das Zimmer [...]. Oft habe ich mich an der Verwunderung des

Stubenmädchens Grace ergötzt, wenn sie verwirrt und mit einem gewissen Entsetzen mitten in der Nacht bereits zum fünften Mal die volle Zuckerdose und heißes Wasser in diese Werkstatt der slawischen Befreiung hineintrug.
Lange nachdem Bakunin aus London – Nr. 10 Paddington green – abgereist war, erzählte man sich noch von seinem Leben und Treiben, das sich über alle von englischen Spießbürgern hochgehaltenen Begriffe [...] hinweggesetzt hatte. Beachten Sie dabei, daß das Stubenmädchen und die Wirtin ihn abgöttisch liebten.«[1]
Bei seinem Auftauchen in London am 28. Dezember 1861 hatte der Riese schon eine lange Odyssee hinter sich. Michail A. Bakunin war am 20. Mai* 1814 im Gouvernement Twer, etwa 200 Kilometer von Moskau entfernt, auf dem väterlichen Gut geboren, einem Gut mit 500 Leibeigenen, also einem stattlichen Besitztum, mit dem es freilich bei den sinkenden Kornpreisen und den Folgen der napoleonischen Kriegswirren wirtschaftlich abwärts ging. Der Vater, Adelsmarschall des Gouvernements, hatte einst in Padua Medizin studiert, war kurze Zeit in den Staatsdienst getreten und hatte schließlich das ererbte Gut übernommen, wo er mit dreien seiner Schwestern, mystischen alten Damen, lebte. Er heiratete eine Murawjew, eine verarmte Adlige, die ihm zehn Kinder gebar. Sie war ihnen eine despotische Mutter, und aus frühen, übertriebenen strengen Repressionen hat man den unbändigen Freiheitsdrang Michails erklärt.
Mit vierzehn Jahren wurde er aus dem geliebten Geschwisterkreis gerissen und auf die Artillerieschule in St. Petersburg gechickt. In einem späteren Brief (1837) schrieb er über diese Zeit: Bei den Kadetten habe er »mit einem Schlag alles gelernt, was das Leben Düsteres, Schmutziges und Hassenswertes bieten kann«.[2] Als er, nach vier Jahren seelenlosen

* Nach russischem Kalender am 8. Mai.

Drills und der stumpfen Paukerei einer Militärschule unter Nikolaus I., zum Offizier avancierte, ertappte ein Vorgesetzter ihn im verbotenen Zivil, was ihm die Strafversetzung eintrug. Die kleine Garnison mit ihren Trinkgelagen und ihrem öden Gamaschendienst war nicht das Milieu, das ihn befriedigen konnte. »Ich möchte bloß wissen, welches der Zweck meines Daseins ist, und welcher Platz in der ungeheuren Maschine der Welt mir zukommt«, schrieb er 1834 in einem Brief nach Hause.[3]

Leidenschaftlich liebte er seine dritte Schwester, Tatjana; seine Briefe an sie haben ganz den Tonfall eines unseligen Liebhabers: »Du kannst Dir ja nicht vorstellen, wie schwer es mir fiel, mich mit Deiner Gleichgültigkeit abzufinden, und was für grauenvolle Leiden mir in meinen Briefen an Dich die Feder geführt haben.« Und noch sechs Jahre später: »Die Gesetze verdammen das Ziel meiner Liebe, Tanjuscha; es gilt Dir.«

1835 kommt er auf Urlaub nach Hause, kehrt jedoch nicht in den Dienst zurück, sondern verläßt zum Ärger seines Vaters die Armee, um sich in Moskau dem Studium zu widmen; den Lebensunterhalt verdient er sich mit Mathematikunterricht. Er entdeckt die deutschen Philosophen Schelling, Kant, Fichte (von dem er einiges ins Russische übersetzt) und später auch Hegel. Er freundet sich mit Herzen und mit Belinskij an, schreibt aber noch Sätze wie den folgenden: »Sich gegen das, was ist, zu erheben oder allen Lebensquell in sich töten, ist ein und dasselbe; sich mit der Wirklichkeit auszusöhnen ist unter jedem Gesichtspunkt die große Pflicht unserer Epoche.«[4] Alexander Herzens Einwände machen ihn jedoch nachdenklich.

In Berlin, wohin er sich 1840 mit des Freundes Hilfe begibt, kommt er mit Arnold Ruge (1802–1880), dem Herausgeber der *Deutschen Jahrbücher*, und den Jung-Hegelianern zusammen, ohne freilich zu ihrem Zirkel, dem »Doktorklub«, zu gehören. Auch zu den »Freien« mit Stirner und den Brüdern Bauer scheint er keine Beziehung gehabt zu haben. Doch wie sehr sich seine eignen Ansichten inzwischen gewandelt haben, beweist seine erste größere Veröffentlichung *Die Reaktion in Deutschland* (1842), die er unter dem Pseudonym Jules Elysard erscheinen läßt. Sie beginnt mit dem Leitmotiv seines Lebens: »Freiheit, Realisierung der Freiheit – wer kann es leugnen, daß dies Wort obenansteht auf der Tagesordnung der Geschichte?« Und das *Fragment von einem Franzosen* – so lautet der Untertitel der Schrift – endet mit den häufig mißverstandenen Sätzen:

»Laßt uns also dem ewigen Geiste vertrauen, der nur deshalb zerstört und vernichtet, weil er der unergründliche und ewig schaffende Quell alles Lebens ist. – Die Lust der Zerstörung ist zugleich eine schaffende Lust!«[5]

Inzwischen war Bakunin nach Dresden gegangen, wo er den deutschen Revolutionslyriker Georg Herwegh (1817–1875) kennenlernt. Mit ihm zusammen zieht er weiter nach Zürich, da er sich im vormärzlichen Deutschland nicht mehr sicher fühlt und man in Rußland bei den Behörden auf ihn aufmerksam geworden ist. In Zürich trifft aber im Mai 1843 der deutsche Schneidergeselle Wilhelm Weitling (1808–1871) ein, Mitglied des kommunistischen »Bundes der Gerechten«, für den er eine Programmschrift verfaßt hat. (Fünf Jahre später schreibt Karl Marx gleichfalls im Auftrag dieses Bundes sein *Kommunistisches Manifest.*) Bakunin ist von Weitlings Propaganda beeindruckt, erklärt jedoch in einer Artikelserie im *Schweizer Republikaner* seine Ablehnung einer nach kommunistischem Rezept organisierten Gesellschaft.

»Es würde keine freie Gesellschaft sein, keine Gemeinschaft lebendiger freier Menschen, sondern eher ein Regime unerträglicher Unterdrückung [...]. Andererseits sind wir durchaus überzeugt, daß der Kommunismus Elemente enthält, die von höchster Wichtigkeit für uns sind – und dies Wort scheint mir noch zu schwach.«[6] In dieser Artikelserie, die er einem der Redakteure diktierte, finden wir bereits fast alle Vorstellungen, denen er sein Leben lang anhängen sollte, einschließlich seiner von der marxistischen so verschiedenen Einschätzung des »Lumpenproletariats« und seiner Rechtfertigung der russischen Briganten.

Weitling wird verhaftet und Bakunin denunziert, die Denunziation an den Zaren weitergereicht, der ihm daraufhin die Adelsrechte absprechen und ihn in Abwesenheit verurteilen läßt. In Bern, wohin Bakunin gewandert ist, erreicht ihn der kaiserliche Befehl, nach Rußland heimzukehren. Er begibt sich jedoch nach Brüssel und von dort nach Paris (1844), nunmehr unwiderruflich ein Emigrant.

In Paris begegnet er zum ersten Mal Karl Marx, der bis zum Januar 1845, dem Datum seiner Ausweisung, dort lebt. Bakunin erinnert sich später (1871):

»Wir waren ziemlich befreundet. Er war damals viel fortgeschrittener als ich, so wie er heute, zwar nicht fortgeschrittener, aber unvergleichlich gelehrter ist als ich. Ich verstand damals von Nationalökonomie nichts, ich hatte mich noch nicht von den metaphysischen Abstraktionen befreit, und mein Sozialismus entsprang nur aus dem Instinkt. Obgleich noch jünger als ich, war er schon Atheist, gelehrter Materialist und denkender Sozialist. Gerade zu jener Zeit arbeitete er die Grundlagen seines gegenwärtigen Systems aus. Wir trafen uns ziemlich oft, denn ich achtete ihn sehr seiner Wissenschaft und seiner ernsten und leidenschaftlichen Hingebung an die Sache des Proletariats wegen, obgleich dieselbe immer mit persönlicher Eitelkeit vermischt war, und ich suchte begierig Gespräche mit ihm, die immer lehrreich und geistreich waren, wenn sie nicht kleinlicher Haß beseelte, was leider nur zu oft der Fall war. Aber es bestand nie eine offne Intimität zwischen uns. Unsere Temperamente vertrugen sich nicht. Er nannte mich einen sentimentalen Idealisten und er hatte recht; ich nannte ihn einen perfiden und tückischen eitlen Menschen, und ich hatte auch recht«.[7] Bakunin warf Marx vor, daß ihm der Instinkt für die Freiheit fehle, daß er »von Kopf bis Fuß ein Autoritärer« sei.

Große Zuneigung faßte er dagegen zu Proudhon und verkehrte mit Oppositionellen aus anderen Lagern: mit Louis Blanc, mit George Sand, mit Turgenjew, Lamennais und Herwegh. Freilich war seine finanzielle Lage sehr prekär geworden. Als 1846 der Krakauer Aufstand niedergeschlagen wurde, riß ihn das Ereignis aus seiner vielseitigen Lektüre, in die er sich schließlich vergraben hatte, und aus einer lethargischen Stimmung, in der ihn sogar Selbstmordgedanken heimgesucht hatten. Die Erwartung einer russischen Revolution elektrisierte ihn. Vor polnischen Emigranten hielt er eine Rede, die ein gewisses Aufsehen erregte: *Rußland, so wie es ist, und so wie es sein sollte.* Mit ihr begann eine neue Periode der revolutionären Tätigkeit Bakunins. »Er war der erste Russe, der die rote Fahne erhob.«[8] Als eine Folge dieser Rede streute der russische Botschafter in Paris das verleumderische Gerücht aus, Bakunin sei ein *agent provocateur,* ein Gerücht, das immer wieder auftauchte, so unbegründet es auch war. Sogar heute noch begegnet man ihm zuweilen in der Literatur über Bakunin. Wegen seiner Polenrede wies ihn die französische Regierung auf Ersuchen der russischen Botschaft aus; er ging zurück nach Brüssel.

Als am 23. Februar 1848 in Paris die Revolution ausbricht, setzt Bakunin sich sofort in die Bahn, die ihn bis zur Grenze bringt. Zu Fuß eilt er weiter. Am 26. Februar, drei Tage nachdem die Republik ausgerufen worden ist, trifft er in Paris ein. Die Revolutionsstimmung der von Barrikaden durchzogenen Stadt berauscht ihn. Mehr als eine Woche lang haust er zusammen mit 500 Arbeitern in der Kaserne der Rue Tournon.

»Ich hatte also somit Gelegenheit, die Arbeiter zu sehen und sie von morgens bis abends zu studieren. Nirgends und niemals habe ich bei irgendeiner anderen sozialen Klasse soviel noble Selbstverleugnung, soviel wirklich rührende Anständigkeit, soviel Rücksichtnahme in den Manieren und liebenswerten Frohmut gepaart mit ebensoviel Heldentum gefunden, wie bei diesen einfachen, ungebildeten Menschen, die immer tausendmal besser waren und sein werden, als ihre Führer! Vor allem überraschte mich bei ihnen ihr tiefer Instinkt für Disziplin.«[9]

Bakunin jedoch zieht es unweigerlich zur russischen Grenze, um zum Kampf gegen den Tyrannen Romanow aufzurufen. Im Juni tritt in Prag ein Kongreß der Slawen zusammen, und Bakunin eilt nach Prag. In lebendiger Rede propagiert er seine Idee einer Föderation der slawischen Völker, bei der es keine Unterdrückten, keine Kasten, keine Klassen mehr geben soll. Er stößt beim Kongreß auf eisige Ablehnung.

Gegen seinen Rat aber erheben sich die Studenten; ihr Aufstand wird vom österreichischen Militär nach dreitägigem Widerstand niedergeschlagen. Da Bakunin sich trotz seiner Einsicht in die Vergeblichkeit des Kampfes aktiv am Widerstand beteiligt hat, muß er nach Breslau fliehen, wo er am 20. Juni 1848 eintrifft. Noch gibt er den Traum von einer freien Gemeinschaft aller slawischen Völker im Bund mit einer deutschen Republik und einem freien ungarischen Volke nicht auf. Er gründet einen Geheimbund: Es sollte nicht die letzte Gründung dieser Art sein, die er ins Leben rief. Er arbeitet zusammen mit Polen, mit Tschechen, mit Deutschen. Wieder werden Verleumdungen gegen ihn ausgestreut, die auch die von Marx geleitete *Neue Rheinische Zeitung* sich zu eigen macht und dann öffentlich widerrufen muß.

Anfang 1849 ist Bakunin in Leipzig, um einen böhmischen Aufstand vorzubereiten. Da bricht am 30. März die Dresdner Revolte aus. Sofort stellt er sich der provisorischen Regierung zur Verfügung und leitet in Dresden die militärischen Aktionen der Aufständischen. Doch auch hier bricht der Widerstand zusammen, als preußische Truppen die Stadt einschließen. Bakunin gelingt es, mit 1800 Mann aus ihr zu entkommen, dann aber läuft seine Truppe auseinander. Er selbst gelangt nach Chemnitz, wo er sich im Hotel »Zum blauen Engel« erschöpft zum Schlaf hinlegt. In der Nacht dringen Chemnitzer Bürger in sein Zimmer und nehmen ihn gefangen. Er wird dem preußischen Militär übergeben.

Am 14. Janur 1850 wird Michail Bakunin zum Tod verurteilt. Der geistvolle, ehemalige Diplomat Varnhagen von Ense schreibt am 24. Januar 1850 bei der Betrachtung von Bakunins Porträt in sein Tagebuch: »Diese edlen und energischen und doch melancholischen Züge, diese Augen voller Güte und Sanftheit. Und zu denken, daß ein solches Gesicht von Kugeln zerfetzt werden soll.«[10]

Die Strafe wird jedoch in lebenslänglichen Kerker umgewandelt, und da auch die Österreicher ihm wegen des Prager Studentenaufstandes den Prozeß machen wollen, wird Bakunin nach Olmütz ausgeliefert, wo man ihn im Gefängnis an die Zellenwand schmiedet. Ein Selbstmordversuch mit dem Phosphor von Streichhölzern mißlingt, und am 15. Mai 1851 verurteilt ein österreichisches Gericht ihn zum Galgen. Wieder wird das Urteil in lebenslänglich umgewandelt, wieder wird Bakunin abtransportiert und ausgeliefert, diesmal an Rußland. Die Ketten werden ausgewechselt, da die Österreicher die ihren mit zurücknehmen wollen; er meinte, die russischen seien ihm leichter erschienen.

Er wird nach St. Petersburg in die Peter-und-Pauls-Festung gebracht, wo er bis zum März 1854 bleibt, bis man ihn nach der Festung Schlüsselburg überführt. Zwei Monate nach der Ankunft bringt ihm der Gendarmerieoberst Graf Orlow die Nachricht: »Ich habe den Auftrag vom Zaren, Ihnen mitzuteilen, daß es Ihre Pflicht sei, ihm wie ein geistlicher Sohn seinem geistlichen Vater zu schreiben.«[11] Und Michail Bakunin willigt ein, sich dem Despoten zu eröffnen. Sein Brief an den Zaren ist erst 1917 bekannt geworden und hat ihm Schmähungen eingetragen.

Obwohl er in seiner »Beichte« niemanden verraten und keinerlei Namen genannt hat, haben ihm manche Eiferer einen Vorwurf daraus gemacht. – Ob sie sich in die Seele eines Freiheitsdurstigen und hoffnungslos hinter Mauern Vergrabenen versetzen konnten? »Mein Brief, erstens im Bewußtsein meiner scheinbar aussichtslosen Lage und zweitens in Anbetracht des energischen Charakters Nikolais verfaßt, war sehr entschieden und kühn«, berichtet er Jahre später an Herzen.[12] Er nahm darin kein Blatt vor den Mund, und so blieb der Brief an den Zaren für sein eigenes Schicksal wirkungslos. Noch bis 1857 lag er im Gefängnis, von Skorbut, Zahnweh, Herz- und Leberschmerzen, von Schlaflosigkeit und dem Bewußtsein gepeinigt, »ein Sklave, tot, Kadaver« zu sein. Als Alexander II. den Thron bestieg, wandte sich Bakunin in einem Brief auch an ihn. Doch erst die inständigen Gesuche der Familie bewirkten, daß man ihn schließlich vor die Wahl stellte: Festungshaft oder Verbannung nach Sibirien. Verständlicherweise wählte er die letztere. Im März 1857, nach acht Jahren Kerkerdasein, wurde er nach Tomsk deportiert. Die relative Freiheit eines Exilierten löste in ihm einen Sturm der Gefühle aus.

In Tomsk lernte er die zierliche und kluge Antonia Kwiatkowsky, Tochter eines polnischen Einwanderers und kleinen Beamten, kennen. Er gab ihr französischen Unterricht und verliebte sich in seine Schülerin, die nicht halb so alt war wie er. Die Jahre der Einzelhaft hatten seine Gesundheit geschwächt, und er hatte alle Zähne verloren. Doch die junge Polin »gewann auch mich lieb, und so heiratete ich sie und bin bereits zwei Jahre vermählt und vollkommen glücklich«, schrieb er im Dezember 1860 an Herzen. Der Freund aber meinte: »Daß er es zu dieser Heirat gebracht hat, kann ich mir nur aus der sibirischen Langeweile erklären.« Im gleichen Brief an Herzen hatte Bakunin jedoch auch geschrieben: »Es ist so gut, nicht für sich selbst, sondern für einen anderen zu leben, besonders wenn dieser andere eine liebe Frau ist – und ich habe mich ihr ganz ergeben, sie aber teilt mit Herz und Sinn mein ganzes Streben.«[13]

Es ist behauptet worden, Michail Bakunin sei impotent gewesen. Da er sich zudem gern mit jungen Männern umgab, hat man auch auf eine homosexuelle Komponente bei ihm schließen wollen. Wenn nicht sein unbändiger Geselligkeitstrieb zur Erklärung ausreicht, hat es sich gewiß bei seinem Verhältnis zu jungen Freunden um *amor spiritualis* gehandelt. Von seiner Ehe meinte Ricarda Huch in ihrem Buch *Michail Bakunin und die Anarchie:* »Obwohl ihn diese Verbindung dauernd beglückte, schlug er doch damit den ersten Knoten zu einer tief-tragischen Verwicklung.« Auf jeden Fall forderte er von seiner Frau nicht eheliche Treue, und die drei Kinder, die Antonia zur Welt brachte, stammten nicht von Michail, sondern von verschiedenen Vätern; in dem revolutionären Milieu, in dem sie lebten, keineswegs eine Ausnahme. »Freie Liebe« und Verdammung der bürgerlichen Ehe gehörten ja zu den Progammpunkten vieler Revolutionäre, nur daß Bakunin die Praktizierung, im Gegensatz zu manchen anderen ihrer theoretischen Verfechter, konsequent und mit überlegener Großmut auch der Partnerin zubilligte.

Als glücklicher Zufall erwies sich, daß sein Vetter Murawjew aus der Familie seiner Mutter Generalgouverneur von Ostsibirien war. Er konnte die Übersiedlung Michails in seine Nähe nach Irkutsk erwirken, wo er bei der neugegründeten Amur-Kompagnie, dann bei einem Goldhändler Anstellung fand; diese ermöglichte ihm sogar ausgedehnte Reisen innerhalb des Gouvernements. Mit Murawjew freundete er sich an; an Herzen gab er eine begeisterte Schilderung seines Vetters: er sah in ihm, gewiß idealisierend, einen Gesinnungsfreund und möglichen künftigen Reformator des russischen Reiches. Tatsächlich verzichtete Murawjew, offenbar aus heimlicher Oppositionsgesinnung gegen das Regime, 1861 auf das Innenministerium, das ihm angeboten wurde, und zog sich ins Privatleben zurück. Nach seinem Weggang beginnt Bakunin, sich mit Fluchtgedanken zu tragen.

Tatsächlich gelingt es ihm ohne merkliche Schwierigkeiten, sich in Nikolaiewsk nach Japan einzuschiffen; er erreicht von dort aus San Franzisko, durchquert den Kontinent bis New York und trifft per Schiff im Dezember 1861 bei seinem Freund Herzen in London ein. Herzen »mit seiner sokratischen Maske« hat den Brüdern Goncourt den Augenblick der Ankunft geschildert. Bakunins erster Satz nach der Umarmung sei gewesen: »Gibt es hier Austern?«[14]

In London befand er sich im Zentrum der internationalen revolutionären Bewegung, da England politischen Emigranten aus allen möglichen Ländern Zuflucht gewährte. Er nahm, wie wir sahen, seine ruhelose Agitation sofort wieder auf. Damals schrieb er seine Broschüren *An meine russischen und polnischen Freunde* und *Die Sache des Volkes.* Darin kommt er auf seine Idee zurück, daß die Bauern, die russische Landbevölkerung, der eigentliche revolutionäre Faktor seien, wenn er auch die Einschätzung des *mir*, der Dorfgemeinde, bei den Panslawisten und bei Herzen nicht teilt. In einem Brief an Ogarew, Mitherausgeber des *Kolokol,* schildert er als Züge des *mir*:

»Abscheuliche Fäulnis und vollständige Rechtlosigkeit der Person vor der Gemeinde und die alles unterdrückende Last dieser Gemeinde, die jede Möglichkeit der individuellen Initiative verhindert, das Fehlen nicht nur der rechtlichen, sondern sogar der einfachsten Gerechtigkeit in den Urteilen der Gemeinde und ihre grausame, bösartige Rücksichtslosigkeit einem machtlosen und armen Mitglied gegenüber, systematische, bösartige, grausame Unterdrückung derjenigen Personen, die auch nur den kleinsten Anspruch auf Selbständigkeit äußern.«[15]

In den erwähnten Broschüren richtet Bakunin den Appell an die russische Jugend, »ins Volk zu gehen«, der von der jungen Generation in Rußland mit opfervoller Begeisterung und in großem Umfang aufgenommen wurde.

Als 1863 die polnische Revolte ausbrach, charterte Bakunin zusammen mit hundert Polen sofort ein Schiff, um sich an Ort und Stelle zu begeben. Doch der britische Kapitän verweigerte die Weiterfahrt, als russische Kriegsschiffe auftauchten, und lud Bakunin und die Polen in Schweden aus. Dort stößt übrigens auch Antonia wieder zu ihm.

Im Jahr darauf finden wir ihn in Florenz, der provisorischen Hauptstadt des sich einigenden Italiens, das sich zwar die politische Unabhängigkeit erkämpft, doch viele innere Probleme sozialer Art nicht gelöst hatte. Viele ehemalige Anhänger Mazzinis wandten sich darum Bakunin zu. Um diese Zeit entwickelte er seine eigentlichen anarchistischen Ideen. Auf einer Reise nach London traf er nach sechzehn Jahren zum ersten Mal wieder mit Karl Marx zusammen, der feststellte, daß Bakunin einer der seltenen Menschen sei, die vorwärts, nicht rückwärts gegangen seien (Brief an Engels). Die nächsten zwei Jahre ließ Bakunin sich erst in Sorrent, dann in Neapel nieder, wo er bei den jungen Radikalen schon den Einfluß der Schriften Proudhons konstatierte. Darüber hinaus schienen die Verhältnisse in Italien seine eignen Theorien zu begünstigen: eine große Anzahl deklassierter Intellektueller, eine riesige Masse armer Bauern ohne Besitz an Boden, nach seiner Ansicht zwei wesentliche Faktoren für die Revolution.

»Die Revolution muß nicht nur für das Volk, sie muß vom Volk gemacht werden, und sie wird immer nur gelingen können, wenn sie gleichzeitig alle Massen auf dem Land ebenso wie die in den Städten mit sich reißt. [...] Diese Revolution wird sehr wohl in den ersten Tagen vielleicht blutig und rachsüchtig sein können. Aber sie wird diesen Charakter nicht lange behalten, und nie wird sie den eines systematischen und kalt berechneten Terrorismus annehmen. Sie wird viel mehr die Positionen und Dinge bekriegen als Menschen, da sie gewiß ist, daß die Dinge und die durch die Dinge hervorgerufenen privilegierten und antisozialen Positionen sehr viel mächtiger sind als die Individuen und sowohl das Wesen als auch die Stärke ihrer Feinde bilden.«[16]

Neben der Propaganda widmete er sich der Organisation. Er gründete die *Allianz der sozialen Demokratie,* die sich später in *Internationale Allianz der sozialistischen Demokratie* umbenannte, und als deren inneren festen Kern den Geheimbund *Fraternité Internationale,* einen »Orden disziplinierter Revolutionäre, um die soziale Revolution zu propagieren«.[17] Für sie schrieb er 1865 in Neapel den *Revolutionären Katechismus.*[18] Diese Schrift enthält den Entwurf zu seinem sozialrevolutionären Programm; es »darf mit Recht zu den radikalsten politisch-sozialökonomischen und humanitären Utopien der Weltliteratur gezählt werden.«[19]

»[...] Die politische und ökonomische Organisation des sozialen Lebens darf [...] nicht mehr wie heute von oben nach unten und vom Mittelpunkt zum Umkreis ausgehen, nach dem Prinzip der Einheit und der erzwungenen Organisation, sondern von unten nach oben und von der Peripherie zum Zentrum nach dem Prinzip der freien Assoziation und Föderation«, heißt es im § 8 des Katechismus.

Verlangt wird (§ 9e) Abschaffung [...] des bevormundenden, überragenden, zentralistischen Staates« samt den staatlichen Universitäten, staatlichen Richtern, zur Zeit gültigen Gesetzbüchern, den Banken und Krediteinrichtungen des Staates, der Bürokratie, der stehenden Heere und der Staatspolizei; »innere Reorganisierung jedes Landes mit der absoluten Freiheit der Individuen, produktiven Assoziationen und Gemeinden als Ausgangspunkt und Grundlage« (§ 9g). Im Abschnitt über die individuellen Rechte:

»Absolute Abschaffung aller entwürdigenden und grausamen Strafen, körperlicher Züchtigung und der Todesstrafe [...] Abschaffung aller Strafen von unbestimmter oder zu langer Dauer, die keine Hoffnung, keine wirkliche Möglichkeit der Rehabilitierung zulassen, da das Verbrechen als Krankheit angesehen werden muß und die Bestrafung eher als eine Heilung statt als eine Gegenforderung der Gesellschaft«[20] (§ 8h, 10). Selbstverständlich verhängen in der neuen Gesellschaft die gewählten Richter auch Strafen, doch der Verurteilte behält das Recht des Austritts aus der Gesellschaft eines Landes, ist dann freilich auf deren Gebiet vogelfrei, darf getötet, jedoch unter keinen Umständen als Sklave verwendet werden. Wer nicht arbeiten will und vorzieht, sich von anderen ernähren zu lassen, verliert die politischen Rechte, ebenso wer »in Beziehungen freiwilliger Knechtschaft«, in dienende Verhältnisse zu anderen, tritt. In beiden Fällen geht man auch des Rechts auf Erziehung seiner Kinder verlustig.

Das Ziel des revolutionären Bundes der internationalen Brüder darf nicht Herrschaft sein:

»Die Organisation schließt jede Idee einer Diktatur und einer leitenden, bevormundenden Macht aus. Zur Errichtung dieser revolutionären Allianz selbst und zum Sieg der Revolution über die Reaktion ist es aber nötig, daß inmitten der Volksanarchie, die das eigentliche Leben und die ganze Energie der Revolution bilden wird, die Einheit des revolutionären Gedankens und der revolutionären Aktion ein Organ findet. Dieses Organ soll die geheime und universale Assoziation der internationalen Brüder sein. Diese Organisation geht von der Überzeugung aus, daß die Revolutionen nie weder von Individuen noch selbst von geheimen Gesellschaften gemacht werden. Sie geschehen wie von selbst, hervorgebracht durch die Macht der Dinge, die Bewegung der Ereignisse und Tatsachen. Sie bereiten sich lange in der Tiefe des instinktiven Gewissens der Volksmassen vor – dann brechen sie aus, dem Anschein nach oft durch unbedeutende Ursachen angestiftet. Alles, was eine gut organisierte geheime Gesellschaft tun kann, ist zunächst, bei der Geburt der Revolution Hilfe zu leisten, durch Verbreitung von Ideen bei den Massen, die deren Instinkten entsprechen, und außerdem zu organisieren. [...] Und wie sollen wir handeln? Das Volk unterrichten? Das wäre dumm. Das Volk weiß selbst und besser als wir, was ihm not tut. Wir müssen das Volk nicht unterrichten, sondern empören.«[21]

Zu der »Bruderschaft« zählten neben Bakunin zunächst nur Italiener, bald aber traten auch Männer anderer Nationalität bei. Er war bis zum Jahre 1867 in Italien mit großer Wirkung tätig. Aber bereits 1864 war ohne sein Zutun, doch unter entscheidender Mitwirkung von Karl Marx, in London andererseits die *Internationale Arbeiterassoziation*, abgekürzt »die erste Internationale« genannt, gegründet worden, als eine Art Dachverband aller Arbeiterorganisationen, sowohl der Parteien wie der Gewerkschaften, ohne Unterschied ihrer theoretischen Ausrichtung, auch Einzelpersonen konnten beitreten.

1867 fand nun in Genf ein Kongreß der »Friedens- und Freiheitsliga« statt, die sich aus Vertretern des fortschrittlichen Liberalismus, des Radikalismus und des Sozialismus zusammensetzte. Eine Forderung der Liga war übrigens auch die Schaffung der Vereinigten Staaten von Europa. Marx lehnte für sich und die Internationale eine Teilnahme an dem Kongreß ab. Bakunin aber reiste als Delegierter seiner Allianz nach Genf und versuchte, beim Kongreß eine atheistische und sozialistische Resolution durchzusetzen, in der sich der Satz fand:

»Überzeugt, [...] daß die Freiheit ohne den Sozialismus Privilegium und Ungerechtigkeit bedeutet, und daß Sozialismus ohne Freiheit Sklaverei und Brutalität bedeutet, proklamiert die Liga laut die Notwendigkeit radikaler sozialer und wirtschaftlicher Reformen.«[22] Der Kongreß jedoch stimmte mehrheitlich gegen die Resolution. Bakunins Auftreten schildert der russische Journalist Wyrubow:

» [...] Ich erinnere mich an sein eindrucksvolles Auftreten auf der ersten Sitzung des Kongresses. Als er, wie immer mit großer Nachlässigkeit gekleidet, in einer grauen Bluse, die über der Flanellweste und dem Hemd offenstand, mit dem schweren Schritt eines Bauern die Stufen der Tribüne hinaufstieg, erhob sich der Ruf: Bakunin! Garibaldi verließ den Präsidentenstuhl, ging ihm entgegen und umarmte ihn. Zahlreiche Gegner Bakunins befanden sich im Saal, doch alle sprangen auf und langer Applaus bewies die allgemeine Begeisterung.«[23]

Ein anderer Augenzeuge* meint sogar:

»Dröhnende Worte, Ausrufe, Gedonner, Gebrüll eines Löwen, ein entfesselter Orkan, geballte Blitze, etwas Elementares und Glühendes, das war seine Rede; er war der geborene Tribun [...] Die Revolution war sein natürliches Klima. Seine Rede

* Nach den Historikern Nicolajewskij und Maenchen-Helfen.

hinterließ tiefen Eindruck; hätte er seinen Zuhörern befohlen, sich gegenseitig abzuschlachten, hätten sie es zweifellos getan.«[24]

Trotzdem drang er mit seiner Resolution nicht durch. Da er bei der allzu heterogenen Zusammensetzung der Liga deren Wirkungslosigkeit einsah, und nachdem er auch auf dem zweiten Kongreß in Bern mit seinen Grundsätzen nicht durchdringen konnte, trat er aus. Hier hatte er sich zum ersten Mal als »Kollektivisten« bezeichnet, den Vorwurf, »Kommunist« zu sein, aber von sich gewiesen.

»Ich verabscheue den Kommunismus, weil er die Negation der Freiheit ist, und weil ich mir etwas Menschliches ohne Freiheit nicht vorstellen kann. Ich bin nicht Kommunist, weil der Kommunismus alle Kräfte der Gesellschaft im Staat konzentriert und von ihm absorbieren läßt, weil er unvermeidlich zur Eigentumskonzentration in den Händen des Staates führt, während ich die Abschaffung des Staates will – die radikale Austilgung des Autoritätsprinzips und der Staatsbevormundung, die unter dem Vorwand, die Menschen zu moralisieren und zu zivilisieren, sie bis heute geknechtet, unterdrückt, ausgebeutet und verdorben haben.«[25]

Nach seinem Austritt aus der »Liga« ließ er sich in Genf nieder und trat der *Internationalen Arbeiterassoziation* bei, in die er auch als integrierenden Bestandteil seine umorganisierte *Alliance Internationale de la Democratie socialiste* einbringen wollte.

Karl Marx lehnte jedoch im Namen des Londoner Generalrats der Internationale die Aufnahme der »konkurrierenden Organisation« ab, so daß Bakunin, um den einzelnen Sektionen der Allianz den Beitritt zu ermöglichen, das zentrale Büro in Genf auflöste. Auf einem Kongreß der ersten Internationale in Basel (6.–11. Sept. 1869), auf dem Marx und Engels nicht anwesend waren, kam es zwischen ihrem Vertreter Eccarius und Baku-

nin zu einer Kontroverse über Fragen des Erbrechts, die zu der grundsätzlichen Frage der »Übergangslösung« führten, d. h. der marxistischen Vorstellung, den Staat nach einer Revolution zentralistisch unter der Diktatur der Partei, euphemistisch »Diktatur des Proletariats« genannt, fortbestehen zu lassen, während Bakunin, selbst auf die Gefahr eines vorübergehenden Chaos hin, die sofortige Auflösung aller zentralistischen Instanzen forderte.
Zwei konträre Ideen standen sich gegenüber. Beide Anschauungen gingen von grundverschiedenen Voraussetzungen aus. Bakunin hatte seine Anschauung vorwiegend in Ländern erworben, in denen es noch wenig Industrieproletariat gab: in Rußland und in Italien. Seine ständig wachsende Anhängerschaft hatte er auch in erster Linie auf der Apenninhalbinsel und in Spanien, wo sich seine Lehren auch nach dem Entstehen einer Industrie noch als wirksam erwiesen. Marx dagegen ging ganz von den Voraussetzungen des hochindustrialisierten England aus und war überzeugt, daß Revolution nur durch das organisierte Industrieproletariat möglich sei: »bei den fortgeschrittensten Produktionsbedingungen«. Man hat auf das Paradox hinweisen können, daß die erste siegreiche proletarische Revolution just in Rußland, einem auch 1917 noch vorwiegend agrarischen Land, und nur mit dem Versprechen an die Bauern, den Boden zu verteilen, sich durchsetzen konnte. Das bestätigt eigentlich eher Bakunins Thesen, wie sich ja auch seine düsteren Prognosen hinsichtlich eines nach Marxschen Prinzipien der Revolution oktroyierten zentralistischen Staates weitgehend bewahrheitet haben. Schließlich scheint man dem endzeitlich auch von Karl Marx versprochenen »Absterben« des Staates nach der »Übergangslösung« einer Diktatur der Partei in den marxistischen Volksdemokratien noch keinen Schritt nähergekommen zu sein. Freilich mag Brupbacher (1874–1945), der Schweizer Sozia-

list, recht haben: »Mit der Entwicklung der Großindustrie ist nicht nur der Wunsch nach Freiheit verschwunden, sondern ein wirklicher Haß wird gegen die entfesselt, die weiterhin die Freiheit des Einzelnen wollen.«[26] Keineswegs nur in den Staaten des autoritären Sozialismus.

VI. KAPITEL

Der schwarze Engel, der rote Papst

Nach dem Basler Kongreß der Internationale zog Bakunin im Herbst 1869 nach Locarno. Rein private Gründe veranlaßten ihn dazu, nicht zuletzt der, daß die Lebenshaltung hier billiger war als in Genf. Er nahm es in Kauf, sich örtlich damit von den »kollektivistischen« Gruppen des Jura, hauptsächlich aus Arbeitern der Neuenburger Uhrenindustrie bestehend, zu entfernen, unter denen er treue Anhänger seiner *Fraternité* geworben hatte, darunter auch seinen späteren ersten Biographen James Guillaume (1844–1916). Damals machte Bakunin sich daran, *Das Kapital* von Karl Marx zu übersetzen und hatte auch bereits einen russischen Verleger dafür gefunden. Marx dagegen hegte gegen ihn den wenig begründeten, aber aus Eifersucht gespeisten Verdacht: »Dieser Russe will offenbar Diktator der europäischen Arbeiterbewegung werden. Er soll sich in acht nehmen. Sonst wird er offiziell exkommuniziert.«* Auch war wieder das Gerücht ausgestreut worden, Bakunin sei ein zaristischer Polizeispitzel, weswegen es schon auf dem Basler Kongreß zu einer offiziellen Ehrenerklärung für ihn gekommen war, nachdem ein Ehrengericht ausdrücklich die Haltlosigkeit der Verleumdung festgestellt hatte.

Bakunin, der sachliche Gegnerschaft nie in persönliche Feindschaft ausarten ließ (mit Mazzini etwa war er trotz schwer-

* Brief an Engels vom 27. Juli 1869.

wiegender politischer Differenzen befreundet geblieben), schrieb am 28. Oktober 1869 an Herzen:
»Marx ist zweifellos ein nützlicher Mensch in der internationalen Gesellschaft [...]. Und ich würde es mir nie verzeihen, vernichtete oder verringerte ich auch nur zur Befriedigung meiner persönlichen Rachegefühle seinen zweifellos wohltätigen Einfluß. Es kann jedoch und wird wahrscheinlich vorkommen, daß ich mich bald in einen Kampf mit ihm werde einlassen müssen, nicht wegen persönlicher Beleidigung, sondern einer prinzipiellen Frage halber, der des Staatskommunismus, dessen eifriger Verfechter er sowie die von ihm geleitete Partei [...] sind.«
Noch kurz zuvor hatte er an Marx selbst geschrieben: »Mein Vaterland ist jetzt die Internationale, von der Du einer der wichtigsten Begründer bist. Du siehst also, mein lieber Freund, daß ich Dein Schüler bin und stolz bin, es zu sein.«[1] In Basel hatte er sich zudem sogar für einen Machtzuwachs des Generalrats in London eingesetzt, dessen unbestrittener Lenker Karl Marx war.
Mit großer, fast naiver Begeisterung nahm er den angeblichen »Abgesandten eines russischen revolutionären Komitees« auf, der in Genf erschienen war. Der zweiundzwanzigjährige junge Mann war Sergei Gennadewitsch Netschajew (1847–1882), ein dunkelhaariger, fanatischer, undurchdringlich wirkender Russe von strenger persönlicher Ausstrahlung. »Ein Gläubiger ohne Gott und Held ohne Phrasen«, wie Bakunin ihn in einem Brief an Guillaume charakterisierte. In seiner Freude, endlich Kontakt mit innerrussischen revolutionären Kreisen zu bekommen, war er sofort bereit, sich bedingungslos der Autorität des Komitees zu unterwerfen, das in Moskau angeblich die Revolution vorbereitete, in Wirklichkeit jedoch nur in Netschajews Phantasie existierte.
Netschajew war 1847 in Iwanowo, nordöstlich von Moskau,

als Sohn eines Weißbindergesellen und späteren Kellners (nach anderen Quellen als Sohn eines Dorfpopen) geboren. Die Mutter, Tochter eines freigelassenen Leibeigenen, starb in Sergeis frühester Kindheit. Sein unbändiger Haß auf die Herrenschicht hat zweifellos auch in demütigenden Erlebnissen seiner frühen Jahre eine starke Wurzel; ebenso unbändig war seine wilde Energie. Er erwarb sich eine Bildung, die es ihm ermöglichte, in einer Pfarrschule in St. Petersburg Lehrer zu werden. In der Hauptstadt verkehrte er in Studentenkreisen, wo man eifrig u. a. die Schriften Buonarrotis las. Er lernte auch den Theoretiker der revolutionären Studentenschaft, Peter Nikisch Tkatschew (1844–1885), kennen und verfaßte mit ihm zusammen ein *Revolutionäres Aktionsprogramm,* das sich mancherlei Thesen Bakunins zu eigen machte, andererseits aber einen Zentralismus verfocht und die »revolutionäre Elite« herausstellte. »Das sich selbst überlassene Volk kann weder jetzt noch später die soziale Revolution verwirklichen. Nur wir, die revolutionäre Minderheit, können das tun, und wir sollten es möglichst bald tun«, schrieb Tkatschew ein paar Jahre später (1876)[2]. Tkatschews Idee der »revolutionären Elite« wurde von Lenin übernommen.
Netschajew ließ unter seinen St. Petersburger Bekannten das Gerücht ausstreuen, er sei verhaftet worden, und setzte sich nach Moskau ab. Von dort teilte er ihnen mit, er habe ins Ausland entkommen können und schickte gleichzeitig Flugblätter, die aber die Aufmerksamkeit der Polizei auf die Adressaten lenkten, so daß es zu Verhaftungen kam. Unter anderen wurde auch die junge Wera Sassulitsch festgenommen. Mit ihrer Schwester und deren Mann Uspenski knüpfte Netschajew unter falschem Namen in Moskau Beziehungen an, die für beide verhängnisvoll werden sollten. Netschajew begab sich jetzt wirklich ins Ausland und kam über Belgien nach Genf, wo er im März oder April 1869 Bakunin

aufsuchte. Später schrieb Bakunin darüber an den Mitherausgeber des *Kolokol* Ogarew:

»Als wir ihm zum ersten Mal begegneten, brannte sein Herz von Liebe und Mitleid für das unglückliche russische Volk. [...] Damals war nur sein Äußeres unsauber, aber im Inneren war er nicht beschmutzt.«*

Die russische junge Generation der sechziger Jahre, für die Turgenjew[3] den Begriff »Nihilisten« geprägt hat,** skandalisierte durch ihr Gehabe ebenso wie durch ihre extremen Ansichten selbst viele unter den oppositionellen Intellektuellen. Herzen zum Beispiel weigerte sich, in der studentischen Jugend mit der »allure canaille«, die die Konventionen und die gängige Moral ablehnte, seine geistigen Erben zu sehen; er schrieb ihr:

»Ihr wollt uns sagen: ›Ihr, die Älteren, ihr seid Heuchler, wir dagegen werden zynisch sein; in eueren Reden seid ihr von untadeliger Moral, wir aber werden Verbrecher sein; ihr waret nachgiebig den Vorgesetzten und grob den Untergebenen gegenüber, wir werden grob mit aller Welt sein; ihr grüßt, ohne Achtung zu hegen, wir rempeln an, ohne uns zu entschuldigen. Euer Gefühl für Würde bestand in der Höflichkeit und konventionellen Ehre; wir machen uns eine Ehre daraus, alle Konventionen unter die Füße zu treten und alle Ehrenpunkte zu verachten!‹ – Dem Volk sind sie aber fremd geblieben; unwillkürlich erkennt man in jeder ihrer Gesten und Worte das Vorzimmer, die Kaserne, das Büro oder das Priesterseminar.«[4]

Bakunin aber bewunderte diese Jugend und ihren Fanatismus, ihre Opferbereitschaft für die Sache der russischen Revolution. Schon 1867 hatte er noch aus Italien an Herzen geschrieben:

* Brief vom 2. November 1872.

** Iwan Turgenjew, *Väter und Söhne,* erschienen 1862.

»Nein, Herzen, Du hast gut reden, diese Pioniere der neuen Gerechtigkeit und des neuen Lebens in Rußland, mögen sie so linkisch sein und so ungepflegt aussehen, wie sie wollen, scheinen millionenfach über den Lebendig-Toten von guter Haltung zu stehen, die Dir so teuer sind [...] Noch einmal, werde nicht alt, Herzen, und verfluche nicht die Jungen. Spöttele über sie, wenn sie es verdienen, doch verneige Dich voll Achtung vor ihrem ehrenwerten Wirken, ihrem Streben, ihrem Heroismus und ihren Opfern.«[5]

Kein Wunder, daß Bakunin der düsteren Faszination eines Netschajew so leicht erlag. Er verschaffte ihm Geld, und es kam zu einer engen Zusammenarbeit zwischen ihnen. Bakunin übernahm von dem jugendlichen Fanatiker Gedanken, die seiner eigenen bisherigen Theorie (und wie man hinzusetzen muß: auch seiner späteren) geradezu ins Gesicht schlugen. Sie verfaßten zusammen Broschüren, unter anderen den *Katechismus des Revolutionärs,* den man nicht mit dem *Katechismus* der »Internationalen Brüderschaft« aus dem Jahre 1865 verwechseln darf. Der eigentliche Titel des gemeinsamen Elaborats nannte sich denn auch *Regeln, die der Revolutionär sich zu eigen machen soll.* Es handelt sich um eine Anleitung zur bedingungslosen Hingabe an ein einziges Ziel: »die schnellste und sicherste Zerstörung dieser unflätigen Weltordnung«, nämlich der bestehenden gesellschaftlichen Ordnung. Für den Revolutionär gelte darum: Alles ist sittlich, was den Triumph der Revolution begünstigt, alles verbrecherisch, was ihn hemmt. Der Revolutionär gehört nicht mehr sich selbst; er kennt keine Schonung für die ganze zivilisierte Klasse der Gesellschaft, und er darf ebensowenig Schonung für sich erwarten. Er muß sich daran gewöhnen, jede Marter zu ertragen. Alle Gefühle der Verwandtschaft, Freundschaft, Liebe, Dankbarkeit müssen erstickt werden vor der einzigen kalten Leidenschaft des revolutionären Werkes. Ebenso, wie er für die Revolution zu sterben bereit ist, muß er auch bereit sein, mit eignen Händen jeden zu töten, der ihn an der Erreichung des Zieles hindert. Jeder militante Revolutionär muß einige Revolutionäre zweiter oder dritter Ordnung zur Verfügung haben, d. h. solche, die noch nicht ganz eingeweiht sind; er muß sie mit größtmöglichem Nutzen einsetzen; über sich selbst dagegen darf er nur mit Zustimmung aller eingeweihten Genossen verfügen. Der Revolutionär kann und muß oft im Schoß der Gesellschaft leben, im Hinblick auf ihre unerbittliche Zerstörung, und dazu muß er sich den Anschein geben, ein ganz anderer zu sein, als er ist. Es sind Listen von Leuten aufzustellen, die ausgemerzt werden müssen, je nach Schädlichkeit der Betreffenden abgestuft. Um das Volk für die Revolution reif zu machen, soll man seine Leiden nicht lindern, sondern möglichst vergrößern.

»Die künftige Organisation wird ganz sicherlich aus der Volksbewegung entstehen, aus dem Leben des Volkes; aber das wird das Werk der kommenden Generationen sein. Unsere Aufgabe ist es, zu zerstören: eine schreckliche, vollständige, unerbittliche, universale Zerstörung (§ XXIV). – Wir müssen uns mit der Welt der Abenteurer und Räuber verbünden, die in Rußland die einzigen echten Revolutionäre sind (aus § XXV).«[6]

Ganz bakuninisch sind allerdings Gedanken aus § XXIII: »Einzig kann das Heil dem Volk eine Revolution bringen, die jede Idee eines Staates unbedingt verurteilt und in Rußland die Traditionen, die Institutionen und die sozialen Klassen des Staates von Grund auf umwälzt.«[7]

Als Netschajew im September 1869 nach Moskau zurückkehrte, nahm er einen »Ausweis« mit, ausgestellt am 12. Mai 1869, der die Unterschrift Michail Bakunins trug: »Inhaber dieses Zeugnisses ist bevollmächtigter Vertreter des russischen Zwei-

ges der allgemeinen revolutionären Allianz. – Nummer 2771.«
In Moskau bildete er zusammen mit Uspenski eine heimliche Gruppe, zu der auch ein Student namens Iwanow gehörte. Iwanow scheint aber sehr bald durchschaut zu haben, daß Netschajew mit Spiegelfechtereien zu arbeiten pflegte und daß es das organisierte Netz revolutionärer Zellen, von dem Netschajew sprach, gar nicht gab. Als er sich daraufhin aus der Gruppe zurückziehen wollte, wurde er in einen Hinterhalt gelockt und im Beisein oder durch Mithilfe von Mitgliedern der Gruppe von Netschajew am 21. November umgebracht. Der Tote wurde nicht lange danach in einem Teich entdeckt.
Uspenski und andere Gruppenmitglieder wurden am 8. Dezember verhaftet. Zwei Tage später wurde auch gegen Netschajew Haftbefehl erlassen; doch er war bereits geflüchtet. Im Januar tauchte er wieder in Genf und in Locarno auf.
Er überredet Bakunin, dem er die Vorfälle in Rußland verheimlicht, die Übersetzung des *Kapitals* von Marx aufzugeben, obwohl dafür schon ein Vorschuß bezahlt worden ist, und schreibt, wiederum ohne Bakunin davon zu verständigen, an den Verleger einen beleidigenden Drohbrief, von dem Bakunin erst im Juni Kenntnis erhält. Marx konstruiert aus der Affäre wegen des erhaltenen Vorschusses den Vorwurf eines Betrugs.
Die russische Regierung verlangt die Auslieferung Netschajews wegen Mordes. Ohne Kenntnis der tatsächlichen Gründe verfaßt Bakunin zur Verteidigung seines jungen Freundes das Pamphlet *Die Bären von Bern und der Bär von St. Petersburg*.
Als am 21. Januar 1870 Alexander Herzen stirbt, versteht es Netschajew, sich mit Fürsprache des noch immer vertrauensseligen Bakunin in den Besitz einer bedeutenden Summe zu bringen, die bei dem Verstorbenen als Stiftung hinterlegt war.

Außerdem knüpft er Beziehung zu dessen ältester Tochter Nathalie an, die sich von dem gutaussehenden, aber unheimlichen jungen Mann ebenso angezogen wie abgestoßen fühlt. Seine Absicht ist es, durch sie Herzens beträchtliches Vermögen zu erlangen, sie nach den Grundsätzen des *Katechismus* zu kompromittieren und ihr den »Rückweg in die bürgerliche Gesellschaft abzuschneiden«. Zudem entwendet er bei Bakunin persönliche Papiere, mit denen er ihn erpressen zu können glaubt, verschafft sich auf gleichem Wege auch weiteres belastendes Material und macht sich, unter Mitnahme intimer Briefe von Nathalie Herzen, auf den Weg nach Paris und London.

Dem bestohlenen Bakunin fallen endlich die Schuppen von den Augen; im Juni oder Juli 1870 kommt es zum endgültigen Bruch. Bakunin schreibt an Freunde in Westeuropa warnende Briefe, in denen er die Grundsätze des »boys« anprangert, die freilich die Grundsätze des von ihm mitverfaßten *Katechismus* sind.

»Wahrheit, gegenseitiges Vertrauen, echte Solidarität gibt es nur zwischen einem Dutzend Personen [...] Alle übrigen sollen als blindes Werkzeug und auszubeutendes Material in den Händen dieses Dutzends Menschen dienen. Es ist erlaubt und sogar empfohlen, sie zu täuschen, zu kompromittieren, zu bestehlen und gegebenenfalls zugrunde zu richten: nur Futter für die Verschwörung sind sie.«*

Und noch zwei Jahre später schrieb er von dem verlorenen Freund: »Der Anspruch, Führer zu werden, schleuderte ihn in einen Abgrund von Schlamm.«** Offenbar war der *Katechismus* für Michail Bakunin nur abstraktes Geistesspiel gewesen, über das er erschrak, als es praktiziert wurde und sich sogar gegen Freunde und ihn selbst wandte.

* Brief an Talandier vom 24. Juli 1870.

** Brief an Ogarew vom 2. November 1872.

Netschajew kehrte 1872 heimlich in die Schweiz zurück und lebte verborgen in Zürich in größter Not, während der Prozeß gegen seine Moskauer Komplizen und andere, die er kompromittiert hatte, übrigens fast alles Studenten, schon im Sommer 1871 abgeschlossen worden war. Zum ersten Mal hatte in Rußland die Verhandlung eines politischen Prozesses öffentlich und vor Geschworenen stattgefunden. Unter den 87 Angeklagten waren auch mehrere Frauen. Neben Uspenski, bei dem man auch den *Katechismus* gefunden hatte, standen drei weitere Teilnehmer oder Mitwisser des Mordes an Iwanow vor den Richtern. Alle Beschuldigten erklärten sich noch immer unbedingt mit dem abwesenden Netschajew solidarisch und versuchten, die grausige Tat vom 21. November 1869 zu rechtfertigen. Die vier daran Beteiligten wurden zu lebenslanger Zwangsarbeit in den sibirischen Bergwerken verurteilt, viele andere zu fünfzehn, zwölf, zehn und zwei Jahren Gefängnis; die vom öffentlichen Gerichtshof Freigesprochenen wurden »auf dem Verwaltungswege« verbannt.

Dostojewskij hat in seinem Roman *Die Dämonen*[8] die ganze Affäre ziemlich wirklichkeitsgetreu dargestellt, gefärbt allerdings durch seinen Antirationalismus. »Literarische Schilderungen der Revolutionäre bezeugen jedoch meist keine wirkliche Kenntnis des ›Untergrundes‹. Und so hatten auch die negativen Schilderungen der Revolutionäre bei Dostojewskij [...] keine weitere Wirkung. Die Revolutionäre der sechziger und siebziger Jahre blieben lange als menschliche Vorbilder und als Typus der russischen Intellektuellen *par excellence* in der Erinnerung der russischen Gesellschaft.«[9]

Ein polnischer Flüchtling, der im Auslandsdienst der russischen Geheimpolizei stand, verriet Netschajew in Zürich, so daß er am 14. August 1872 festgenommen wurde.

Trotz des Zerwürfnisses protestierten Bakunin und andere russische Emigranten in Zeitungsartikeln und Flugblättern gegen die Verhaftung »dieses leidenschaftlichen Kämpfers gegen das schlimmste Regime Europas«. Aber Netschajew wurde an Rußland ausgeliefert. Er hatte zuvor noch die entwendeten Papiere den Bestohlenen wieder zuspielen können, darunter auch die Briefe von Nathalie Herzen. Bei seinem Prozeß fiel seine stoische Haltung auf; er wurde zu zwanzig Jahren Zuchthaus und lebenslanger Deportation verurteilt. In der Peter-und-Pauls-Festung wurde er im selben Trakt gefangengesetzt, in dem Bakunin eingekerkert gewesen war. Während seiner langen Haft trug Netschajew an Händen und Füßen Ketten, und dennoch gelang es ihm, unter seinen Wärtern und den Soldaten Anhänger zu gewinnen. Seine Gabe der Faszination muß erstaunlich gewesen sein. Im Januar 1881, im achten Jahr seiner Kerkerhaft, konnte er heimlich Kontakt mit dem Exekutiv-Komitee der »Volkswillen« genannten Organisation herstellen. Er hatte einen detaillierten Plan für seinen Ausbruch ausgearbeitet, bei dem die Revolutionäre des »Volkswillens« mithelfen sollten. Das Exekutiv-Komitee bereitete jedoch gerade das Attentat auf Alexander II. vor und Netschajew verzichtete auf die Befreiung, da er dem Attentatsplan Priorität gab.

Es war nicht das erste Attentat russischer Revolutionäre. Bereits am 4. April 1866 hatte Karakosow einen mißglückten Anschlag auf das Leben Alexanders II. unternommen. Bakunin schrieb: »Keine Propaganda kann eine so große Bedeutung haben.«[10] Der Begriff der »Propaganda durch die Tat«, wenn auch noch nicht die Formulierung, ist geboren.

In den siebziger Jahren übernahm eine führende Gruppe der *narodniki** Terrormethoden, sowohl als Rache für die zahllosen Opfer des russischen Polizeiregimes, als auch in der Erwartung, durch Initialzündung die Revolution auszulösen. Eine Serie von Attentaten setzte ein. 1878 verletzte die bereits

* Volksfreunde oder Volkstümler.

erwähnte Wera Sassulitsch (1849–1919) den Polizeichef von St. Petersburg durch einen Revolverschuß, weil er einen verurteilten Studenten aus geringfügigem Anlaß hatte auspeitschen lassen. Auch sie hatte das Glück, vor ein Schwurgericht gestellt zu werden, und es zeugt für die Stimmung im russischen Bürgertum und für seinen Haß auf das zaristische Beamtenkorps, daß die Attentäterin freigesprochen wurde. Es gelang ihr, nach dem Freispruch der sofortigen Verhaftung zu entgehen; sie floh ins Ausland. Später wurde sie in der Emigration eine Vertreterin des gemäßigten Flügels der Sozialdemokraten.

Ende der siebziger Jahre hatte das Komitee der *Narodnaja volja** ohne Erfolg mehrere Anschläge auf das Leben des Zaren unternommen. Erst am 13. März 1881** gelang es, die Brücke eines St. Petersburger Kanals in dem Augenblick in die Luft zu sprengen, als bei der Rückkehr von einer Parade die kaiserliche Karosse darüber fuhr. Der »Bauernbefreier«, der sich nach langen Bedenken zu einer Art Pseudo-Parlament entschlossen hatte, starb an dem Tag, an dem die Urkunde endlich zur Veröffentlichung freigegeben worden war. Dem Attentat folgten die Verhaftungen. Als Haupttäter wurden Rysakow und Grinewitzki identifiziert. Zu der Gruppe der Verschwörer zählten ebenfalls Frauen, so Wera Figner, die Schwester des Tenors der kaiserlichen Oper, die nach Sibirien verbannt wurde. Mit vier ihrer Gefährten zum Tode verurteilt wurde Sophia L. Perowskaja, die Tochter eines hohen Würdenträgers. Die Umstände der Hinrichtung am 15. April waren besonders entsetzlich, da die Stricke rissen und das Hängen wiederholt wurde.

Nach der Zerschlagung der *Narodnaja volja* gab es für Netschajew in seinem Verlies keine Hoffnung mehr auf

* Volkswille.

** 1. März nach russischer Zeitrechnung.

gewaltsame Befreiung. Sein Fluchtplan wurde zudem von einem Mitgefangenen denunziert. Dreißig Soldaten und vier Gendarmen, die er in den Plan eingeweiht und für sich gewonnen hatte, wurden schwer bestraft. Er selbst wurde auf ein Drittel der an sich kargen Gefängniskost gesetzt, so daß er am 21. November 1882, vom Skorbut geschwächt, in Ketten buchstäblich verhungerte.

In den sechziger und siebziger Jahren wählten viele enthusiastische junge Menschen, empört über die russische Wirklichkeit, das Leben eines Revolutionärs.

»Sie verzichten auf das geordnete Leben der Gesellschaft, auf die Aussichten, die ihnen dieses Leben bietet. Schon in den sechziger Jahren entsteht der ›Untergrund‹ (*podpolje*), in welchem Menschen in ständiger Bedrohung, mit falschen Pässen, ohne ständige Wohnung, ohne die Möglichkeit, eine Familie zu gründen und einen Beruf zu ergreifen, jahrelang leben, um dann im Gefängnis, in Zuchthäusern oder in sibirischen Einöden ihr Leben abzuschließen [...] Die Geschichte der revolutionären Bewegung im ganzen [...] beweist, wie diese Menschen voll von Opferbereitschaft waren.«[11]

Zahlreich unter ihnen waren Angehörige des Adels, Gutsbesitzer und Offiziere, zum Teil aus sehr reichen Familien, auch Popensöhne und aus dem Bürgertum hervorgegangene Intellektuelle.

Wenn in den achtziger Jahren die revolutionäre Bewegung in Rußland, teils aus Müdigkeit und weil eine skeptische Stimmung um sich griff, teils weil die Polizei die Organisationen zerschlagen hatte, verebbte, so entstanden doch auch immer noch neue revolutionäre Gruppen. Eine von ihnen plante 1887 ein Attentat auf Alexander III., der die meisten Reformen seines Vorgängers wieder rückgängig gemacht hatte. Der ältere Bruder Lenins gehörte dieser Gruppe an und wurde mit anderen seiner Genossen hingerichtet, einundzwan-

zig Jahre alt. Vor Gericht hatte er freiwillig, um andere zu entlasten, die Hauptverantwortung auf sich genommen. In seinem Schlußwort rief er aus:
»Unter einem System, das jede Redefreiheit verbietet und jede legale Bestrebung, die dem Wohl und der Aufklärung des Volkes dienen will, unterdrückt, bleibt nur der Weg des Terrors übrig.«[12]
Um zum Jahre 1870 zurückzukehren: Als der deutsch-französische Konflikt ausbrach, gab Bakunin sogleich die Parole aus, »den Krieg in einen Bürgerkrieg zu verwandeln«. Gefühlsmäßig nahm er Partei gegen die »preußische Junkerkaste«, durch die er die Unabhängigkeit des französischen Volkes bedroht sah. Abermals bezog er damit einen Standpunkt, der dem von Karl Marx entgegengesetzt war. Denn Marx vertrat die Meinung, ein deutscher Sieg werde das Schwergewicht der europäischen Arbeiterbewegung von Frankreich nach Deutschland verlagern und das Übergewicht des deutschen Proletariats über das französische werde gleichzeitig auch das Übergewicht der marxistischen Theorie über die von Proudhon bringen.*
Beim Zusammenbruch des französischen Kaiserreichs durch die Niederlage bei Sedan hielt Bakunin den Augenblick für gekommen, sich nach Frankreich zu begeben, um an dem bewaffneten Aufstand, mit dem er rechnete, teilzunehmen. Er verließ am 4. September Locarno und traf zehn Tage später in Lyon ein. Das Geld für die Reise hatte er sich geliehen. Zwei Wochen nach seiner Ankunft wurde der republikanische »Wohlfahrtsausschuß«, der sich im Lyoner Stadthaus konstituiert hatte, von einem »revolutionären Zentralkomitee« verdrängt (28. September), nicht zuletzt aufgrund von Bakunins Agitation, denn »die heilige Pflicht einer großen Provinzstadt ist es, die heilbringende Initiative zu ergreifen«, wie es in dem

* Brief an Engels vom 20. Juli 1870.

Aufruf heißt, der auch Bakunins Unterschrift trägt, und der die Abschaffung des Staates, Aufhebung der Steuern und Hypotheken, Justiz durch das Volk und eine Föderation freier Kommunen fordert.
Die Massen aber folgen nicht. Nach wenigen Stunden erobert die republikanische Nationalgarde das Stadthaus zurück. Bakunin wird gefangen, doch von einer Handvoll Franktireurs befreit. Er kehrt, wieder einmal enttäuscht, nach Locarno zurück, über Marseille, wo er die Schrift *La Révolution sociale et la dictature militaire* aufzusetzen beginnt; überarbeitet trägt sie später den Titel *L'Empire knouto-germanique.* Als Ergänzung dazu entsteht 1871 ein unvollendet gebliebenes Werk, das unter dem Titel *Gott und der Staat* bekannt ist, die beste Zusammenfassung der Ideen Bakunins:
»Wenn Gott existiert, ist der Mensch ein Sklave; der Mensch kann und soll aber frei sein: folglich existiert Gott nicht.«
»Autorität, ein Wort und eine Sache, die wir aus vollem Herzen verabscheuen [...] Vor der Autorität von Spezialisten neige ich mich, weil sie mir von meiner eignen Vernunft auferlegt wird!«
»Von allen Despotismen ist der der Doktrinäre oder religiösen Erleuchteten der ärgste. Sie sind so eifersüchtig auf den Ruhm ihres Gottes und den Triumph ihrer Idee, daß ihnen kein Herz bleibt für die Freiheit, die Würde, nicht einmal für die Leiden der lebenden, wirklichen Menschen.«
»Es ist an der Zeit, mit allen Päpsten und Priestern ein Ende zu machen: wir wollen keine mehr, selbst wenn sie sich sozialistische Demokraten nennen würden.«[13]

Als im April 1871 sich im aufständischen Paris die *Commune* konstituiert, begibt Bakunin sich zu seinen Freunden in den Jura, um der Grenze nahe zu sein. Seine Entmutigung über

den Fehlschlag von Lyon weicht. An einen Freund hatte er geschrieben:
»Anstelle des lebendigen und wirklichen Sozialismus – den Frankreichs – werden wir den doktrinären Sozialismus der Deutschen haben, die nur noch sagen werden, was die preußischen Bajonette ihnen zu sagen erlauben [...] Adieu Freiheit, adieu Sozialismus, Gerechtigkeit für das Volk und Triumph der Menschlichkeit!«[14]
In der *Commune* sieht er eine nach Proudhons Prinzipien »föderalistische«, das heißt auf Föderierung der kommunalen und gewerblichen Kräfte basierende Erhebung von anti-staatlichem Charakter. Im Jahre darauf schrieb er in einem Artikel der Brüsseler Zeitung *La Liberté:*
»Die Wirkung der kommunalistischen Erhebung war überall so ungeheuer, daß selbst die Marxianer, deren Ideen alle von dieser Erhebung umgeworfen wurden, sich gezwungen sahen, den Hut vor ihr zu ziehen.«[15]
Bakunin kehrte nun zu seiner alten Linie zurück, auch zu seinem Mißtrauen gegen »die Gewohnheit des Befehlens«, seiner Ablehnung einer ideologischen Diktatur, nachdem er unter dem suggestiven Einfluß Netschajews in den Jahren 1869/70 Schriften veröffentlicht hatte, die seiner eigentlichen, gewiß großherzigen und von Noblesse geleiteten Natur widersprachen; vieles in diesen Äußerungen, etwa dem *Wort an meine jungen russischen Freunde*, verrät den inhumanen Geist des seltsamen »Sendboten«, dessen Mythomanie, blutigem Dilettantismus und unzähmbarem Feuer er in wirklich naiver Weise vertraut hatte. Noch in Lyon hatte er unter dem Eindruck der leidvollen Kriegsgeschehnisse ein »Septembrisieren«,* also Abschlachten der kaiserlichen Beamten bis hinab zum Feldhüter empfohlen, was seiner sonst geäußerten

* »Septembrieren« nach dem Vorbild des Pariser Pöbels vom September 1792.

Ansicht zuwiderläuft, daß der revolutionäre Kampf eher den Positionen als den Personen zu gelten habe. Auch seine kurzen »zentralistischen« Anwandlungen gingen diesmal gewiß auf Netschajews Konto.

Aber schon am 1. April 1870 schrieb er dem französischen Sozialisten Albert Richard:

»Ach, mein Freund, ich fürchte, daß wir uns in vollständiger Nicht-Übereinstimmung befinden [...] Ich muß Dich mehr als je für einen Anhänger der Zentralisation, des revolutionären Staates, ansehen, während ich mehr als je deren Gegner bin und das Heil nur in der revolutionären Anarchie sehe, die überall von einer unsichtbaren kollektiven Macht geleitet wird, der einzigen Diktatur, die ich zulasse, weil sie allein mit der Offenheit und vollen Energie der revolutionären Bewegung vereinbar ist.«[16]

Marx sah mit Unmut, daß die Sektionen der von Bakunin inspirierten *Allianz*, wenn auch als lose Gliederungen der *Internationalen Arbeiter Assoziation*, seinem eignen Einfluß vor allem in Italien und in Spanien im Wege standen. Er beschloß, die bereits angedrohte Exkommunizierung Bakunins voranzutreiben. Da er sie auf einem allgemeinen Kongreß der Internationale jedoch schwerlich erreicht haben würde, bediente er sich eines Schleichwegs, indem er dem Generalrat eine »Winkelkonferenz« suggerierte, die vom 17. bis 23. September 1871 in London zusammenkam. Von den 23 »Delegierten« gehörten 13 zum Marxschen Generalrat, zwei weitere waren verläßliche »Marxianer«; er konnte also auf eine sichere Mehrheit für alle von ihm angeregten Beschlüsse rechnen. In einer der Resolutionen wurde allen Sektionen der Internationale die Bildung politischer Parteien zur Pflicht gemacht, während Bakunin, wie man wußte, in Parteien immer nur ein Machtmittel einzelner Führer zur Erlangung oligarchischer Herrschaft über die Massen gesehen hatte.

Prompt kam es, nicht auf Bakunins Initative, sondern durchaus eigenständig, gegen die Londoner Beschlüsse zu einer Reihe von Protesten. Sie richteten sich vor allem gegen den Versuch, von oben her eine einheitliche Doktrin zu dekretieren, da den Sektionen auch verboten wurde, Sonderbezeichnungen wie »kollektivistisch«, »mutualistisch«, »kommunistisch« usw. zu führen; in der Liste fehlte nur das Wort »marxistisch«, das nicht verboten wurde. Die *fédération romande*, einer der Stützpunkte der anarchistischen Lehren, prangerte die Übergriffe des Londoner Generalrats an, da man eine steigende Tendenz feststelle, die Internationale in eine diktatorisch geleitete Organisation umzuwandeln. Aber – so fuhr das Zirkular der Jura-Schweizer fort – »die Internationale, Embryo der künftigen menschlichen Gesellschaft, muß schon jetzt das treue Bild unserer Grundsätze der Freiheit und der Föderierung sein und jedes der Autorität, der Diktatur zustrebende Prinzip ausstoßen.«[17]

Die italienischen Sektionen traten sogar auf einer Protestversammlung in Rimini im August 1872 aus der vom Londoner Generalrat geleiteten Internationale aus.

Marx sah in den Protesten und in dem Abspringen der Italiener nur wieder Machenschaften Bakunins.

»Die langen Jahre des Nichtgehörtwerdens hatten ihn verbittert. Proudhon und Bakunin war stets mehr Aufmerksamkeit entgegengebracht worden. Dabei waren in seinen Augen alle beide theoretische Stümper, die ihm nie das Wasser reichen konnten. Schon früher hatten ihn diese Irrlehren genug inkommodiert.«[18]

Marx sah in der Internationale einzig und allein das Vehikel, seinen eignen Lehren zum Durchbruch zu verhelfen.

Zum Ausschluß Bakunins und seines Freundes James Guillaume kam es auf dem fünften Kongreß der Internationale, den der Generalrat vorsorglich möglichst nördlich, nämlich in

Den Haag, vom 2. bis 7. September 1872 einberief. Für Bakunin war es, abgesehen von den Reisekosten, vor allem wegen eines noch gültigen Haftbefehls unmöglich zu kommen. Wieder wurde durch »aus dem Boden gestampfte Delegierte« (Engels) eine manipulierte Mehrheit geschaffen. Marx verhinderte zudem jeden Versuch einer Diskussion mit den »Bakunisten«. Die Anklage, aufgrund deren die Exkommunizierung ausgesprochen wurde, lautete, die von den Auszuschließenden vertretene Fraktion habe Statuten, die hinsichtlich der sozialen und politischen Gesichtspunkte von denen der Internationale völlig verschieden seien. Nicht genug damit: gegen Bakunin erhob man zudem ehrenrührige Vorwürfe der Unterschlagung. Selbst der marxistische Marx-Biograph Mehring stellt fest, daß dies ein unentschuldbarer Akt gewesen sei, »für den leider Marx die Verantwortung trägt«, und in einem Brief an Brupbacher schreibt derselbe Autor:

»Obwohl ich Marxist bin und sogar orthodoxer Marxist, bin ich sehr froh, daß Sie Bakunin, der so grausam mißhandelt wurde, wieder [in dem Buch *Marx und Bakunin*] in sein gutes Recht einsetzen.«[19]

Bakunin reagierte auf den Ausschluß ziemlich gelassen. In dem Brief vom 5. Oktober 1872 an die Brüsseler Zeitung *La Liberté* schreibt er:

»[...] Ich tue ihm [Marx] gewiß nicht unrecht zu glauben, daß er sich einbildet, wissenschaftlich etwas gefunden zu haben, das der absoluten Wahrheit nahe käme. Doch von dem Augenblick an, wo das Absolute nicht existiert, kann es für die Internationale kein unfehlbares Dogma geben, folglich auch keine offizielle politische oder ökonomische Theorie.«[20]

Zu Guillaume meinte er sarkastisch:

»Das Damokles-Schwert, mit dem sie uns so lange bedroht haben, ist endlich auf unsere Köpfe herabgefallen. Genaugenommen ist es gar kein Schwert, sondern die übliche Waffe des Herrn Marx, ein Kübel Dreck.«[21]

Abgesehen von der Rivalität und dem Alleinherrschaftsanspruch von Marx war die eigentliche Differenz, um es noch einmal zu formulieren, zwischen Anarchismus und Marxismus die Frage, ob es nach einer sozialen Revolution zunächst zu einem zentralistischen und repressiven Staat kommen müsse, der nach Marx und Engels mit der Zeit »absterben« würde, oder ob darin die Gefahr neuer Despotie auch für die Arbeiterklasse selbst liege, wie Bakunin – darin durchaus prophetisch – meinte; seiner Ansicht nach sollte an die Stelle des Staates eine Assoziation der Gemeinden und Produzentengruppen treten, die sich freiwillig föderierten, also nicht gemeinsamer Gehorsam, sondern gemeinsame Willensbildung. Jedoch:

»So sehr ich auch Gegner dessen bin, was man in Frankreich *discipline* nennt, so räume ich doch ein, daß eine gewisse – nicht automatische, aber freiwillige und durchdachte Disziplin nötig ist und immer sein wird, die sich aber durchaus mit der Freiheit der Individuen vereinbaren läßt, nötig in allen Fällen, in denen sich viele Individuen in freiem Zusammenschluß an irgendeine kollektive Arbeit oder Aktion machen [...] Die einen leiten, die anderen führen aus. Doch keine Funktion versteinert sich und bleibt unwiderruflich an eine Person geknüpft. Hierarchische Ordnung und Beförderung gibt es nicht, so daß der gestern befahl, heute wieder ins Glied tritt.«[22]

Marx setzte auf dem Haager Kongreß außerdem durch, daß der Generalrat der Internationale nach New York verlegt wurde. Er gab damit sein Instrument aus der Hand und überließ es der Wirkungslosigkeit und dem Untergang. Tatsächlich löste sich die erste Internationale 1876 in Philadelphia selbst auf. Engels hatte bereits 1869 »die Sache ennuyant« [sic]

gefunden, und Marx hatte sie aus Enttäuschung über die »europäischen Verhältnisse«, d. h. wohl über das geringe Gehör, das er damals bei den Arbeitermassen fand, »einstweilen in den Hintergrund treten«[23] lassen.

1 *William Godwin* (1756 bis 1836). In seinem Werk über »politische Gerechtigkeit« vertritt er anarchistische Ideen, die seinen Schwiegersohn Shelley zu leidenschaftlichen Dichtungen begeisterten.

2 *Filippo Buonarroti* (1761 bis 1834) spielte in der großen französischen Revolution eine Rolle, war maßgebend an der »Verschwörung der Gleichen« Babeufs beteiligt, konspirierte sein Leben lang für einen Umsturz des sozialen Systems.

3 *Gracchus Babeuf* (1760 bis 1797). Seiner gescheiterten »Verschwörung der Gleichen« entstammt die von Buonarroti entwickelte Theorie des revolutionären Staatsstreichs, die im 19. Jahrhundert mehreren Generationen von Revolutionären als Leitfaden diente.

4 *Pierre-Joseph Proudhon* (1809-1865) — Porträt von Gustave Courbet. Proudhon kann als Begründer des anarchistischen Sozialismus gelten. Er stellte sich die Aufgabe: »Der durch den Grundwiderspruch zwischen Gesellschaft und Individualität fortwährend von neuem sich erzeugende Antagonismus muß auch fortwährend auf eine Synthese zurückgeführt werden.«

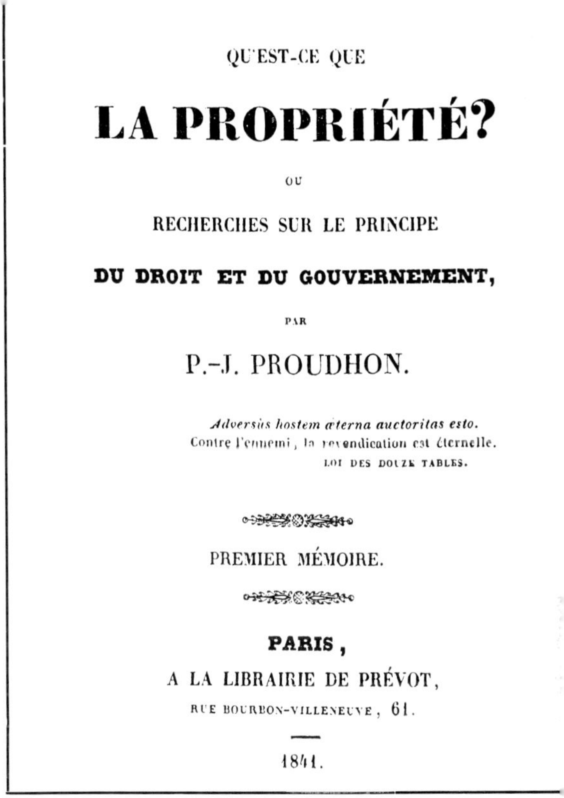

QU'EST-CE QUE

LA PROPRIÉTÉ?

OU

RECHERCHES SUR LE PRINCIPE

DU DROIT ET DU GOUVERNEMENT,

PAR

P.-J. PROUDHON.

Adversùs hostem æterna auctoritas esto.
Contre l'ennemi, la revendication est éternelle.
LOI DES DOUZE TABLES.

PREMIER MÉMOIRE.

PARIS,
A LA LIBRAIRIE DE PRÉVOT,
RUE BOURBON-VILLENEUVE, 61.

1841.

5 *Titelblatt der Originalausgabe* (1841) von Proudhons Schrift »Was ist Eigentum? Oder Untersuchung über das Prinzip des Rechts und der Regierung.«

6 *Der »Berg«*, d. h. die äußerste Linke in der französischen Nationalversammlung (aus Reynold's Political Instructor, January 5, 1850). In der Mitte (mit Brille) Proudhon. Obwohl Gegner des Parlamentarismus ließ er sich nach der Revolution von 1848 in Paris zum Volksvertreter wählen.

7 *Wissarion Grigorjewitsch Belinskij* (1811-1848). Der einflußreiche Publizist vertrat als erster in Rußland sozialistische Ideen.

8 *Proudhon und seine Töchter.* Gemälde von Gustave Courbet. »Proudhon war der Erste, der die Gefahren eines autoritären und dogmatischen Sozialismus erkannt und prophetisch aufgezeigt hat« (D. Guérin).

9 *Alexander Herzen* (1812 bis 1870). »Herzen hat die freie russische Presse im Ausland geschaffen — darin liegt sein großer Verdienst« stellte Lenin fest.

10 *Michail A. Bakunin* (1814 bis 1876). Schöpfer des revolutionären Anarchismus war Bakunin mehr Aktivist als Theoretiker. Nach seinen eigenen Worten trieben ihn: »die Liebe zur Freiheit und ein wilder Haß gegen jede Unterdrückung, ein Haß, der umso stärker ist, wenn die Unterdrückung andre zermalmt und nicht mich selbst.«

11 *Georg Herwegh* (1817 bis 1875). Heinrich Heine nannte ihn die »eiserne Lerche der Revolution«. In Dresden freundete Herwegh sich mit Bakunin an; 1843 trafen sie in Zürich mit Wilhelm Weitling zusammen, dem Mitglied des »Bundes der Gerechten«.

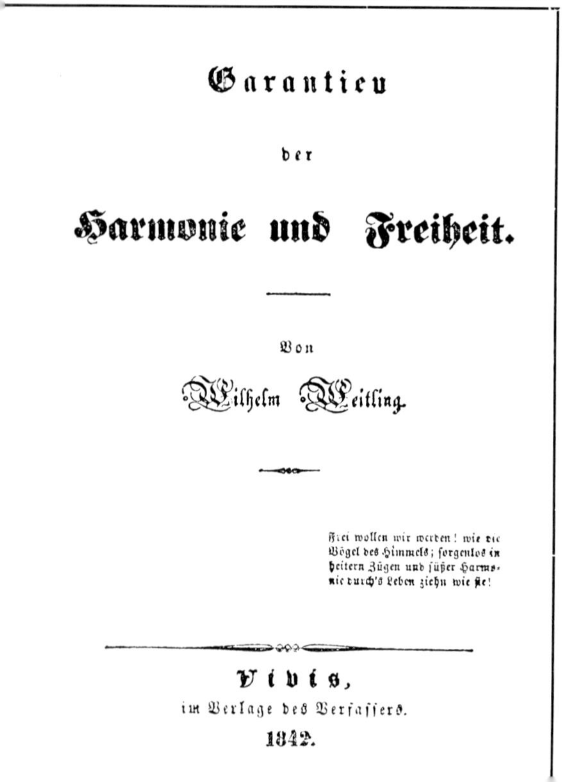

Garantien

der

Harmonie und Freiheit.

Von

Wilhelm Weitling.

Frei wollen wir werden! wie die Vögel des Himmels; sorgenlos in heitern Zügen und süßer Harmonie durch's Leben ziehn wie sie!

Vivis,
im Verlage des Verfassers.
1842.

12 *Titelblatt* der Originalausgabe von Weitlings Schrift *Garantien der Harmonie und Freiheit*. Durch Weitling wurde Bakunin mit kommunistischen Ideen bekannt, schrieb aber: »Es würde keine freie Gemeinschaft sein ... eher ein Regime unerträglicher Unterdrückung.«

13 *Karl Marx* (1818-1883). Ein Foto vom Mai 1867. Bakunin traf ihn erstmals 1844 in Paris. Ende der sechziger Jahre kam es zu dem Zerwürfnis, das schließlich zum Ausschluß Bakunins aus der »Internationale« führte. Neben persönlicher Rivalität war es die Frage des »Staatskommunismus«, die zum Streitpunkt zwischen Marx und Bakunin wurde.

14 *Bakunin*. Holzschnitt von Felix Vallotton. Sonderdruck aus der Wochenschrift *Die Aktion*.

Felix Vallotton: Bakunin. Holzschnitt
Sonderdruck aus der Wochenschrift DIE AKTION

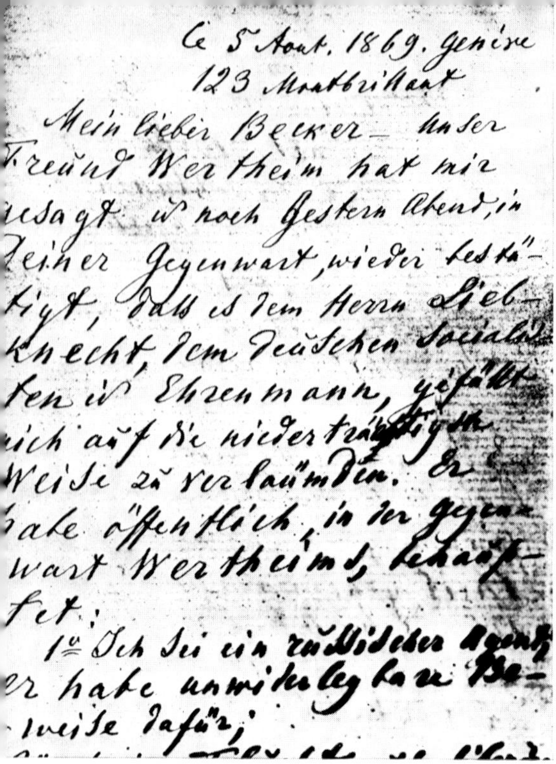

Le 5 Aout. 1869. Genève
123 Montbrillant
Mein lieber Becker – Unser
Freund Wertheim hat mir
gesagt und noch gestern Abend, in
Deiner Gegenwart, wieder bestä-
tigt, dass es dem Herrn Lieb-
knecht, dem Deutschen Socialde-
ten und Ehrenmann, gefällt
sich auf die niederträchtigste
Weise zu verläumden. Er
habe öffentlich, in der Gegen-
wart Wertheims, behaup-
tet:
1° Ich sei ein russischer Agent
er habe unwiderlegbare Be-
weise dafür;

15 *Autograph Bakunins,* Teil eines Briefes an einen Freund, worin er sich über die Verleumdungen, die über ihn ausgestreut wurden, und die sogar Eingang in die sozialistische Presse fanden, beschwert. Aus dem Jahr 1869.

16 *Iwan Sergejewitsch Turgenjew* (1818-1883). Neben Herzen unterstützte der große russische Dichter finanziell den in der Emigration mittellosen Bakunin. Von ihm stammt auch der Begriff »Nihilisten«.

17 *James Guillaume* (1844 bis 1916), eines der tonangebenden Mitglieder des anarchistischen Jura-Bundes. Bei dem Streit der »autoritären« Sozialisten mit den »antiautoritären« Sozialisten stand er gegen Marx auf Bakunins Seite, dessen erster Biograph er übrigens wurde.

18 *Carlo Cafiero,* (1846 bis 1892) einer der begeistertsten Schüler Bakunins. Der begüterte Marchese ruinierte sich für die Sache des Anarchismus; u. a. kaufte er dem alten Revolutionär die Villa Baronata in Locarno, entzog sie ihm dann freilich wieder, als er sich von dem müde Gewordenen enttäuscht sah, was zu Bakunins End-Tragödie beitrug. Er selbst starb im Wahnsinn.

19 *Bakunin*, 1867 in Genf. In Genf suchte Netschajew Bakunin auf und gab sich als Abgesandter eines russischen »revolutionären« Komitees aus. Sein Einfluß auf Bakunin war groß und verhängnisvoll.

20 *Die Mauer der Föderierten auf dem Friedhof Père Lachaise*. Gemälde von Dajou. Die Pariser Commune war eine nach Proudhons Grundsätzen angetretene Volksregierung, die von ihren Gegnern in ganz Europa übel verleumdet wurde. Die blutige Unterdrückung durch die Truppen der Versailler lähmte die französische Arbeiterbewegung für mindestens zehn Jahre. Das Bild zeigt die Exekution der gefangenen Communarden (Ausschnitt).

21 *Karikatur auf Thiers,* einen der Hauptverantwortlichen für die Pariser Blutwoche vom Mai 1871. Aus der anarchistischen Zeitung *Le Pére Peinard* vom 23. Mai 1897 zum 26. Jahrestag.

22 *Louise Michel* (1830-1905). Tochter eines Adligen und einer Magd, wurde fälschlich als *pétroleuse* bezichtigt und deportiert. In dem Käfig, in dem man sie nach Neukaledonien transportierte, wurde sie zur Anarchistin. Nach ihrer Rückkehr betätigte sie sich als eine der eifrigsten Agitatorinnen.

23 *Leo Nikolajewitsch Tolstoj* (1828-1910). Gemälde von Jan Styka. Anarchismus hat Dutzende von Spielarten. Graf Tolstoj vertrat einen religiösen Anarchismus, der jede Art von Gewalt selbst dem Bösen gegenüber ablehnte. Er wurde zu einer legendenhaften Figur, zu deren Wohnsitz Angehörige aller Nationen Pilgerreisen antraten.

24 *Petr Alexandrowitsch Kropotkin* (1842-1921) wurde einer der fruchtbarsten Theoretiker des Anarchismus. Er entwarf eine anarchistische *Ethik*, deren Niederschrift allerdings unvollendet blieb. Auf ihn bezogen sich freilich auch die Bombenattentäter der achtziger und neunziger Jahre des 19. Jahrhunderts.

25 *Sofia Perowskaja* hatte in Petersburg zum Freundeskreis Kropotkins gehört. Sie war an dem Attentat gegen Alexander II. beteiligt und starb am Galgen. Kropotkin gab eine Broschüre heraus: »Die Wahrheit über die Hinrichtungen in Rußland.«

26 *Emigranten in London.* Aus der satirischen Zeitschrift *Fun* vom 17. Juni 1871. Schon in den vierziger Jahren des 19. Jahrhunderts war London ein Hauptort der politischen Emigration. Nach dem Zusammenbruch der Pariser Commune traf ein neuer Zustrom von Flüchtenden ein, die der Karikaturist hier aufs Korn nimmt.

27 *Vera Sassulitsch* machte ein Revolverattentat auf den obersten Polizisten von St. Petersburg, weil er einen Studenten hatte auspeitschen lassen, und verletzte ihn. Von einem Schwurgericht freigesprochen, gelang ihr die Flucht ins Ausland. In der Emigration gehörte sie später dem gemäßigten Flügel der russischen Sozialdemokraten an.

28 *Bei einem Streik* demonstrieren Frauen vor den Kohlengruben von Creuzot. Bei den zahlreichen Arbeitskämpfen in den achtziger und neunziger Jahren des vorigen Jahrhunderts kam es nicht selten auch zu blutigen Zusammenstößen mit den Truppen, die gegen die Streikenden eingesetzt wurden.

29 *Elisée Reclus* (1830-1905), Human-Geograph, Professor an der Brüsseler Universität und ein Theoretiker des Anarchismus. Kropotkin meinte von ihm: »ein echter Puritaner, in geistiger Beziehung den französischen Enzyklopädisten verwandt; ein Anarchist, dessen Anarchismus nur folgerechter Ausfluß seiner tiefen Kenntnis der Formen menschlichen Lebens ist.«

30 *Anna Kulischioff* (1857 bis 1932) schon als Fünfzehnjährige im Kreis um Bakunin, wirkte dann in südrussischen Anarchistengruppen. In die Schweiz zurückgekehrt spielte sie unter den italienischen Anarchisten eine gewisse Rolle. Später wurde sie die Lebensgefährtin des italienischen Sozialisten Turati und machte aus ihrem Salon in Mailand einen Treffpunkt sozialistischer Intellektueller.

31 *Errico Malatesta* (1853 bis 1932), gab sein Medizinstudium auf, um von seiner Hände Arbeit zu leben, und kam dem Idealbild des Anarchisten sehr nahe, dem des sozial engagierten Individualisten. Sein abenteuerliches Leben, in dem er unermüdlich für eine freie menschliche Gesellschaft ohne Staat, Polizei, Gefängnis und Ausbeutung kämpfte, führte ihn durch drei oder vier Kontinente.

32 *Malatesta wird in London verhaftet.* Über zehn Jahre hat er in Gefängnissen zugebracht, die meiste Zeit davon freilich in Untersuchungshaft; oft verklagt, wurde er von den Gerichten fast immer freigesprochen.

33 *Benito Mussolini* (1883 bis 1945). Photo von 1904. In jungen Jahren war der spätere italienische Diktator ein Anhänger extrem-anarchistischer Vorstellungen und Vertreter des »Illegalismus«, der auch den Raubmord als Waffe gegen die verhaßte Gesellschaft billigte.

34 *François-Claude Ravachol*, eigentlich Koeningstein, (1859-1892) wollte an einem Staatsanwalt und einem Richter »Rache« üben und bediente sich dazu der selbstgebastelten Bombe. Er wurde bereits wegen Raubmorden in der Provinz gesucht, von denen ihm einer zum mindesten nachgewiesen werden konnte.

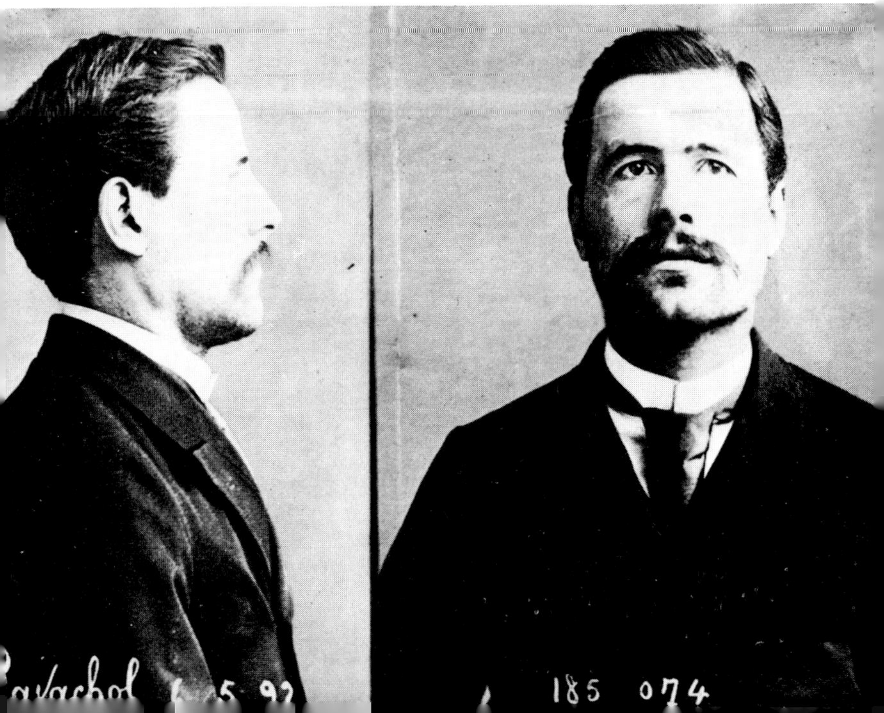

35 *Ravachol vor dem Schwurgericht.* Aus *L'Illustration* vom 30. April 1892. In der Beurteilung des »Illegalismus« teilten die Ansichten der Anarchisten sich; neben den Befürwortern gab es Theoretiker, die zwar den Aufstand, nicht aber das individuelle Verbrechen als »Aktion« billigten.

36 *Ravachol vor der Guillotine.* Holzschnitt von C. M. Wohl kaum einer der vielen Attentäter aus den achtziger und neunziger Jahren hat solche Idealisierung erfahren wie Ravachol. Er selbst äußerte: »Raub ist das Legitimste auf der Welt.«

37 *Auguste Vaillant* (1861 bis 1893) warf, »um Ravachol zu rächen«, eine Bombe in die französische Deputiertenkammer, ohne großen Schaden anzurichten. Trotzdem wurde er zum Tod verurteilt und hingerichtet. Mehr als für irgendeinen anderen kann für ihn die Charakterisierung als »Hysteriker des Elends, Neurotiker der Revolte« gelten, die eine Sozialistin damals auf die terroristischen Attentäter prägte.

38 *Hinrichtung vor dem Gefängnis La Roquette.* Aquarell von Mols. Die neunziger Jahre waren durch besonders heftige Terroristentätigkeit gekennzeichnet, und Frankreich erließ Ausnahmegesetze. Mehrere »Propagandisten durch die Tat« starben unter dem Fallbeil.

2e Série. — No 29

DEUX RONDS

Du 9 au 16 Mai 1

LE PÈRE PEINAR

Réflec

HEBDOMADAI

d'un

GNIAFF

ABONNEMENTS *France* { Un an . . . . 6 f » Six mois. . . . . 3 » Trois mois 1 50

RÉDACTION & ADMINISTRATION
15, Rue Lavieuville (Montmartre), Paris

ABONNEMENTS *Extérieur* { Un an . . . . . . Six mois. . . . . Trois mois. . . .

Fusillade d'Innocent
A BARCELONE!
CRÉMATION D'ARISTOS A PARIS

Coïncidence tragique!

La journée du mardi comptera parmi les jours sinistres!

Le matin, à Barcelone, sur le glacis de l'affreuse forteresse de Montjuich les cagots, oppresseurs de l'Espagne, faisaient fusiller cinq anarchistes, — cinq prolos! cinq innocents!

Le soir du même jour, à Paris, aux Champs-Elysées, un bazar de charité où les grandes dames de l'aristocratie venaient rigoler, sous prétexte de faire l'aumône, flambait comme un bouchon de paille et, en vingt minutes, une centaine de victimes jonchaient le sol, en bouillie, carbonisées!... Quasi toutes des comtesses! la fine fleur du catholicisme!

Parmi les mortes, il y a la duchesse d'Alençon, sœur de l'impératrice d'Autriche.

Un quart d'heure avant l'incendie le nonce du pape s'était amené au bazar et, la trogne réjouie, avait béni l'assistance et, au nom du pape, appelé la bienveillance divine sur cette foultitude de richards.

Et la bienveillance divine a rappliqué!

Certes, pour les bougres qui, comme bibi, ont la conviction que Dieu est une sacrée blague, il n'y a entre l'exécution des cinq innocents de Barcelone et le rôtissage d'une centaine d'aristos au bazar de la charité qu'une coïncidence tragique.

Mais, que vont dire de ça les chrétiens? Les hommes pieux qui prétendent que Dieu passe son existence à faire manœuvrer les pantins humains et à leur distribuer, à sa guise, plaisirs, douleurs et châtiments?

Le voilà bien le doigt de Dieu, horrifiquement visible!

Là bas, à Barcelone, la fusillade de cinq prolos innocents, tués grâce à la volonté d'une femme, — la reine régente!

Ici, à Paris, la crémation d'une centaine de malheureuses aristocrates, grillées en pleine jeunesse, — et dans le tas des victimes, la sœur d'une impératrice!

—o—

Mais, revenons à l'Espagne!

A Madrid, la farce sanguinaire qu'a joué le conseil supérieur de guerre s'est déroulée sans incidents; entre la poire et le fromage les bandits de la haute décidèrent de tuer cinq innocents et désignèrent: Tomas Ascheri, José Molas, Antonio Noguès, Alsina et Luis Mas.

Et les crapulards assassins se don des airs libérâtres, en se contentant c cinq victimes, puisque le tigre huma faisait métier d'avocat bêcheur voula cadavres!

Hideux hypocrites!

Une fois d'accord sur le chiffre des vres bougres à fusiller, le sort des au été vivement décidé:

Les dix suivants ont été condam vingt ans de travaux forcés: Francisco Claveria, Jaime Villella Cristofol, Jos Valls, José Pons Vilaplana, Antonio C Hernandez, Sébastien Sugné, Jacinto Alemany, Baldomero Oller, Rafael C Baro et Juan Torrens Ros.

Trois autres ont ramassé dix-huit a travaux forcés: Epifanio Caus Vidal, Batista Oller, et Juan Casanovas V prat.

Les sept suivants ont dix ans: Juan Cortacans, Cristobal Soler Bages, Ripoll Beldir, José Mesa Valder Francisco Lis Arbiol, Costa Pons et Lo Serra Balmes.

Outre ceux-là, il restait encore 63 ac parmi lesquels Teresa Claramunt et minas.

On les a acquittés!

Mais, dérision! Cet acquittement éq

39 *Le Père Peinard*, die erste Seite der Nr. vom 9. bis 16. Mai 1897. Zahlreich waren die meist wöchentlichen, kleinen Blätter, die den Anarchismus propagierten. *Le Père Peinard*, zu deutsch etwa »Papa Mühsal«, war im Argot geschrieben. In der reproduzierten Nummer wird die Hinrichtung von sechs Anarchisten in Barcelona der Brandkatastrophe des Wohltätigkeitsbazars in den Champs-Elysées in Paris gegenübergestellt, bei der über hundert Opfer aus der französischen Geld- und Adelsaristokratie umkamen.

40 *Anzeige für den Almanach des Père Peinard für 1897.* Obwohl eine Reihe bedeutender Maler wie Courbet, Seurat, Signac u. a. sich zum Anarchismus bekannten, erheben sich die »offiziellen« graphischen Erzeugnisse der Bewegung — vielleicht der Popularität zuliebe — selten über dilletantisches Niveau.

Ohé, les bons fieux, reluquez la couverte de **L'Almanach du PÈRE PEINARD.** *En noir, elle est déjà chouette, — et foutre, elle est encore plus rupine en couleurs.*

Donc, achetez **L'Almanach du PÈRE PEINARD.** *Il est en vente partout et coûte* **CINQ RONDS,**

41 *Die Schenke des Père Lunette*, rue des Anglais in Paris, war im 19. Jahrhundert ein Treffpunkt des »Lumpenproletariats« der französischen Hauptstadt, einer Klasse, die von vielen anarchistischen Theoretikern — im Gegensatz zu Marx — in ihre revolutionären Pläne einbezogen wurden.

42 *Johann Most* (1846-1906). Der ehemalige Buchbindergeselle tummelte sich in Österreich, Sachsen und Berlin als relativ erfolgreicher Agitator in anarchistischen Kreisen. Er gab nach seiner Auswanderung, erst von London, dann von Nord-Amerika aus, die Zeitung *Freiheit* heraus, die es — Kuriosum unter der anarchistischen Presse — zu fünfundzwanzig Jahrgängen brachte.

43 *Die Attentäter Josef Engel und Franz Pfleger.* Auch in Deutschland kam es zu kriminellen Gewalttaten durch Anarchisten. Engel und Pfleger überfielen in Wien den Schuhfabrikanten Merstallinger, um mit der Beute des Raubes eine Geheimdruckerei zu finanzieren. Sie wurden zu hohen Zuchthausstrafen verurteilt.

44 *Johann Most in USA.* Er billigte von seinem Exil aus verschiedene terroristische Bluttaten deutscher Anarchisten und rückte erst in den neunziger Jahren von den »individuellen direkten Aktionen« ab.

45 *Reinsdorf und Genossen vor dem Reichsgericht in Leipzig.* Reinsdorf hatte bei der Einweihung des Niederwald-Denkmals ein Attentat von damals noch nie erreichtem Ausmaß geplant. Er wollte den Kaiser, Bismarck und die versammelten Reichsfürsten in die Luft sprengen. Doch die Zündschnur zur Dynamitladung versagte. Reinsdorf war ein ehemaliger Mitarbeiter und Freund Johann Mosts.

46 *August Vincent Theodor Spies,* Herausgeber der deutschsprachigen anarchistischen *Arbeiterzeitung* in Chicago, wurde für den Mord an Polizisten bei einer Protestkundgebung verantwortlich gemacht, mit drei anderen Anarchisten zusammen zum Tod durch den Strang verurteilt und gehängt.

47 *Totenmasken von Niccola Sacco und Bartolemeo Vanzetti.* Bei den beiden wegen angeblicher Beteiligung an einem Überfall hingerichteten Anarchisten handelt es sich — zum mindesten, was Vanzetti betrifft — um reinen Justizmord der amerikanischen Gerichte. Der Fall erregte in den zwanziger Jahren weltweites Aufsehen.

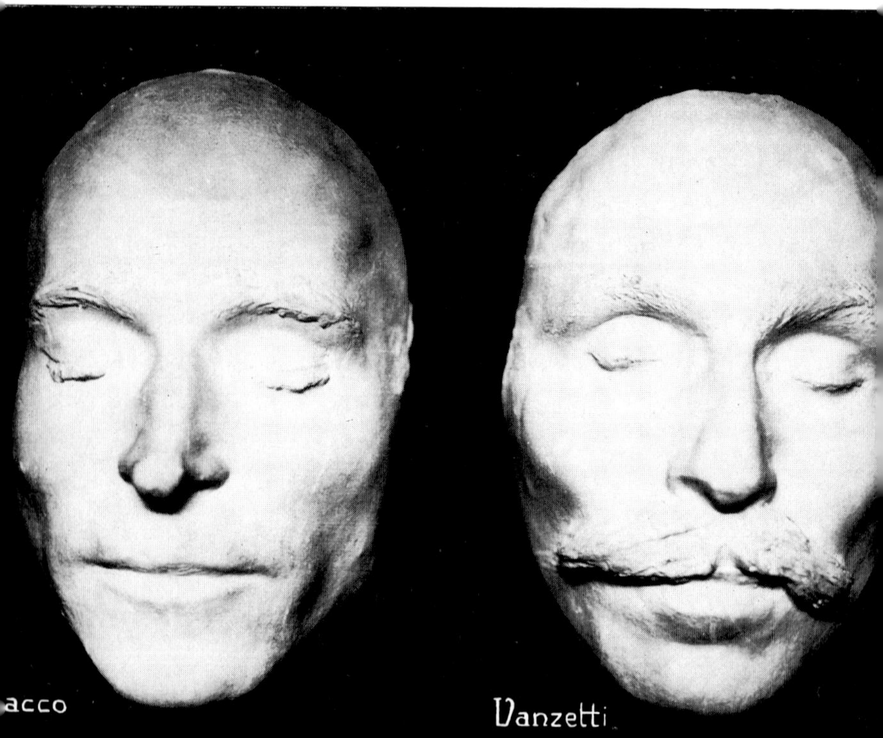

48 *Kropotkin* kehrte nach Ausbruch der russischen Revolution nach Rußland zurück, freilich als kranker Mann. Er scheute sich nicht, nach der Oktober-Revolution auch Lenin ernste Vorhaltungen z. B. wegen Geiselerschießungen zu machen. Den Versuch, in Rußland politisch aktiv tätig zu werden, mußte er bald nicht ganz freiwillig aufgeben.

49 *Kropotkin auf dem Totenbett.* Als Kropotkin 1921 schwer erkrankte, schickte Lenin die besten Ärzte aus Moskau nach der Kleinstadt, wo der alte Anarchist in einer Art erzwungener Verbannung lebte. Trotzdem starb der Patient an einer Lungenentzündung. Sein Urteil über die Bolschewiki: »Sie haben gezeigt, wie man eine Revolution *nicht* machen soll.«

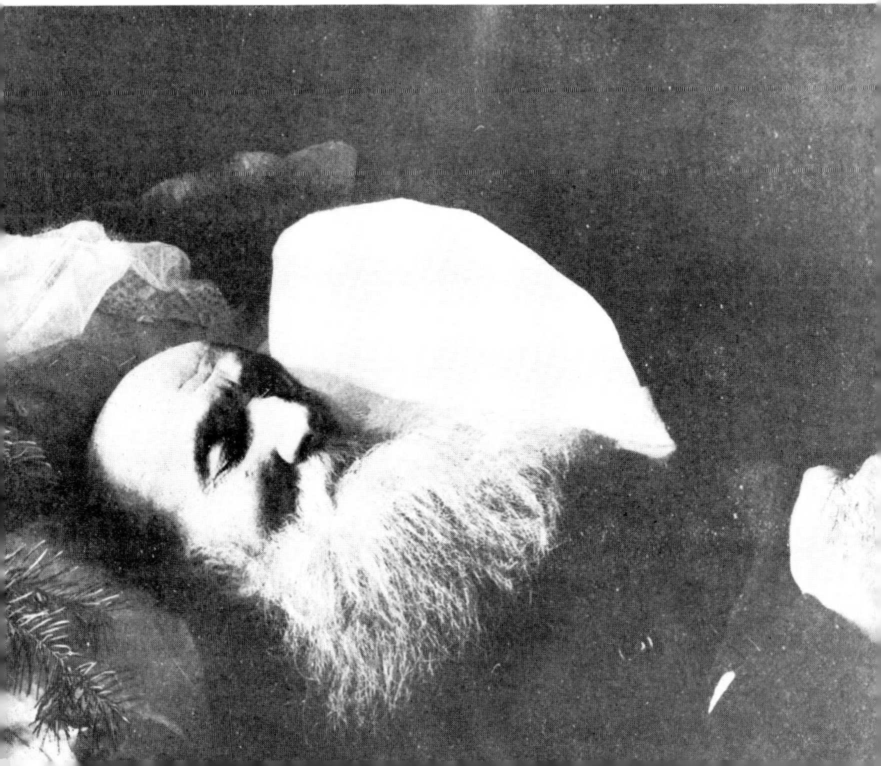

51 *V.E.Voline*, eigentlich Vsevolod Michailowitsch Eichenbaum (1882-1945), anarchosyndikalistischer Publizist, leitete die »Aufklärungsabteilung« der Machno-Bewegung; verhaftet mußte er mit seiner von Trotzki befohlenen Hinrichtung rechnen, wurde aber aus Rücksicht auf den auch von Anarchisten beschickten Kongreß der Roten Gewerkschaftsinternationale 1921 aus Rußland abgeschoben. Sein dreibändiges Werk *La Révolution inconnue* ist die umfassendste Darstellung der russischen Revolution aus anarchistischer Sicht.

ßeim *Begräbnis Kropot-*
öffneten sich für einen
die Gefängnisse für einige
von den Kommunisten
ekerkerten Anarchisten.
er von ihnen, Aaron
on, protestierte in seiner
brede gegen den neuen
potismus und die »Ent-
ung des Sozialismus«.

52 *Nestor Machno* (1892 bis 1935). Mit strategischem Genie gegen die Truppen der Weißen kämpfend, teils mit der Roten Armee, teils von ihr selbst bekämpft, schuf Machno, ein ukrainischer Bauernjunge, nach anarchistischen Grundsätzen eine ukrainische Bauernrepublik, die von Trotzki mit heimtückischen Mitteln liquidiert wurde. Das Photo zeigt den neunundzwanzigjährigen Heerführer in prahlerischem Kriegsschmuck.

53 *Nestor Machno im Exil.* Es gelang ihm, nach erbittertem, aber vergeblichen Kampf gegen die von Moskau gegen ihn eingesetzten Truppen, ins Ausland zu entkommen. In Paris lebte er als Fabrikarbeiter und starb in einem Arbeitervorort 1935.

54 *Gustav Landauer* (1870 bis 1919). In der deutschen Arbeiterbewegung gewannen die anarchistischen und anarchosyndikalistischen Gedanken keinen Einfluß. Nur kleinere Gruppen und einzelne Intellektuelle verfochten sie, darunter mit ethisch hohem Niveau Gustav Landauer, der die anarchistische Gewaltpraxis der »Propaganda durch die Tat« strikt ablehnte. In der Münchner Räterepublik war er kurze Zeit »Volksbeauftragter für Volksaufklärung«. Er starb unter grauenhaften Mißhandlungen der Soldateska im Mai 1919.

55 *Deutsche Postkarte aus dem Anfang der zwanziger Jahre.* Wenn sich bei Tendenzen der französischen Surrealisten anarchistische Färbungen finden, so fand das Solidaritätspathos und der revolutionäre Schwung bei einigen deutschen Expressionisten künstlerischen Ausdruck.

56 *Francisco Ferrer* (1859 bis 1909). Stärksten Einfluß gewann die anarchosyndikalistische Bewegung in Spanien. Bei den sozialen Konflikten, die hier immer wieder zu blutigen Zusammenstößen führten, kamen die Autonomiebestrebungen der Provinzen den föderalistischen Vorstellungen der Anarchisten zu Hilfe. Barcelona war oft der Schauplatz erbitterter Kämpfe, so in der *Semana tragica* im Herbst 1909, deren Opfer unter vielen anderen der Pädagoge Ferrer wurde. Unschuldig zum Tod verurteilt erregte seine Hinrichtung in ganz Europa einen Entrüstungssturm.

57 *Aus dem spanischen Bürgerkrieg.* Ansichtskarte des Propagandakommissariats der Generalität de Catalunga. Die Buchstaben F.A.I. sind das Kürzel für *Federación Anarquista Iberica.* Beim Putsch der Generale fiel durch die Gegenwehr in Katalonien die Macht in die Hände der Anarchisten, sie verzichteten auf revolutionären Totalitarismus und entschlossen sich zur Zusammenarbeit mit demokratischen Gruppen.

58 *Kollektivierung.* Die Syndikate der Landarbeiter und kleinen Bauern verwandelten sich nach Ausbruch des spanischen Bürgerkriegs in Produktions- und Verteilungsgemeinschaften. Zwang zum Beitritt wurde nicht ausgeübt, aber die Kleinbauern, die fast immer auf Seiten der Republik standen, traten den Kollektiven freiwillig bei. Die von Kommunisten geleitete Zentralregierung, die das Kabinett Caballero ablöste, stellte auch diese Colectividados unter kommunistische Diktatur, was nach Souchy die Kampfmoral der antifaschistischen Bevölkerung untergrub.

60 *Buenaventura Durruti* (1896-1936). Ursprünglich Metallarbeiter hat der junge Durruti sich die Lehre von der »Propaganda durch die Tat« zu eigen gemacht. Zusammen mit seinem Freund Ascaso erschießt er einen hohen Kirchenfürsten und unternimmt ein Attentat auf den König. Ins Ausland geflüchtet und in den dreißiger Jahren zurückgekehrt erhält er leitende Funktionen im Heer der Konföderalen, kämpft erfolgreich mit seinen Milizsoldaten an der Saragossafront und wird mit seiner Truppe zum Entsatz der bedrängten Hauptstadt nach Madrid geworfen, wo er den Tod findet.

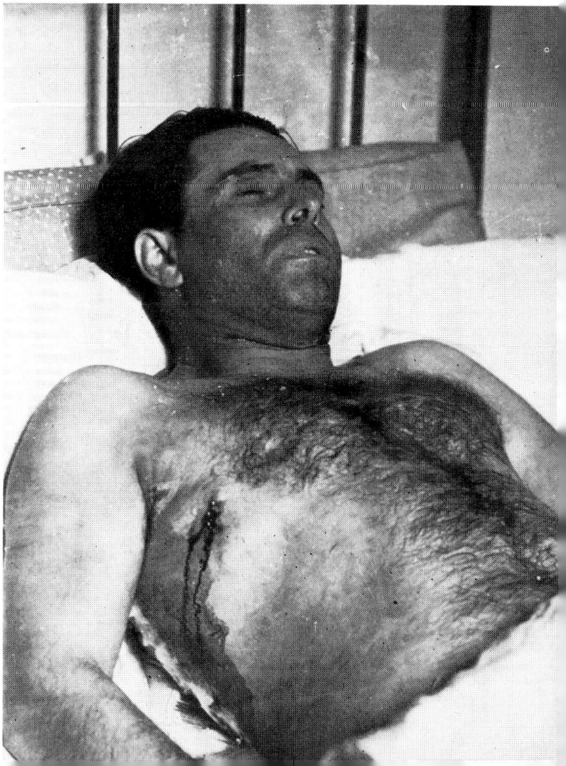

61 *Durrutis Leichnam.* Die Umstände seines Todes scheinen nicht ganz geklärt. Verschiedene Gerüchte gingen um, als sei er das Opfer eines Verrates geworden. Neuerdings kommt freilich die Version auf, eine fehlerhafte Waffe habe seinen Tod verursacht, was man während der Kämpfe geheim gehalten habe, um das Vertrauen der Kämpfer in ihre Ausrüstung nicht zu erschüttern.

adrid, Abfahrt zur
-Front. Auch bei der
eidigung von Madrid
en die »konföderalen
te«, wie die Anarcho-
ikalisten sich nannten,
hervorragende Rolle. Die
n Syndikaten organisier-
rbeiter schlugen am
ovember 1936, noch
r sich die Verteidigungs-
gebildet hatte, in furcht-
n Nahkämpfen die in die
tädte eindringenden
co-Truppen zurück.

62 *Straße in Madrid nach den Kämpfen.* Im belagerten Madrid kam es im März 1939 zu Straßenschlachten zwischen kommunistischen und »konföderierten« Einheiten, die mit der Niederlage der Kommunisten, aber auch den letzten Widerstandswillen der Bevölkerung brachen. Die Front löste sich auf. Der Krieg gegen die Franco-Truppen war verloren.

Quellennachweis der Abbildungen:
Photographie Bulloz, Paris: 2, 4, 10, 20, 22, 26, 28, 38, 41.
Alle übrigen Abbildungen: Internationaal Instituut voor Sociale Geschiedenis, Amsterdam.

VII. KAPITEL

Bakunins Ende

In Saint-Imier in der Schweiz kam kurz nach dem Haager Kongreß eine »Anti-autoritäre Internationale« zusammen, doch nach deren zweitem Kongreß im September 1873 trat Bakunin von der politischen Bühne ab. In einem Brief an die Jura-Föderation gibt er als Gründe sein Alter, seine Krankheit, Folge seiner einstigen langen Gefangenschaft, und seine Müdigkeit an. Kurz zuvor hatte er *Étatisme et Anarchie** niedergeschrieben, worin er noch einmal seine Anschauungen formuliert. Sein Abschiedsbrief schließt mit den Worten:

»Ich fühle nicht mehr die für den Kampf nötigen Kräfte: ich würde im Lager des Proletariats keine Hilfe mehr, sondern nur ein Hindernis sein. Ich ziehe mich also zurück, liebe Gefährten, voll Dankbarkeit für euch und voll Sympathie für euere große, heilige Sache, die Sache der Menschheit. [ ] Bis zum Tod werde ich der euere sein.«[1]

Ein junger italienischer Freund, Marchese Carlo Cafiero, der Marx einst nahegestanden und in Italien für ihn gearbeitet hatte, sich dann aber Bakunin anschloß, hatte in Locarno die Villa *La Baronata* erworben, schenkte sie Bakunin und stellte ihm eine Blanko-Vollmacht über sein nicht unbeträchtliches Vermögen aus, da er es der Revolution weihen und dem Alt-Revolutionär den Lebensunterhalt sichern wollte. Die Villa, so

* Staatssozialismus und Anarchie.

hoffte er, könnte zu einer großen heimlichen Zentralstelle, einer Art Hauptquartier aller europäischen Revolutionsbewegungen, werden.

Zum ersten Mal seit seiner Flucht aus Sibirien sah Bakunin sich in der Lage, nicht mehr von der Hand in den Mund aus freundschaftlichen Almosen zu leben. Er schrieb sofort seiner Frau, die, weil er für ihren Unterhalt nicht hatte aufkommen können, mit ihren drei Kindern in Rußland bei Verwandten lebte, und bat sie, mit der Familie nach Locarno zu kommen, da nun das Haus, ein Park, Pferde und Equipage, sogar ein Boot zur Verfügung standen.

Doch als Cafiero nach einer längeren Reise in die Schweiz zurückkehrte und Bakunin aufsuchte, fand er, daß Bakunin sich allzusehr dem *dolce far niente* hingegeben habe. Der einstige Barrikadenkämpfer hatte sich endlich etwas Ruhe gönnen wollen. Er hatte sich eine reichhaltige Garderobe angeschafft, er, der bisher immer recht ärmlich gekleidet umhergegangen war, und er lud großzügig Freunde bei sich ein. Sein kindlich unkontrolliertes Verhältnis zum Geld spielte ihm den Streich, daß er gar zu hohe Beträge für den Umbau der Villa und für seine spät erwachten Bedürfnisse abhob.

Der junge Eiferer fiel aus allen Wolken. Der Schock muß für ihn so groß gewesen sein, daß er sich davon nicht wieder ganz erholte. Sofort verlangte er die Rückschreibung des gesamten Besitzes und entzog die Vollmacht über die Vermögenssummen. Der Gemaßregelte willigte selbstverständlich reuevoll ein. Als Antonia und ihre Kinder eintrafen, ging es mit der kurzen Herrlichkeit schon zu Ende.

Bakunin versank in tiefe Depression. Auch politisch hatte er resigniert. Anfang 1874 schrieb er an James Guillaume:

»Die Zeit der revolutionären Kämpfe ist vorüber. Eine Periode der Reaktion hat begonnen, deren Ende die gegenwärtige Generation wahrscheinlich nicht erleben wird. [...] Es ist

zwecklos, das Unmögliche zu wollen. Man muß der Wirklichkeit ins Auge sehen und sich klar darüber werden, daß die Volksmassen zur Zeit den Sozialismus nicht wollen.«[2]
Schmerzlich war ihm auch die Kritik seiner Freunde im Jura; selbst mit Guillaume kam er auseinander, der ihm seine Resignation übelnahm. Später kam ein Zeitpunkt, wo Guillaume selbst resignierte.
Glaubhaft ist, daß Bakunins Beteiligung an dem geplanten Aufstand in Bologna im August 1874, wie man angenommen hat, ein Versuch war, im Kampf zu fallen, auf der Barrikade zu sterben. Doch zum Kampf kam es nicht, obwohl die geplante Erhebung sogar mit den Mazzinisten abgesprochen war und sich eigentlich über ganz Italien ausbreiten sollte.
Am 30. Juli traf Bakunin in Bologna ein und mietete unter dem Namen Signor Michele Fabrizzi – nach anderen als Signor Tamburini – ein Zimmer. Der Aufstand war für die Nacht vom 7. zum 8. August vorgesehen, und gleichzeitig sollten sich die Toscana und Apulien erheben.
Als aber kurz vor dem entscheidenden Datum einige wichtige Führer verhaftet wurden, geriet die Organisation in Schwierigkeiten. Am 7. August klebte zwar in vielen italienischen Städten ein Aufruf an den Mauern, der »für die Abschaffung aller Privilegien und für völlige Befreiung des Menschengeschlechts zum Kampf bis zum Tode« aufforderte. »Die erste Pflicht des Sklaven ist es, sich zu erheben, die erste Pflicht des Soldaten zu desertieren!« Die großen Worte brachten jedoch nur ein klägliches Ergebnis hervor.
Zwar waren vor den Toren von Bologna in zwei Gruppen mehrere tausend Aufständische zusammengekommen, die auf eine dritte Abteilung warten sollten, die aus Imola erwartet wurde. Zusammen wollten dann alle in die Stadt einrücken und das Arsenal angreifen, dessen Tore ihnen von zwei sympathisierenden Offizieren geöffnet werden sollten. Aber

vergeblich wartete Bakunin im Innern der Stadt auf das Erscheinen der Streitmacht.

In Imola war die erwartete Anzahl von Revolutionären nicht zusammengekommen. Verspätet und mit nur ein paar hundert schlecht bewaffneten Männern hatte sich der dortige Anführer schließlich nach Bologna auf den Weg gemacht. Schon nach wenigen Kilometern stieß die Kolonne auf Militär und Carabinieri. Nach kurzem Gefecht wurden etwa vierzig Aufständische gefangengenommen, die anderen zerstreuten sich und gingen heim. Als nun die Leute aus Imola ausblieben, vergruben die vor Bologna Wartenden mit Tagesanbruch ihre Waffen und kehrten ihrerseits in ihre Heimatorte zurück.

Vier Tage lang hielt Bakunin sich noch in Bologna versteckt. Am 12. August bestieg er, als Priester verkleidet, mit geschorenem Bart und mit entstellender Brille, den Zug, der ihn in die Schweiz zurückbrachte.

Im Winter darauf (1874/75) wurde seine materielle Lage verzweifelt. Einem Freund schrieb er einen Notruf, daß 200 frs. eine Frage von Leben oder Tod für ihn seien.

Am 1. Juli 1876 starb Michail Bakunin in einem Berner Krankenhaus an Harnvergiftung. Ein deutscher Freund*, der Musiker Adolf Reichel, der allen politischen Kämpfen fernstand, war an seinem Sterbebett und hat berichtet, wie lebensmüde der erst zweiundsechzigjährige, einst so ungeheuer vitale Russe war: »Ohne Bedauern schloß er die Augen.«[3]

Sich selbst hat Bakunin einmal geschildert und gibt damit vielleicht überhaupt den Schlüssel zu seinem ganzen Wesen:

»Ein Hauptfehler meiner Natur ist immer die Liebe zum Phantastischen, zu außerordentlichen, unerhörten Abenteuern, zu Unternehmungen gewesen, die neue unbegrenzte Horizonte öffnen und deren Ausgang niemand voraussehen kann.

* Bakunin hatte viele deutsche Freunde, was immer man über seine Germanophobie geschrieben haben mag.

In einer gewöhnlichen und friedlichen Gesellschaft fühlte ich mich unglücklich und beengt. Die Menschen suchen gewöhnlich die Ruhe, die sie für ein höchstes Gut halten; doch mich brachte die Ruhe zur Verzweiflung. Meine Seele befand sich ständig in einem Zustand der Wallung, sie brauchte Aktivität, Bewegung, Leben. Ich hätte nicht in einer bürgerlichen, zivilisierten Gesellschaft geboren werden dürfen, sondern in den Urwäldern Amerikas bei den Siedlern des Far-West, dort wo die Zivilisation noch in ihren Anfängen steht, und wo das Leben ein unaufhörlicher Kampf gegen die wilde Natur ist. Oder wenn das Schicksal aus mir von früher Jugend an einen Seemann gemacht hätte, würde ich wahrscheinlich auch heute noch zu den geehrten Leuten gehören, ich hätte nicht an Politik gedacht und von keinen anderen Abenteuern und keinen anderen Stürmen geträumt als denen des Ozeans. Doch das Los hat nicht so entschieden, und mein Bedürfnis nach Bewegung und Aktion blieb ungestillt. Dieses Bedürfnis, zu dem sich in der Folge mein demokratischer Überschwang gesellte, ist ungefähr das einzige bewegende Prinzip meines Daseins gewesen. Und diesen Überschwang kann ich in wenigen Worten definieren: die Liebe zur Freiheit und ein wilder Haß gegen jede Unterdrückung, ein Haß, der um so stärker ist, wenn die Unterdrückung andere zermalmt und nicht mich selbst.«[4]

Worte, die er im russischen Kerker geschrieben hat, Worte aus seiner *Beichte an den Zaren.* Sein Ziel, um das er zuweilen irrend, zuweilen mit bedenklichen Mitteln, aber immer mit glühendem Überschwang kämpfte, war »das der Humanisierung der wirklichen Lage aller wirklichen Individuen, die auf der Erde geboren werden, leben und sterben.«[5]

VIII. KAPITEL

Der religiöse Anarchismus

Zu Bakunins starkem Bedürfnis nach Bewegung und Aktion, zu seiner Philosophie der Tat, aus der sich schließlich die Theorie von der Propaganda durch die Tat, mit ihren Bomben und Serien von Attentaten, ableiten ließ, bildet in vieler Hinsicht die Gestalt eines anderen Russen den denkbar stärksten Gegensatz. Graf Leo Nikolajewitsch Tolstoj (1828–1910) hat seine vom Erbarmen mit den Leiden des russischen Volkes eingegebenen Forderungen nach sozialer Gerechtigkeit auch nicht als Revolutionsprogramm in die Welt geschleudert. Sein Non-Konformismus, sein Verlangen nach einem Wandel in Gesellschaft und Leben sind eigentlich apolitisch und knüpfen an die Vorstellungen von einem Urchristentum an, das wohl nie anders als in Splittergemeinden bestanden hat; seine religiös-sozialen Forderungen sind darum mindestens ebenso utopisch wie die sozialrevolutionären der libertären Anarchisten. Seine Religiosität gründet sich freilich ebenso wie seine Lehren »ohne metaphysische Verfälschung« allein auf die Ratio und die Moral.

Seine Ethik lehnt jede Art von Gewalt ab, selbst die Gewalt dem Bösen gegenüber. Sein Ausgangspunkt und sein Anschauungsmaterial ist die russische Agrargesellschaft, ein Grund für Lenin, ihm das »Unverständnis eines naiv-patriarchalischen Bauern« vorzuwerfen.

Auch Leo Tolstoj war wie so viele andere russische Reformpropheten, Volksfreunde und gesellschaftskritische Denker ein Sproß des reichen Landadels. Seine Vorfahren waren Grafen und Gutsbesitzer in Jasnaja-Poljana in der Nähe von Tula. Früh Waise geworden wurde er bei Verwandten erzogen. Sein Studium der Mathematik und der Rechtswissenschaften brach er ab, um sich, wohl im Zuge der großen Bewegung »zum Volk hin«, die die russische Bildungsschicht erfaßt hatte, der Erziehung seiner Bauern auf dem väterlichen Gut zu widmen.
Seine literarische Karriere begann nach dem Krimkrieg, an dem er als Offizier teilnahm, mit dem Erscheinen seines düsteren Romans *Sebastopol* (1855), seines ersten größeren Werkes. Auf längeren Reisen lernte er Deutschland, Frankreich und die Schweiz kennen. Seine großen Romane machten ihn zu einem der bedeutendsten Schriftsteller der Weltliteratur.
Um sein fünfzigstes Lebensjahr erfolgt ein Umbruch in seiner geistigen Haltung. Er wendet sich gegen die auf dem Fortschrittsglauben basierende europäische Kultur und empfindet das Bedürfnis, in evangelistischer Demut mit dem Elend der Mühseligen und Beladenen zu leiden. Sein Wahrheitsfanatismus und seine Lehre von der Gewaltlosigkeit, die Anklänge an asiatische Glaubenslehren hat, verschaffen ihm eine große Gemeinde weit verstreut über Europa. Bereits bei Lebzeiten wird er zu einer legendären Figur, und Angehörige aller Nationen, aller Gesellschaftsklassen und Bildungsschichten treten die Pilgerreise nach Jasnaja-Poljana an, um den alten Grafen im Bauernkittel zu verehren. Er stellt eine Macht im Kampf gegen die Lügen der bürgerlichen Gesellschaft und gegen die Doppelzüngigkeit des Polizeistaates und der Kirche dar. Den Staat und die Justiz lehnte er völlig ab. So protestierte er z. B. öffentlich gegen die Hinrichtung der Attentäter, denen der Zar Alexander II. zum Opfer gefallen war. Er war ein schonungsloser Kritiker des kapitalistischen Gesellschafts-

systems. Sein Anarchismus fordert nicht nur, auf die Ausbeutung des Menschen durch den Menschen als Mittel zur Bereicherung zu verzichten, er stellt überhaupt den Wert der Arbeit in Frage:

»Man sagt, daß die Arbeit den Menschen gut mache; doch ich habe immer das Gegenteil beobachtet. Arbeit und der Stolz auf sie machen [...] den Menschen grausam. Die Arbeit ist nicht nur keine Tugend, sondern in unserer falsch organisierten Gesellschaft meist ein Mittel, das sittliche Empfinden zu töten.«

Gewiß die radikalste Antwort auf die positivistische Leistungseuphorie der europäischen Welt, eine Absage an das bürgerliche Arbeitsethos ebenso wie an die fast allen sozialistischen Bestrebungen inhärente Produktionsgläubigkeit.

Es gab in Rußland Kreise, die Tolstojs Lebensprogramm praktisch zu verwirklichen suchten; es bildete sich eine Art Sekte, zu der sich nicht nur Intellektuelle, wie der Dichter Nikolaj S. Leskov (1831–1895), sondern auch Halbgebildete und Gruppen aus dem Volk bekannten. Tolstoj versuchte, seine Lehren in einer vereinfachten Form darzustellen und bemühte sich, die Sinnlosigkeit der sogenannten »kulturellen« Bedürfnisse aufzuzeigen. Er war nicht nur gegen Kleiderluxus und Feinschmeckerei, sondern auch gegen Ärzte und Hebammen! Selbstverständlich verurteilte er Theater und Tanz. Auch die Wissenschaft war seiner Ansicht nach überflüssig, da sie nur den Reichen diene.

Das Reich Gottes wird da sein, wenn es kein Eigentum, vor allem keinen Bodenbesitz mehr geben wird, und der Acker nur dem zur Verfügung steht, der ihn bearbeitet. Wenn alle Menschen an Besitz und Bedürfnis gleich sein werden, werden auch Betrug, Erniedrigung, Gefängnisse, Morde und Hinrichtungen, Polizei und Krieg, Staaten und Revolutionen verschwunden sein.

Seine Sinnenfeindschaft, seine sektiererhafte Kulturkritik Rousseauscher Prägung, die immer stärkere Hinwendung zu einer »zweckrationalen« Askese brachten ihn in Widerspruch zu seinen Angehörigen; die Spannungen wurden schließlich so groß, daß er Jasnaja-Poljana und seine Familie verließ, um auf die Landstraßen zu gehen wie die russischen Bettler und Pilger. Er starb mit zweiundachtzig Jahren auf der Flucht im Wartesaal eines Kleinstadtbahnhofes.

Zu den Anarchisten muß man ihn nicht nur wegen seiner Bewunderung für Proudhon rechnen, in dem er »den größten Philosophen des neunzehnten Jahrhunderts« sah; er selbst hatte Beziehungen zu französischen Anarchisten um seinen Landsmann Kropotkin, und eine seiner Broschüren unter dem Titel *La guerre et le service militaire** erschien in der *Bibliothèque des Temps Nouveaux,* dem Nachfolgeblatt der Zeitung *La Révolte,* die Kropotkin gegründet hatte. James Joll zitiert aus dem anonymen Vorwort zu dieser Schrift:

» [Tolstoj] behauptet mit uns, daß an jeder Herrschaft etwas Ungesundes ist, und daß sie verdirbt, was immer sie anfaßt; er bestreitet grundsätzlich, daß Gesetze, Verordnungen, Willensäußerungen, die von oben kommen, irgendeine Macht zum Guten haben könnten; er verabscheut das militärische System als absolut unvereinbar mit Freiheit und Gerechtigkeit; aber er lehnt jeden Widerstand gegen das Schlechte ab. Er nennt sich einen christlichen Anarchisten.«[1]

Höchste Achtung vor dem Genie von Jasnaja-Poljana, dem er persönlich freilich nie begegnet ist, hegte Kropotkin selbst. In vielen Punkten stimmte er mit ihm überein. Auch er hatte trotz aller Nähe zu terroristischen Lehren im Grunde etwas Evangelistisches nicht nur in seiner ebenfalls zur Askese neigenden Lebenshaltung.

* Krieg und Militärdienstpflicht.

IX. KAPITEL

Der junge Fürst

Tatsächlich wirkte Fürst Petr Alexandrowitsch Kropotkin (1842–1921) auf viele Leute wie ein Heiliger. »Kropotkin«, sagte Shaw, »war so liebenswert, daß es ans Heilige grenzte; mit seinem roten Vollbart und dem gütigen Gesicht hätte man ihn für einen Hirten aus den lieblichen Bergen halten können.«* Auf diesen so heilig wirkenden Kropotkin beriefen sich – zu Recht oder Unrecht – freilich auch die Bombenattentäter der achtziger und neunziger Jahre des vorigen Jahrhunderts überall in der Welt.

Kropotkin kam im »alten Marschallviertel« von Moskau, dem Adelsviertel der einstöckigen, stuckverzierten Holzhäuser und der stillen Straßen, zur Welt. Waren Bakunin und Tolstoj von Provinzadel, so stammte Kropotkin von uraltem Hochadel ab. Hier in der alten Zarenstadt und auf dem väterlichen Gut mit 12 000 Leibeigenen verlebte er die ersten fünfzehn Jahre. Die Mutter aus der musisch begabten Familie der Fürsten Gagarin starb, als Petr noch nicht vier Jahre alt war; die Stiefmutter kümmerte sich nicht viel um die Kinder ihrer Vorgängerin, und so fanden Petr und sein knapp zwei Jahre älterer Bruder Alexander nur bei den Dienstboten Entgegenkommen

* Die Lieblichen Berge sind eine Ideallandschaft aus der in England berühmten religiösen Allegorie *The Pilgrim's Progress* von John Bunyan, an der er von 1678 bis 1684 arbeitete.

und Geborgenheit. Um so näher ging den Kindern das oft ungerechte und harte Schicksal der Leibeigenen unter der Willkür des Vaters, der noch nicht einmal ein besonders hartherziger Grundherr war. Petrs Mitempfinden mit dem »Volk« datiert aus seinen frühesten Jahren.

Im August 1857 wurde er auf ausdrücklichen Wunsch des Zaren Alexander II. in das kaiserliche Pagenkorps in St. Petersburg eingereiht. »Ich hege keinen Zweifel, daß damals unter meinem kindlichen Äußeren schon viel von dem verborgen lag, was ich später sein sollte«, schrieb er Jahrzehnte danach in seinen Erinnerungen *Autour d'une vie.*[1] Obwohl nach dem Tod Nikolaus I. dessen schrecklicher Despotismus auch auf dem Pagenkorps nicht mehr lastete, dauerte es noch eine Zeitlang, bis die sadistischen Quälereien der älteren Kadetten gegenüber den jüngeren und das unwürdige Spionagesystem der Anstaltsleitung abgestellt wurden. Auffällig ist, welche fundierten Kenntnisse den Zöglingen in dieser höfischen Schulkaserne vermittelt wurden, wenn Kropotkin auch bei seiner außergewöhnlichen Begabung seinen Gesichtskreis durch zusätzliche Studien und reiche Lektüre, durch Anregungen seines Bruders, der auf einer Moskauer Kadettenanstalt war, und durch selbständige Erfahrungen vertiefte, wie etwa den Versuch, einen Wochenmarkt in Nikolskoë, einem Dorf des väterlichen Besitzes, durch statistische Erhebungen nationalökonomisch und soziologisch zu erforschen. Auf der Schule unternahm er den tollkühnen Versuch, eine revolutionäre Zeitschrift – in drei handschriftlichen Exemplaren –, noch mit konstitutioneller Tendenz, herauszugeben, deren Erscheinen er aber auf dringende Vorhaltungen von Gesinnungsgenossen unter den Kameraden nach der zweiten Nummer wieder einstellte. Zu den Hoffesten kommandiert, konnte er als Kammerpage der Zarenfamilie das Palastleben aus desillusionierender Nähe beobachten.

Groß war die Überraschung, fast ein Skandal, als er, zum Offizier avanciert, statt eines der schmucken Garderegimenter die Truppe der Amur-Kosaken im fernen Sibirien wählte. »Uniform schwarz mit einfachem roten Kragen ohne Borte; Pelzkappe aus Hundefell; Beinkleid grau.«[2]

Fünf Jahre verbrachte er dienstlich in Sibirien.

Sie »bildeten für mich eine wahre Schule des Lebens und des Charakters. Ich kam mit Leuten jeder Gattung in Berührung, den besten und den schlechtesten, mit den Spitzen der Gesellschaft wie mit den Tiefstehenden, den Vagabunden und den sogenannten unverbesserlichen Verbrechern [...] Dazu stählten die ausgedehnten Reisen, auf denen ich mehr als 8000 Meilen im Wagen, im Dampfboot, im Kahn, zumeist aber zu Roß durchmaß, meine Gesundheit in wunderbarer Weise. Sie lehrten mich auch, wie wenig der Mensch wirklich nötig hat«.[3]

Er traf in Irkutsk kurz nach Bakunins Flucht ein, lernte aber dessen Frau dort kennen, die sich lange um die Erlaubnis zur Abreise bemühen mußte. Mit Kukel, einem Freund Bakunins und höherem Offizier, freundete auch er sich an. Hier begann er auch, Proudhon zu lesen, dessen Bände ihm ein verbannter Schriftsteller, M. L. Michailow, lieh. Mit Eifer widmete er sich in der heillos vernachlässigten Provinz den Reformarbeiten, bis sie aus Petersburg nach dem Polenaufstand von der wieder mächtig anschwellenden Reaktion und auch durch die Abberufung Kukels als Gouverneur von Transbaikalien unmöglich gemacht wurden.

Auf einer abenteuerlichen Entdeckungsreise drang Kropotkin als Händler verkleidet in die Mandschurei ein, in Gebiete, die vor ihm noch kein Europäer betreten hatte; zwischen Transbaikalien und dem mittleren Amur sollte er eine kürzere Verbindungsstraße erkunden. Er vermaß auch den Lauf des Sungari. Auf gefahrvollen Expeditionen im ganzen Stromgebiet des Amur und auf seinen Nebenflüssen führte er oft eine Mannschaft aus verurteilten Mördern und Räubern. Immer energischer widmete er seine jugendliche Tatkraft wissenschaftlichen Forschungen, deren geographische und geologische Ergebnisse für die Kenntnis der ostasiatischen Bodenstruktur grundlegend wurden. Doch noch andere Erkenntnis erwarb er sich:

»Die Jahre, die ich in Sibirien verlebte, lehrten mich vieles, das ich schwerlich woanders hätte lernen können. Es wurde mir bald klar, daß es völlig unmöglich sei, für die große Masse des Volkes auf dem gewöhnlichen Weg der Verwaltung etwas wirklich Heilsames zu schaffen [...]. Die konstruktive Arbeit, die von der namenlosen Menge getan wird [...] und die große Bedeutung dieser konstruktiven Arbeit für die Entwicklung sozialer Formen trat mir überzeugend vor Augen [...]. Aufgewachsen in der Familie eines über ein Heer von Leibeigenen herrschenden Grundherrn, trat ich wie alle jungen Leute damals mit der festen Überzeugung ins praktische Leben, Befehlen, Anordnen, Schelten, Strafen und so weiter sei ganz unerläßlich. Als ich aber sehr bald ernsthafte Unternehmungen ausführen und mit den Menschen mich auseinandersetzen mußte, wobei jeder falsche Schritt sofort bedenkliche Folgen nach sich zog, da wurde mir der ganze Unterschied klar, der zwischen einem auf Befehl und Disziplin beruhenden Verfahren und einem auf dem Grundsatz des allgemeinen Verständnisses sich stützenden beruht. [...] Wenn ich auch damals meine Wahrnehmungen noch nicht in den Schlagworten, wie sie sich im Parteikampf ausgebildet haben, formulierte, so kann ich doch jetzt sagen, daß mir in Sibirien der vorher von mir gehegte Glaube an die Staatsdisziplin völlig verlorenging. So wurde ich dazu vorbereitet, ein Anarchist zu werden.«[4]

Nach einer Revolte der gefangenen, zu Zwangsarbeiten kommandierten Polen und der grausamen Niederschlagung schämte sich Kropotkin der russischen Uniform. Er quittierte den Dienst im Januar 1868, um sich an der St. Petersburger Universität dem Studium und wissenschaftlicher Arbeit zu widmen. Er legte die Ergebnisse seiner Forschungen und Amur-Expeditionen nieder und wurde ein viel beachtetes Mitglied der Russischen Geographischen Gesellschaft, als Sekretär ihrer Sektion für physikalische Geographie. Schließlich zum Vorstand der Geographischen Gesellschaft und zum Generalsekretär ernannt, erhielt er den Auftrag, Untersuchungen über die glazialen Ablagerungen in Finnland und Schweden vorzunehmen, eine Reise, die für ihn eine Lebenswende bedeutete. »Meine früheren Hoffnungen waren damit erfüllt. Aber inzwischen hatten sich meine Gedanken und Wünsche auf ein anderes Ziel gerichtet.«

Er sah das kärgliche Leben der finnischen Bauern. »In dieser Richtung und für diese Leute mußte ich tätig sein«, entschloß er sich. »Alle die tönenden Redensarten vom Wirken für den Fortschritt der Menschheit, während die Fortschrittsförderer sich fern von denen halten, die sie angeblich vorwärtsbringen wollen, sind nichts als Sophismen.«[5] Mit ganzer Kraft wollte er sich der sozialen Frage zuwenden und stellte im Februar 1872 den Antrag, ins Ausland reisen zu dürfen.

Sein Bruder Alexander war schon vor ihm in Zürich gewesen und hatte dort Beziehungen zu gemäßigten Sozialisten angeknüpft, u. a. zu Lavrow, einem sozialdemokratischen russischen Emigranten. Petr trat in Zürich einer lokalen Sektion der Internationale bei und stürzte sich eifrig in die Lektüre sozialistischer Literatur.

»Ich las Tag und Nacht und empfing einen tiefen Eindruck, den nichts wieder auslöschen kann. Eine Flut neuer Gedanken stürmte auf mich ein, sie ist in meiner Vorstellung mit dem kleinen sauberen Zimmer in Oberstrass verbunden, von dessen

Fenster man einen Blick auf den blauen See und die Berge dahinter tat.«[6]

Nach zwölf Tagen Aufenthalt in Zürich ging er nach Genf, das einen bedeutenden Mittelpunkt der internationalen Arbeiterbewegung bildete. »Ein Glas saueren Weines vor mir, pflegte ich dort jeden Abend an einem Tische der Versammlungshalle mitten unter den Arbeitern zu sitzen und wurde bald mit mehreren von ihnen befreundet. ›Hier sind Menschen‹, sprach ich zu mir, ›die sich ihrer Knechtschaft bewußt sind, die sich mühen, sich von ihr frei zu machen, aber wo sind die Helfer? Wo sind die, welche den Massen dienen wollen – ohne sie zum Schemel ihres Ehrgeizes zu machen?‹«[7]

Sehr bald stießen ihn die Drahtziehereien und Wahlmanöver der Führer ab. Er beschloß, auch die zweite Genfer Sektion der Internationale kennenzulernen, deren Mitglieder als »Bakuninisten« bezeichnet wurden. Er ging nach Neuchâtel und brachte etwa acht Tage unter den Uhrmachern im Jura zu. Dabei machte er Bekanntschaft mit dem Jurabund (Jura-Föderation), dessen entscheidende Rolle bei der Auseinandersetzung zwischen autoritären und antiautoritären Sozialisten innerhalb der Internationale so folgenreich sein sollte. Die Rebellion gegen den Londoner Generalrat erfolgte im selben Jahr 1872.

»Die Trennung zwischen Führern und Arbeitern [...] existierte im Jura nicht. Es fand sich auch dort eine Anzahl Männer, die scharfsinniger und vor allem tätiger waren als die anderen, aber das war alles.«[8]

Schon bei seinem kurzen Aufenthalt lernte er auch James Guillaume kennen. Vielleicht war es Guillaume, der ihm von einem Besuch bei dem »zu alt, zu müde gewordenen« Bakunin im nahen Locarno abriet. Vielleicht wünschte aber auch Bakunin nicht Kropotkins Besuch, möglicherweise voreingenommen wegen dessen Bekanntschaft mit dem gemäßigten Lavrow und seines Umgangs mit den Genfer Marxisten. Dagegen begegnete er Flüchtlingen, die dem entsetzlichen Blutbad beim Zusammenbruch der Pariser *Commune* entkommen waren, und erfuhr so von Augenzeugen die Wahrheit über das in ganz Europa verleumdete Wirken der nach Proudhons Grundsätzen angetretenen Volksregierung, »deren Zusammensetzung und Organisation von allen bisher Existierenden grundlegend verschieden war«.[9] Vor den Berichten über die Blutwoche (21.–28. Mai 1871), in der die Truppen durch das Abschlachten von 30 000 Pariser Männern, Frauen und Kindern die französische Arbeiterbewegung für etwa zehn Jahre lähmten, konnten sogar Erinnerungen an Methoden des zaristischen Polizeiterrors verblassen.

Von Neuchâtel aus suchte Kropotkin auch die Städte und Dörfer in den Tälern auf und lernte in dem Graveur Adhémar Schwitzguébel (1844–1895) ein weiteres tonangebendes Mitglied der *fédération jurassienne* kennen.

»Die theoretische Ausbildung des Anarchismus, wie sie damals innerhalb des Jurabundes unter dem Einfluß Bakunins allmählich erfolgte, die Kritik des Staatssozialismus – die Besorgnis vor einem den bloßen politischen Despotismus weit überragenden wirtschaftlichen Despotismus –, die ich dort formulieren hörte, und der revolutionäre Charakter der Agitation übten auf mich wegen ihres theoretischen Wertes sicher einen großen Einfluß aus. Aber die Prinzipien der Gleichheit, die ich im Jura herrschend fand, die Unabhängigkeit im Denken und im Gedankenausdruck [...] unter den dortigen Arbeitern [...] und ihre grenzenlose Hingabe an die gemeinsame Sache machten auf meine Gefühle einen noch stärkeren Eindruck; und als ich die Uhrmacher des Jura, nachdem ich etwa zwölf Tage unter ihnen geweilt hatte, verließ, standen meine sozialistischen Ansichten fest: *ich war ein Anarchist.*«[10]

»Außerdem begriff ich allmählich, daß Revolutionen, d. h.

Perioden beschleunigter Entwicklung und reißend schneller Fortschritte, der Natur der menschlichen Gesellschaften nicht minder eigen sind als die langsame Fortentwicklung, wie sie sich innerhalb der gesitteten Rassen jetzt beständig vollzieht [...]. Es handelt sich demnach nicht sowohl um die Frage: wie kann man Revolutionen vermeiden? sondern wie sind die größten Ergebnisse bei möglichster Beschränkung des Bürgerkrieges, bei der geringsten Anzahl der Opfer und einem Minimum gegenseitiger Erbitterung zu erzielen?.«[11]

Durch eine Reise nach Belgien, auf der er »wieder die zentralisierte politische Agitation in Brüssel mit der unter den Tuchmachern in Verviers sich entwickelnden wirtschaftlichen und unabhängigen Agitation vergleichen konnte, verstärken sich [seine] Ansichten nur«.[12] Wahrscheinlich begegnete er damals auch dem jungen Arzt César de Paepe (1842–1890), der in der belgischen Arbeiterbewegung eine entscheidende Rolle spielte und der sich bemühte, eine vermittelnde Stellung zwischen den »Zentralisten« und den »Anarchisten« einzunehmen.

Bei der Rückkehr nach Rußland schmuggelte Kropotkin eine Anzahl revolutionärer Schriften ein. In St. Petersburg trat er bald in Verbindung mit dem Tschaikowskij-Kreis, der sich um den Bruder des Komponisten geschart und sich zu einer konstitutionellen Oppositionsgruppe entwickelt hatte. Es gelang Kropotkin, die jungen Leute für sozialistische Ideen zu gewinnen, die bei ihnen übrigens schon Eingang zu finden begannen. Er selbst entfaltete neben seinen wissenschaftlichen Arbeiten lebhafte agitatorische Tätigkeit. Als Arbeiter oder Bauer verkleidet suchte er in den Vorstädten geheime Versammlungen auf und hielt vor den Webern und Arbeitern der Baumwollfabriken Vorträge. Dem Kreis gehörte auch Sergei Krawtschinskij an, später unter dem Namen Stepniak bekannt geworden, der sich am Handstreich italienischer Anarchisten

1877 bei Benevent beteiligte und 1878 in Petersburg auf offener Straße den Chef der russischen Geheimpolizei erstach. Er schrieb auch ein Handbuch des Guerillakrieges, in dem er seine Erfahrungen aus dem Aufstand gegen die Türken in Bosnien, bei dem er mitgekämpft hatte, aufzeichnete. »Wir nannten ihn oft ›das Kind‹, so unbesorgt war er für seine eigene Sicherheit«, erzählt Kropotkin in seinen Memoiren.

»Die zwei Jahre vor meiner Verhaftung, während deren ich im Tschaikowskij-Kreis tätig war, [...] waren zwei Jahre eines ›Lebens unter Hochdruck‹, eines überquellenden Lebens, bei dem man in jedem Augenblicke gewissermaßen das volle Klopfen aller Fibern des inneren Menschen fühlt.«[13]

Er trug sich mit dem Gedanken, nach Süd-Rußland zu gehen, um gemäß der Parole *V narod** unter den Bauern zu agitieren und es Krawtschinskij gleichzutun, der mit seiner hünenhaften Figur als Brettschneider verkleidet im Land umherzog und die Bauern aufzuwiegeln versuchte, wobei ihm seine feste Bibelkenntnis sehr zustatten kam.

Durch eine Denunziation wurde Kropotkin verhaftet und in die Peter-und-Pauls-Festung gebracht. »Bakunin hat es ausgehalten«, sagte er sich, »und das muß ich auch; ich will *nicht* erliegen.«[14] Jahrelang bereitete man den »Prozeß der Einhundertdreiundneunzig« vor, die wegen der Teilnahme an der Agitation in Untersuchungshaft saßen, einige schon seit vier Jahren. Nicht weniger als einundzwanzig hatten inzwischen Selbstmord begangen oder waren dem Wahnsinn verfallen. Ehe der Prozeß eröffnet wurde, erkrankte Kropotkin an Skorbut, schweren Verdauungsstörungen und Entkräftung. Er wurde ins Militärhospital gebracht.

Kaum war er ein wenig gekräftigt, suchte er nach einem Fluchtweg. Da er sich durch Kassiber mit Freunden draußen verständigen konnte, wurde ein in allen Einzelheiten ausgear-

* Zum Volk.

beiteter Plan entworfen. Das erste Mal schlug es freilich fehl, doch dann lief alles wie vorgesehen. Um sein Leben rennend erreichte der Flüchtende die wartende Kutsche, die bei glücklicher Fügung aller Umstände den Verfolgern entkam. Ganz Petersburg wurde nach dem Ausbrecher durchgekämmt, den Freunde inzwischen mit gestutztem Bart und nach vorbereitetem Kleiderwechsel in das teuerste Luxusrestaurant führten, weil man sicher war, daß er in den hellerleuchteten, zur Dinerstunde mit Gästen gefüllten Sälen am wenigsten gesucht werden würde. Für einige Tage hielt er sich in der Umgebung der Stadt versteckt, bis er über einen abgelegenen Hafen des Bottnischen Meerbusens mit falschen Papieren nach Schweden entkam. Übrigens hatte neben anderen Freunden und seiner Schwägerin* die Frau des inzwischen in London lebenden Lavrow tätige Fluchthilfe geleistet.
Von Schweden aus reiste er, immer noch unter dem angenommenen Namen Lewaschew, auf einem englischen Schiff nach Schottland. Er wollte freilich nur ein paar Monate im Ausland bleiben, bis sich seine Gesundheit ein wenig gekräftigt hätte. Er war überzeugt, Emigranten könnten nicht auf russische Verhältnisse Einfluß nehmen, da ein ständiger Kontakt mit den einheimischen Zuständen nötig sei, eine Überzeugung, der er auch später treu blieb, indem er stets vor allem für die lokalen Gruppen, dort wo er sich gerade aufhielt, tätig wurde. Rußland freilich sollte er erst unter sehr veränderten Umständen einundvierzig Jahre nach seiner Flucht im Jahre 1917 wiedersehen!
Von Edinburgh nach London gekommen, traf er dort wieder mit Lavrow zusammen, ebenso mit dem aus Tomsk geflüchteten Tscherkesow, einem Mitglied der Netschajew-Gruppe, der Netschajew 1869 nach dem Mord an Iwanow die Flucht ins Ausland ermöglicht hatte, eine Untat, in der Kropotkin übri-

* Alexander war inzwischen auch verhaftet und nach Sibirien verschickt worden.

gens »ein gemeines Verbrechen« sah. Seinen Lebensunterhalt verdiente Kropotkin durch journalistische Arbeiten für die Zeitschrift *Nature* und für die *Times*. Nach einigem Hin- und Herreisen zwischen London, Neuchâtel und Belgien ließ er sich in der Schweiz, in La-Chaux-de-Fonds, nieder, einem »wenig anziehenden Ort«.

»Schaue ich auf diese Jahre zurück, so bin ich der festen Überzeugung, daß, wenn Europa nach 1871 nicht der finstersten Reaktion verfiel, dies in der Hauptsache dem Geiste zu verdanken ist, der in Westeuropa vor dem deutsch-französischen Kriege erweckt worden war und seitdem von den anarchistischen Anhängern der Internationale, den Blanquisten,[15] den Mazzinisten und den spanischen kantonalen Republikanern aufrechterhalten wurde«, meint er in seinen Memoiren. Doch in einem Brief vom 27. 2. 1877 an seinen Freund Robin schrieb er aus Neuchâtel:

»Alle Sektionen [des Jurabundes] sind auf wenige Mitglieder reduziert [...]. Sie haben *keine* Beziehung zu den Massen. Mehr noch, sie sind durch einen Wall von ihnen getrennt [...]. Man mißtraut den Sozialisten.« Und dann die Klage des asketischen Agitators über die Verführungen des Konsums:

»Einige Jahre der Prosperität mit der kleinen Neigung zum Bourgeoisluxus, die eingerissen ist (an Sonntagen würde man Leute wie Sie und mich für schmutzige Arbeiter halten), die Gewohnheit, in den Cafés zu lungern, vom Theater und von Bourgeoishochzeiten zu schwätzen, all das entfernt die Leute von Sektierern wie uns.«

Machen die Massen nicht mit, so lernt er doch Mitstreiter für die heiß ersehnte Revolution kennen, u. a. den Geographen Elisée Reclus (1830–1905), »der, in seiner Lebensweise ein echter Puritaner, in geistiger Beziehung den französischen Enzyklopädisten gleicht; ein Mann, der andere mit seinem

Geist erfüllt, aber sie niemals beherrscht hat, noch es je tun wird, ein Anarchist, dessen Anarchismus nur folgerechter Ausfluß seiner weiten und tiefen Kenntnis der Formen menschlichen Lebens [...] auf allen Stufen der Gesittung ist«.[16] Während der *Commune* war Reclus Direktor der Nationalbibliothek gewesen. Dem Massaker entkommen, war er zu Deportation verurteilt, dann zu Verbannung begnadigt worden, da sich Wissenschaftler aus aller Welt für ihn eingesetzt hatten.

Auch der junge Arzt Paul Brousse (1844–1912), ein Südfranzose, gehörte zu Kropotkins engstem Kreis. Er war »von äußerst regsamem Geist, etwas lärmend, scharf und lebhaft [...]. Er gab zwei Blätter heraus, ein französisches und ein deutsches, führte zugleich eine äußerst umfangreiche Korrespondenz und war außerdem die Seele eines regelmäßigen Unterhaltungsabends für Abeiter«.[17] Von Brousse stammt die Formulierung *propagande par le fait,** die sich so zum ersten Mal in einem Artikel im *Bulletin* des Jurabundes findet, Formulierung, die Kropotkin in einem Brief vom 3. Juni 1877 an Robin übernahm. Paul Brousse verfocht damit die Idee der »direkten Aktion«:

»Man bemächtige sich einmal einer Gemeinde und verwirkliche dort das Kollektiveigentum. Wird man angegriffen, so kämpfe man und verteidige sich; an einer Niederlage liegt nichts! Die Idee wird hingeworfen sein, nicht auf Papier, eine Zeitung, ein Bild, nicht in Marmor gehauen, in Stein gemeißelt, in Erz gegossen, sondern sie wird Fleisch und Blut, Fleisch und Knochen, lebend vor dem Volke einhergehen. Das Volk wird sie auf ihrem Wege grüßen.«[18]

Später mäßigte er sein Pathos und seinen revolutionären Tatendrang, wurde Mitbegründer der französischen Arbeiterpartei, lehnte deren Doktrinarismus jedoch ab, weswegen es

* Propaganda durch die Tat.

zur Spaltung kam, und wurde zum führenden Ideologen des Reformismus.

Von den italienischen Anarchisten traten unter anderen Cafiero und Malatesta in Kropotkins Gesichtskreis. Der Marchese Cafiero hatte in mystischem Rigorismus sein ganzes Vermögen der »Sache« geopfert. Malatesta, ein ehemaliger Medizinstudent, verzichtete ebenfalls um der Revolution willen auf Studium und Vermögen. Er gilt als eine der »großen idealistischen Figuren des Anarchismus«*.

Bei einer Demonstration am 18.3.1876 in Bern, die dem fünften Jahrestag der Pariser *Commune* galt und bei der trotz Verbots die rote Fahne entfaltet wurde, kam es zwischen den Demonstranten und der Polizei zu Zwischenfällen, dabei gab es vier Verwundete: zwei Arbeiter, zwei Polizisten. Neben Kropotkin und den Anarchisten des Jurabundes marschierte auch der russische Sozialdemokrat Plechanow (1856–1918) mit. Am Tage vor der Demonstration hatte Kropotkin, ganz im Sinn der *propagande par le fait*, geäußert:

»Wenn die Gendarmerie angreift, um so besser; dann wird es, falls es sein muß, Propaganda mit Totschlägern und Revolvern sein!«

An eine anschließende Demonstration in St. Imier, bei der sich die Polizei trotz verschärften Verbots abwartend verhielt, erinnert er sich freilich weniger kampfbegeistert: Er kann nicht sagen, »welches Gefühl bei den meisten von uns überwog: die Freude darüber, daß uns ein ungesuchter Kampf erspart blieb, oder das Bedauern, daß es nicht zum Kampfe kam. Der Mensch ist ein sehr verwickeltes Wesen.«[19] Im übrigen hat er sich seit jenen stürmischen Schweizer Tagen an dergleichen Handgemenge nicht wieder beteiligt.

Im Dezember 1878 hielt er sich in Genf auf, und hier lernte er seine spätere Frau Sophia kennen, eine 1856 in Kiew geborene

* Siehe Kapitel XI.

Russin, die in Bern studierte und Ende des Jahres für die Ferien nach Genf gekommen war. Sie gehörte zu den »nihilistischen« Kreisen der russischen Jugend, in denen man in der Frau »einen Kameraden, ein menschliches Wesen, aber keine Puppe und keinen Kleiderstock sehen wollte und in denen man es mit Entschiedenheit von sich wies, die kleinlichen Höflichkeitsbeweise mitzumachen, mit denen die Männer den von ihnen mit Vorliebe als ›schwächeres Geschlecht‹ angesehenen Frauen entgegenzutreten pflegten«.[20]
Von jenen Jahren seines Schweizer Aufenthaltes berichtet er: »Unsere Haupttätigkeit bestand [...] in der Ausgestaltung des anarchistischen Sozialismus nach der praktischen und theoretischen Seite hin.«
»Wir verkannten nicht, daß wir bei der dem einzelnen gewährten vollen Freiheit des Gedankenausdrucks wie des Handelns bis zu einem gewissen Grade auf eine Übertreibung unserer Grundsätze gefaßt sein müßten. Schon bei der nihilistischen Bewegung hatte ich das in Rußland gesehen. Aber wir hegten das Vertrauen – und die Erfahrung hat uns darin recht gegeben –, das soziale Leben selbst würde im Verein mit einer freien, ungeschminkten Kritik der Meinungen und Handlungen das wirksamste Mittel zur Abschleifung der unvermeidlichen Übertreibungen sein. Wir handelten also gemäß dem alten Wort, daß Freiheit noch das beste Heilmittel für die gelegentlichen Auswüchse der Freiheit bleibe. Es trägt der Mensch in sich als noch nicht genügend gewürdigtes Erbteil aus der Vergangenheit einen Kern sozialer Gewohnheiten und Anschauungen, der *nicht* auf äußeren Zwangsmitteln beruht, sondern über sie erhaben ist.«[21]
Daß es unter den meist recht jungen Leuten dieses internationalen revolutionären Milieus bei aller Kameradschaft der Geschlechter zuweilen auch zu Gefühlsverwirrungen kommen mußte, ist nicht verwunderlich. Anna Kulischioff, geboren im

Januar 1857, war schon als Fünfzehnjährige im Kreis um Bakunin und in Zürich zu finden, hatte dann als Anna Makariewitsch in südrussischen Anarchistengruppen gewirkt und war wieder in die italienische Schweiz zurückgekommen. Und hier entzündeten sich die Temperamente an ihr. Aus der italienischen Föderation scheinen sich mehrere Anarchisten in sie verliebt zu haben. Dadurch trat eine gewisse Spannung in der Gruppe auf, »die sonst keine andere historische Erklärung finden kann; als solcher Erklärungsgrund ist sie [Anna Kulischioff] mit der Geschichte dieser Kreise in jenen Jahren verbunden«, schreibt, ein wenig schulmeisterlich, der gewissenhafte deutsche Historiker des Anarchismus Max Nettlau.[22] Für das Schicksal des dreißigjährigen Cafiero (1846–1892) scheint die kokette junge Revolutionärin verhängnisvoll geworden zu sein. Er soll ihr, obwohl Kropotkin ihn davor warnte, einen Heiratsantrag gemacht haben, war aber abgewiesen worden. Enttäuschte Liebe sei bei dem bald einsetzenden geistigen Zerfall des exzentrischen Marchese zum mindesten ein beschleunigendes Moment gewesen.[23] Er hatte für die Aufgabe, der er sich verschworen hatte, offensichtlich ein allzu empfindsames Herz. Anna Kulischioff reiste mit dem italienischen Agitator Andrea Costa (1851–1910) nach Paris, wo ihre Adresse auch als Kropotkins Anschrift diente, wurde nach Costas Verhaftung nach der Schweiz abgeschoben und lebte später in Mailand als die Lebensgefährtin von F. Turati (1857–1932), einem der Mitbegründer der sozialistischen Partei Italiens. Ihr Salon wurde zu einem Treffpunkt linksorientierter Intellektueller. Sie starb 1925 in Mailand.
In den Jahren 1877 und 1878 war auch Kropotkin viel unterwegs, wie aus zwei Briefen an Robin ersichtlich ist: »Aus Paris einige Tage nach Genf abgereist, um einen nach Rußland reisenden Freund [Stepniak?] zu sehen, habe ich drei Monate vagabundiert: einige Wochen in der Schweiz, um Paul

[Brousse] zu sehen, dann ein und einen halben Monat in Spanien, in Barcelona und Madrid, dann wieder in der Schweiz.«*

»Ich reiste diese ganze Zeit. Ich war ein und einen halben Monat in Spanien, dann machte ich in der Schweiz eine Exkursion ins Gebirge, mit Fräulein Sassulitsch [Vera Sassulitsch, die kurz zuvor auf den Petersburger Polizeichef geschossen hatte und freigesprochen worden war]. Ich komme jetzt mit Brousse aus Zürich, um zum Kongreß [der Juraföderation] von Fribourg zu reisen.«** In Spanien sah er zum ersten Mal große Arbeitermassen der von Bakunin gegründeten Alliance, die seine politischen Ideale teilten.

Diese Apostel des Aufruhrs waren von erstaunlicher Mobilität und tauchten, wie schon Bakunin, bald im Süden, bald im Norden auf, ehe sie schließlich irgendwo zu relativer Ruhe kamen. Im Herbst 1877 hatte Kropotkin in Belgien zwei Kongresse besucht, den der Internationalen Arbeiterassoziation in Verviers und den Internationalen Sozialistenkongreß in Gent. Er reiste wieder unter dem Namen Lewaschew. Die belgische Polizei deckte jedoch sein Pseudonym auf, wollte ihn verhaften und möglicherweise nach Rußland ausliefern. In letzter Minute gelang es ihm, ein Schiff nach England zu besteigen. Aus London kehrte er bald wieder nach Paris zurück, wo die französische Polizei ihn jetzt allerdings unter dem Namen Lewaschew suchte, während er sich als Kropotkin einquartiert hatte. Er kam mit Costa und mit Jules Guesde (1845–1922) zusammen, der später die marxistische Richtung in Frankreich propagieren sollte. Großen Eindruck machte Turgenjew auf den Landsmann, der den längst berühmten Dichter kennenzulernen wünschte.

»Als ich über die Schwelle seines Zimmers trat, fühlte ich mich

* Brief vom 4. August 1878.

** Brief vom 2. August 1878, La-Chaux-de-Fonds.

fast von dem Gefühl religiöser Verehrung erfüllt [...]. Damals wußte ich noch nicht, daß ihm an Herzens *Kolokol* ein maßgebender Anteil zukam.«
Von allen Romanschriftstellern des neunzehnten Jahrhunderts hielt er ihn für den vollendetsten.
»Doch nahm die russische Jugend *Väter und Söhne*, den Roman, den der Verfasser mit Recht für sein tiefstes Werk hielt, mit einem lauten Protest auf. In den Augen unserer ›Jungen‹ war der Nihilist Bazarow kein rechter Vertreter der Nihilisten; viele erklärten ihn sogar für eine Karikatur derselben. Dieses Mißverständnis ging Turgenjew sehr nahe.«[24]

Le Révolté

Seit dem Ende der siebziger Jahre kam es in verschiedenen europäischen Ländern, ohne daß ein organisatorischer Zusammenhang oder ein Komplott vorlag, zu einer Reihe von Attentaten auf gekrönte Häupter: im Mai 1878 kurz hintereinander die Attentate von Hödel und von Nobiling auf den deutschen Kaiser Wilhelm I.; im selben Jahr die ebenfalls mißglückten Anschläge von Moncasi auf Alphonse XII. von Spanien und von Passanante auf Umberto I. von Italien, der aus diesem Anlaß das Wort vom »Berufsrisiko« der Herrscher prägte; 1880 ein abermaliger Versuch gegen Alfons XII., diesmal von Olivero Gonzales; 1881 das tödliche Attentat auf Alexander II. von Rußland.

Die Schweizer Behörden betrachteten das Treiben anarchistischer Gruppen daher mit Argwohn, zumal man allgemein die Schweiz als Sitz des Zentrums einer Weltverschwörung annahm. Offiziell und inoffiziell ging man gegen einzelne Mitglieder des Jurabundes vor. Brousse wurde aus der Schweiz ausgewiesen; James Guillaume, der das *Bulletin* des Bundes acht Jahre lang herausgegeben und es zum Organ der antiautoritären Internationale gemacht hatte, mußte das Blatt einstellen. Er, der ehemalige Lehrer, der einst seine Stellung wegen seiner politischen Radikalität verloren hatte und längst nur noch von Privatstunden lebte, fand nun auch keine

Schüler mehr und ging nach Frankreich. Schwitzguébel, über den als Uhrmacher und Graveur der Boykott verhängt wurde und der für eine große Familie zu sorgen hatte, zog sich ganz von der anarchistischen Bewegung zurück. Andere wanderten aus.

So konnte es geschehen, daß Kropotkin, obwohl Ausländer, die Redaktion einer Zeitung des Jurabundes übernehmen sollte. Mitredakteure wurden Dumartheray und Herzig; als Titel wählte man *Le Révolté*. Das Blatt erschien alle zwei Wochen in Genf; das meiste darin schrieb Kropotkin selbst, »im Tonfall maßvoll, aber dem Wesen nach revolutionär«, wie er später in seinen Memoiren meinte. Die Auflage stieg bald auf 2000, obwohl man ganz ohne Kapital begonnen hatte. Die größte Schwierigkeit bestand darin, überhaupt eine Druckerei für das Blatt zu finden, da alle Anfragen ergebnislos verliefen. Kurz entschlossen gingen die drei Redakteure daran, auf Kredit selbst eine kleine Druckerei zu gründen, die den Namen *Imprimerie Jurassienne* bekam. Beim Drucken halfen alle mit, und tatsächlich begann die Sache zu florieren.

Nach einem Jahr gewann auch Elisée Reclus Interesse an dem Blatt, schließlich gab er es sogar eine Zeitlang heraus und stellte aus Kropotkins Leitartikeln mit dessen Einverständnis das Buch *Paroles d'un Révolté*[1] zusammen. Der Verfasser selbst saß im Gefängnis. Dazu war es auf folgende Weise gekommen:

Zunächst hatte ein Ausweisungsbefehl des Schweizer Bundesrats auch Kropotkin ereilt, der ihm im Juli 1881 nach der Rückkehr von dem Londoner Anarchistenkongreß zugestellt worden war. Wahrscheinlich spielte dabei auch eine Resolution dieses Kongresses eine Rolle, in der den Arbeitern empfohlen worden war, sich mit Chemie, also der Herstellung von Bomben, vertraut zu machen.

Tatsächlich waren es bei Kropotkin Jahre seines größten Rigo-

rismus, und in den – wie er meinte – »im Tonfall maßvollen« Artikeln des *Révolté* finden sich Sätze wie der folgende:
»Unsere Aktion muß die permanente Revolution sein, mit Wort, Schrift, Dolch, Gewehr, Dynamit [...]. Alles ist gut für uns, was außerhalb der Legalität ist.«
»Wir haben die Pest im Haus, wir müssen ihre Ursache zerstören, und wenn es mit Feuer und Eisen geschehen muß; wir dürfen nicht zögern. Es handelt sich um das Heil der Menschheit.«
Er war freilich auch besonders erregt über die scheußliche Art der Hinrichtung der in das Attentat an Alexander II. Verwikkelten, zumal Sophia L. Perowskaja einst in St. Petersburg zu seinem persönlichen Freundeskreis gehört hatte. 1881 gab er daraufhin in Genf die Broschüre *La Vérité sur les Exécutions en Russie** heraus. Er und seine Frau hatten sich erboten, heimlich nach Rußland zu kommen, was aber vom »Exekutivkomitee« der russischen Revolutionäre, diesmal einem echten, mittels des Sendboten Stepniak abgelehnt worden war. Damals entstand die zornige Artikelserie *L'Esprit de Révolte,*** die auch als Broschüre vertrieben wurde und dann in den *Paroles d'un Révolté* Aufnahme fand.

Nach der Ausweisung aus der Schweiz ließen Kropotkin und seine Frau sich im kleinen französischen Ort Thonon an der Savoyischen Küste des Genfer Sees nieder und blieben dort, bis die Fürstin im Herbst 1881 ihre Baccalaureatsprüfung bestanden hatte. Das folgende Jahr sah sie beide in London, wo Kropotkin u. a. an der Zeitschrift *Nineteenth Century* und an der *Encyclopaedia Britannica* durch geographische Beiträge mitarbeitete. Doch schon nach elf Monaten kehrten sie wieder

* Die Wahrheit über die Hinrichtungen in Rußland, nebst einer biographischen Skizze über Sophia Perowskaja.

** Geist der Revolte.

in das Bauernhaus bei Thonon zurück. Ein Bruder seiner Frau, der im letzten Stadium an Tuberkulose litt, zog zu ihnen.

In Rußland war bald nach der Thronbesteigung Alexanders III. unter Leitung des Zarenbruders die »Heilige Liga« ins Leben gerufen worden, die sich die Ausrottung der Nihilisten zur Aufgabe stellte und die ihre Fäden bis nach der Schweiz spann. Anscheinend hatte diese *Svjaschtschennaja Druschina** das Todesurteil auch über den Fürsten Kropotkin verhängt. Wenigstens kam ihm »von einer der höchsten Stellen Rußlands« eine Warnung zu, und in der Tat scheinen sich ihm in Thonon allerlei Spitzel und Agenten genähert zu haben, falls es sich nicht um eine nicht ganz unverständliche Verfolgungspsychose des unsteten Mannes handelte. Auch gab die russische Regierung in der Schweiz ein getarntes »revolutionäres« Blatt heraus, mit dem Zweck, die gegen den Terrorismus eingestellten Emigranten zu sammeln und die rigoristische Richtung zu bekämpfen. Ja, es kam sogar schließlich zu einem geheimen »Stillhalte-Abkommen« in Paris zwischen den russischen Terrorgruppen des Exekutivkomitees und der Regierung des russischen Ministerpräsidenten Ignatiew, daß keine weiteren Hinrichtungen wegen Beteiligung an früheren Aufständen mehr stattfinden würden, wenn die Terroristen das Leben Alexanders III. schonen wollten.

In Frankreich hatte die anarchistische Bewegung Anfang der achtziger Jahre beträchtlich an Boden gewonnen, nicht zuletzt wohl auch durch die Verbreitung des *Révolté,* dessen Redaktion Elisée Reclus übernahm, ehe sie dann dem Arbeiter Jean Grave übertragen wurde, der unter einem Pseudonym das Buch *La Société au lendemain de la Révolution*** veröffentlicht hatte. Jean Grave gab die Zeitung in Paris, Rue Mouffetard, heraus. Unter der Restauration hatten sich in dieser berühm-

* Heilige Liga.

** Die Gesellschaft am Tag nach der Revolution.

ten Straße bereits die Carbonari versammelt, woran das Café *Aux quatre sergents de la Rochelle* noch heute erinnert. Jean Grave erhielt unter Anarchisten wegen seines zuweilen anmaßenden Tons den Spitznamen »der Papst aus der Rue Mouffetard«. Er gab seine Zeitung noch heraus, als sie nach einem Verbot ihren Namen in *La Révolte* umänderte und sich dann nach abermaligem Verbot *Les Temps Nouveaux* nannte. Sie war wie die meisten anderen Anarchistenblätter eine Wochenzeitung; zeitweise kam sie auch nur zweimal im Monat heraus. Über eine Tageszeitung verfügte die Bewegung nicht, natürlich auch nicht über ein »offizielles Blatt«. Doch von wöchentlich erscheinenden Zeitungen gab es eine große Reihe: *La Lutte*, *En dehors* (Herausgeber Zo d'Axas und Charles Châtel), *Le Libertaire* (Hauptmitarbeiter ebenfalls Châtel), *Indicateur Anarchiste* (F. L. Duprat), *Revue Anarchiste* (vom rührigen Châtel gegründet), vor allem aber den berühmten *Père Peinard*, den Emile Pouget mit Argotausdrücken gespickt herausgab und der den Untertitel *réflecs hebdomadaires d'un gniaf** führte, das heftigste, aber auch deftigste Blatt. In den neunziger Jahren wurde Emile Pouget wegen eines Artikels über den Raubmörder und Attentäter Ravachol in Abwesenheit verurteilt. 1902 nahm er eine führende Position in der *Confédération générale du Travail* C.G.T., der bedeutendsten französischen Gewerkschaft, ein und war Redakteur des Gewerkschaftsblattes *Voix du Peuple*.

Neben der vielfältigen Pariser Anarchistenpresse gab es auch in der Provinz nicht wenige Wochenzeitungen mit gleicher Tendenz. In Lyon kam das Blatt *Le Droit Social*** heraus. Einer seiner Redakteure, der junge Antoine Cyvoct, hatte darin aufreizende Artikel gegen ein elegantes Restaurant in der Nähe des Lyoner Theaters geschrieben; allerdings führte

* Wöchentliche Meinungen eines Flickschusters.

** Das soziale Recht.

das Lokal, obwohl die Kundschaft aus dem begüterten Bürgertum und auch aus der Halbwelt kam, zynischerweise den Namen *L'Assommoir,* nach Zolas sozial anklagendem Roman. Cyvoct schrieb, die Lyoner Revolutionäre sollten zu gegebener Zeit diese »Lasterhöhle« ausräuchern. Sechs Monate nach Erscheinen des Artikels, am 21. Oktober 1882, wurde eine Bombe in das Lokal geschleudert, die erste Anarchistenbombe in Frankreich, aber der Beginn einer Serie, die bis zur Jahrhundertwende anhielt. In *L'Assommoir* gab es einen Toten und mehrere Verletzte.

Schon Kropotkin hatte 1881 die These verbreitet: »Manche Tat macht in einigen Tagen mehr Propaganda als Tausende von Broschüren.«[2] Der These war die Praxis auf dem Fuß gefolgt.

Cyvoct flüchtete sofort nach dem Attentat nach Brüssel und geriet deshalb in Verdacht, selbst der Bombenwerfer zu sein. In Brüssel wohnte er bei einem Freund, der beim Basteln einer Bombe getötet wurde, worauf Cyvocts Festnahme und Auslieferung nach Frankreich erfolgte. Obwohl man ihm die Lyoner Tat nicht nachweisen konnte, wurde er zum Tod verurteilt, dann zu Bagno begnadigt und erst nach achtzehn Jahren, auf Reklamation der linken Presse hin, freigelassen.

Im August 1882 war es außerdem in dem Bergwerkstädtchen Montceau-les-mines zu Unruhen gekommen. Die Aufständischen bedrohten das Haus eines Notars, warfen ihm die Fenster ein und wollten die Akten verbrennen. Nach Bakunins und auch nach Kropotkins Meinung sollte einer der ersten Schritte der sozialen Revolution die radikale Vernichtung aller Notariatsbüros und aller Besitztitel sein.

Die französischen Behörden gingen nunmehr gegen die Anarchisten vor. Anfang Dezember wurde auch Kropotkins Haus in Thonon durchsucht und Kropotkin abgeführt.

Mit einer Gruppe von Anarchisten, die er persönlich nicht

kannte, wurde er in Lyon vor Gericht gestellt. Elf Tage dauerte der Prozeß. Beteiligung an den Unruhen oder an dem Attentat wies das Gericht keinem der sechzig Angeklagten nach. Am ersten Prozeßtag verlas Kropotkin eine Erklärung, die auch die anderen unterschrieben hatten:

»Wir wollen die Freiheit, das heißt, wir verlangen für jeden Menschen das Recht und die Macht, alles zu tun, was ihm gefällt: alle seine Bedürfnisse restlos zu befriedigen, ohne eine andere Begrenzung als die natürlichen Unmöglichkeiten und die Bedürfnisse seines Nachbarn, die ebenfalls zu respektieren sind. Wir wollen die Freiheit, und wir glauben, daß ihre Existenz unvereinbar ist mit irgendeiner Herrschaft, welches deren Ursprung und Form auch sein mag, sie sei gewählt oder aufgezwungen, monarchisch oder republikanisch, ob sie sich auf göttliches Recht oder Volksrecht beruft. [...] Mit einem Wort, in den menschlichen Beziehungen soll das freie Übereinkommen, das ständig revidiert werden kann, an die Stelle der gesetzlichen und administrativen Bevormundung treten, an die Stelle einer aufgezwungenen Disziplin. Das ist unser Ideal. Wir glauben, daß das Kapital, gemeinsames Erbe der Menschheit, da es die Frucht der Zusammenarbeit von früheren und jetzt lebenden Generationen ist, allen zur Verfügung gestellt werden muß, so daß niemand einen Teil davon zum Schaden der anderen mit Beschlag belegen kann. Wir wollen mit einem Wort die Gleichheit, die tatsächliche Gleichheit als erste Voraussetzung der Freiheit. Jedem nach seinen Fähigkeiten, jedem nach seinen Bedürfnissen.«[3]

Wegen Mitgliedschaft bei der Internationalen Arbeiterassoziation, die sich inzwischen längst aufgelöst hatte, und – als er dieses Argument vorbrachte – wegen des Versuchs ihrer Neugründung wurde Kropotkin zu fünf Jahren Gefängnis verurteilt. – Cyvoct war bereits unterwegs in die Strafkolonie.

Kropotkin wurde in das Zentralgefängnis von Clairvaux

gebracht, eine frühere Abtei des heiligen Bernhard. Zu dreiundzwanzig (alle politische Gefangene) wurden sie in drei geräumigen Kammern, mit Blick auf einen kleinen Garten und die umgebende Landschaft, untergebracht. Kropotkin und ein anderer erhielten noch einen weiteren Raum, in dem sie sich literarischen Arbeiten widmen konnten, in seinem Fall wohl, weil Mitarbeiter der Encyclopaedia Britannica, darunter Spencer und Swinburne, sich für den eminenten anarchistischen Geographen verwendet hatten. Auch in Frankreich setzten sich u. a. Victor Hugo und Hippolyte Taine für ihn ein, und die *Académie des sciences* in Paris stellte ihm ihre Bibliothek zur Verfügung.

»Wir hatten einen kleinen Garten, wo wir uns mit Kegelschieben unterhalten konnten. Überdies bestellten wir ein schmales Stückchen Land [...] und erzielten [...] fast unglaubliche Mengen an Salatköpfen und Rettichen, wie auch einige Blumen.«[4]

Er erteilte seinen Mitgefangenen Unterricht in Geographie und Naturlehre, half ihnen auch bei der Erlernung von Fremdsprachen.

Trotz der ziemlich humanen Haft, die zu den russischen Gefängnisverhältnissen einen krassen Gegensatz bildete, brach bei Kropotkin der Skorbut abermals aus; auch litt er an Malaria. Seine Frau, die sich in Paris auf die Doktorprüfung vorbereitete, ließ alles im Stich, kam nach Clairvaux und mietete sich in einem Gasthaus ein. Schließlich durften sich die Eheleute täglich sehen und im Garten des Gefängnisdirektors zusammen spazierengehen. Er litt natürlich dennoch unter der Freiheitsbeschränkung, meinte aber einsichtig:

»Wer sich einer vorgeschrittenen Partei voll und ganz anschließt, der muß darauf rechnen, eine Reihe von Jahren im Gefängnis zuzubringen und darf darüber nicht murren.«[5]

1886 wurde er auf Betreiben von Clemenceau, der sich in

seiner Zeitung *La Justice* beredt für die Verurteilten von Lyon eingesetzt hatte, begnadigt. Gleichzeitig übrigens auch die »rote Jungfrau«, Louise Michel (1830–1905), die wegen »Anstiftung zur Plünderung« verurteilt worden war, weil bei einer Manifestation von Arbeitslosen nach dem besonders harten Winter 1882/83 im März von den Demonstranten, denen sie mit einer schwarzen Fahne vorangezogen war, einige in einen Bäckerladen eingedrungen waren und Brote an die hungernde Menge verteilt hatten.

»La bonne Louise« ist eine der rührenden Gestalten aus der Geschichte des Anarchismus, hochgefeiert von den sozialistischen Chronisten. Bekannt war sie seit der *Commune.* Im Frühjahr 1871 war sie im 17. Arrondissement von Paris Lehrerin gewesen. »Sanft und geduldig mit den Kindern, deren Abgott sie war, wurde sie im Kampf für die Sache des Volkes zur Löwin«, schreibt Prosper Lissagaray.

»Sie hatte ein aus Frauen bestehendes Ambulanzkorps gebildet, dessen Angehörige die Verwundeten im Feuer der feindlichen Artillerie pflegten. Dabei duldeten sie keine Rivalinnen. Sie gingen in die Spitäler, um ihre treuen Genossen von der lieblosen Pflege unfreundlicher Nonnen zu erlösen, und das Auge der Sterbenden belebte sich bei dem Ton ihrer sanften Stimmen, die von der Republik sprachen und voller Hoffnung waren.«[6]

Von den Versaillern fälschlich als *pétroleuse* bezichtigt, wurde sie vor ein Kriegsgericht gestellt. Von den blutbefleckten Richtern wollte sie keine Gnade:

»Man muß mich aus der Gesellschaft ausstoßen. Sie sind beauftragt, es zu tun. Nur zu! Da ein Herz, das für die Freiheit schlägt, nur Anrecht auf ein Stückchen Blei zu haben scheint, so verlange ich auch meinen Teil. Wenn Sie mich leben lassen, werde ich nicht aufhören, nach Rache zu schreien.«[7]

Das Urteil lautete auf Deportation. Auf dem Weg nach Neu-Kaledonien wurde die Tochter eines Adligen und einer Magd nach ihrem eigenen Bekenntnis zur Anarchistin.
»Das dem Staat gehörende Schiff transportierte uns wie Tiger in Käfigen, damit wir Reue empfinden sollten. Doch während der vier Monate Überfahrt, zwischen Himmel und Wasser, hatten wir nichts anderes zu tun, als nachzudenken.«[8]
Nach neun Jahren unter den mörderischen Lebensbedingungen der Strafkolonie wurde sie als eine der letzten amnestiert, da sie vorherige Begnadigung abgelehnt hatte: »Nein, alle, nicht ich allein!«
Zurückgekehrt machte sie sich sogleich wieder an die Agitation. Als sie im Januar 1888 auf einer Versammlung sprach, kletterte ein ehemaliger Ignorantiner-Mönch aufs Podium und schoß aus nächster Nähe zwei Revolverkugeln auf sie ab; eine Kugel zerriß die Ohrmuschel, die andere blieb im Kopf stekken. Louise Michel schwebte in Lebensgefahr; am nächsten Tag hatten die Ärzte das Geschoß noch nicht zu entfernen vermocht, wie die Presse meldete. Aber die Verletzte kam mit dem Leben davon. Sie starb erst siebzehn Jahre nach dem Anschlag fünfundsiebzigjährig, ohne ihren Haß auf die bürgerliche Gesellschaft verloren zu haben.
Nach seiner Entlassung aus dem Gefängnis von Clairvaux lebten Kropotkin und seine Frau zunächst bei dem älteren Bruder von Elisée Reclus, einem Anthropologen, in Paris. Die russische Regierung drang auf Ausweisung; auch die Polizei beider Länder arbeitete, lange vor Interpol, namentlich bei politischen Strafsachen Hand in Hand. Kropotkin zog es daher vor, nach England überzusiedeln. In London wohnte er im selben Haus wie Stepniak am Alma Square, St. Johns Wood, und traf auch wieder mit Tschaikowskij zusammen. Später nahm er in Harrow-on-the-Hill, dann in Bromley (Kent), schließlich bis zu seiner Rückkehr nach Rußland in Brighton

Wohnung, neben der Propaganda durch Artikel in *La Révolte* und dem Nachfolgeblatt *Les Temps Nouveaux* führte er ein arbeitsames Gelehrtenleben. Seine politische Arbeit fand u. a. einen Niederschlag in dem auf englisch geschriebenen Buch *In Russian and French Prisons*, worin er gegen jede Art von Einkerkerung polemisiert, da er in Gefängnissen nur »vom Staat unterhaltene Verbrecherhochschulen« sieht.

»Die Gefangenen werden durch die modernen Gefängnisse nicht ›reformiert‹. Im Gegenteil, diese üben in der ganz überwältigenden Mehrheit der Fälle durchaus eine Wirkung zum Schlechteren aus.«[9]

Er entwickelte eine ausgedehnte Vortragstätigkeit, da sich »in allen Schichten eine rege Teilnahme an allem Sozialistischen« bekundete. Über den nüchternen Pragmatismus der englischen Arbeiter war er verwundert, die sich mehr für praktische Verbesserungen als für utopische Theorien interessierten.

Bald gab er auch in England ein anarchistisch-kommunistisches Monatsblatt heraus: *Freedom.* Die anarchistische Theorie der politischen Ökonomie hatte sich weiterentwickelt; vom Mutualismus, d. h. dem System, in dem Erzeugnisse gegen Erzeugnisse ausgetauscht und »das Arbeitsprodukt zur gültigen Münze« (Proudhon) gemacht werden soll, über den Kollektivismus, dem Kollektiveigentum der Produzierenden an den Produktionsmitteln, war die Theorie bei Kropotkin zum Anarcho-Kommunismus fortgeschritten, den er u. a. in dem Satz knapp umreißt:

»Gemeineigentum an den Produktionsmitteln bedeutet gemeinsamen Genuß der Früchte gemeinsamer Produktion; wir glauben, daß eine gerechte Gesellschaft nur entstehen kann, wenn das Lohnsystem aufgegeben wird und jeder, aus vollen Kräften zum allgemeinen Wohl beitragend, seine Bedürfnisse in größtmöglichem Maß aus den gemeinsamen Vorräten der Gesellschaft befriedigt.«[10]

»Wir wissen wohl, daß das bei den ungeheueren Produktionsmitteln, die uns heute zur Verfügung stehen, durchaus im Bereich der Möglichkeiten liegt. Wird der Arbeiter weiter in Geldlohn bezahlt, so muß er der Sklave dessen bleiben, an den er seine Arbeitskraft zu verkaufen gezwungen ist – sei der Käufer nun eine Privatperson oder der Staat.«[11]

Seine Aufsätze über »den konstruktiven Teil einer anarchistisch-kommunistischen Gesellschaftsordnung – soweit sie sich im voraus entwerfen läßt«[12], stellte er zusammen als Ergänzung zu den bloß negativen *Paroles d'un Révolté* und ließ sie nach dem Zeitungsabdruck unter dem Titel *La Conquête du Pain** 1892 erscheinen.

Um Kropotkin bildete sich in England ein kleiner Kreis, die sogenannte *Freedom Group*, von der Max Nettlau meint:

»Es war eine geschlossene Gruppe, deren Mitglieder unmittelbar für die Herstellung der Zeitschrift, die Vorträge usw. tätig waren [...]; sie war privat, ohne deshalb im geringsten geheim zu sein. Ich bin der Ansicht, daß dies den persönlichen Wünschen oder der persönlichen Lage Kropotkins entsprach, der in diesem letzten Asyl, das ihm offenstand, nicht gestört sein wollte.«[13]

Kropotkins Gesundheit ließ zu wünschen übrig. Dennoch arbeitete er auch wissenschaftlich weiter. Seit Jahren hatte er Artikel, häufig über Rußland, in *Newcastle Chronicle* und wieder in *Nineteenth Century* veröffentlicht; er war Mitglied der Königlichen Geographischen Gesellschaft, nahm an deren Veranstaltungen teil und geriet einmal bei einem Bankett in die peinliche Lage, als konsequenter Gegner jeder staatlichen Autorität und Repräsentanz bei einem Hoch auf die Königin sitzen bleiben zu müssen. Große Sorgfalt verwendete er auf sein Buch *Mutual Aid: A Factor of Evolution.*[14] Den dem

* Die Eroberung des Brotes. In Deutsch unter dem Titel *Wohlstand für alle* erschienen.

Buch zugrunde liegenden Gedanken hatte er bereits 1890 einmal kurz skizziert:

»In allen tierischen Gesellschaften ist das Solidaritätsgefühl ein viel wichtigeres Naturgesetz als der Kampf ums Dasein.«[15]

In seinen Erinnerungen führt er aus:

»Als Huxley* 1888 seine ›erbarmungslose‹ Abhandlung *Der Kampf ums Dasein, ein Programm* veröffentlichte, entschloß ich mich, zur Bekämpfung seiner Auffassung vom Kampf ums Leben unter den Tieren wie unter den Menschen das von mir seit zwei Jahren gesammelte Material in lesbare Formen zu bringen.« Und schließlich »führte mich die Beschäftigung mit den Einrichtungen zu gegenseitiger Unterstützung, wie sie sich auf verschiedenen Gesittungsstufen entwickelt haben, zur Prüfung der Frage, wie sich in der Menschheit der Sinn für Gerechtigkeit und Moral entwickelt habe.«

Seine *Ethik* erschien jedoch unvollendet erst nach seinem Tode. In einem 1890 in Paris erschienenen Artikel *»Anarchistische Moral«* plädiert er freilich ausdrücklich für Gewaltanwendung:

»Das Recht, Gewalt anzuwenden, hat die Menschheit noch nie jenen verweigert, die sich dieses Recht erworben haben – ob es auf den Barrikaden oder in dem Schatten einer Straßenecke geschehe.«

Damit gab er den kriminellen Auswucherungen des Anarchismus (»im Schatten einer Straßenecke«) ihren ideologischen Vorwand, wenn er seinen Gedanken auch weiterführt:

»Aber damit eine Handlung einen tiefen Eindruck auf die Geister ausübe, muß man sich *das Recht dazu erwerben.* Ohne dieses bleibt die Tat, ob nützlich oder nicht – eine einfache brutale Handlung ohne Wichtigkeit und ohne Fortschritt für die Ideen.«[16]

* Tomas Henry Huxley, 1825–1895.

Das Recht erwirbt man sich nach Kropotkin dadurch, daß man nicht herrschen, nicht ausbeuten, nicht unterdrücken will, daß man also *nicht ist wie diese*, denen man durch Dolch, Gift oder Bomben Gewalt antut. Der Gewalttäter braucht also nur selbstgerecht genug zu sein, um sich das Recht zuzuerkennen. In den neunziger Jahren machten die ersten Jünger sich diese Lehren zu eigen.

Doch seiner optimistischen Überzeugung, daß der Mensch von Natur aus solidarisch mit dem Mitmenschen ist, entspricht auch die andere:

»Jene Moralisten, welche ihre Systeme auf den vermutlichen Gegensatz zwischen den egoistischen und altruistischen Gefühlen aufbauten, sind im allgemeinen falsch gefahren. Wäre das Wohl des Individuums wirklich dem Wohle der Gesellschaft entgegengesetzt, wäre dieser Gegensatz wirklich vorhanden, so würde die menschliche Gesellschaft nicht existieren; keine Tiergruppe hätte die heutige Entwicklungsstufe erreichen können.«[17]

Freilich gibt es in der Gesellschaft Uneinsichtige, »beschränkte Köpfe«, die diese Kongruenz von Eigeninteresse und Gemeinschaftsinteresse nicht respektieren wollen. Aber »die Freiheit, die Gleichheit und die Praxis der Solidarität sind der einzig wirksame Damm, den wir den unsozialen Instinkten einiger unter uns entgegensetzen können.«[18]

Auch seine Memoiren läßt er optimistisch ausklingen:

»Jetzt in meinem 58. Jahr bin ich noch fester als vor einem Vierteljahrhundert überzeugt, daß ein glückliches Zusammentreffen von zufälligen Ereignissen in Europa eine [...] Revolution herbeiführen kann; nicht ausschließlich im Sinne eines blutigen Kampfes zwischen den Anhängern verschiedener sozialer Anschauungen, sondern eine Revolution im Sinne einer tiefgreifenden, reißend schnell sich entwickelnden Neugestaltung.«

Er zweifelt sogar daran, daß ihr »die bevorrechtigten Klassen mit der sinnlosen Halsstarrigkeit entgegentreten, welche den Revolutionen vergangener Zeiten solche Heftigkeit verlieh.«[19]

Skeptischer klang seine Äußerung gegenüber einem Italiener im gemeinsamen englischen Exil:

»Mein lieber Errico, ich fürchte, daß wir beide mit unserer Überzeugung, die Revolution sei nahe, allein stehen.«[20]

Dieser revolutionsgläubige Mitstreiter war Errico Malatesta (1853–1932), der ohne zur engeren *Freedom Group* zu gehören, gelegentlich an der Zeitschrift mitarbeitete und der zu dem fürstlichen Herausgeber über ihren gemeinsamen Freund, den emigrierten anarchistischen Rechtsanwalt Merlino, in naher Beziehung stand. Malatesta lebte in London als Elektromechaniker. In mancher Hinsicht gilt er als der »exemplarische« Anarchist. Gehen wir in das Jahr 1872 zurück.

XI. KAPITEL

Ein »exemplarischer« Anarchist

Im Jahre 1872 klopfte bei dem vorübergehend in Zürich wohnenden Bakunin ein achtzehnjähriger Student an, schwer krank, durchgefroren und völlig erschöpft. Er kam aus Neapel und hatte in der vorausgegangenen Nacht auf einem der luftigen, daher billigeren Außensitze der schweren Postkutsche den verschneiten Sankt-Gotthard-Paß überquert und sich eine Lungenentzündung zugezogen. Bakunin stellte ein Bett für ihn auf und zwang ihn, sich niederzulegen. Als er ihn eingeschlafen glaubte, meinte er zu einem zufällig anwesenden Freund: »Was für ein Jammer! Er wird kaum mehr als ein paar Monate noch leben!« Es war ein Irrtum: Der Kranke sollte 79 Jahre alt werden. Errico Malatesta hat diese erste Begegnung mit Bakunin vierundfünfzig Jahre später in *Pensiero e Volontà*[1] selbst erzählt.

Exemplarisch für die Anarchisten war er dadurch, daß er ihrem Ideal des von seiner Hände Arbeit lebenden, sozial engagierten Individualisten am nächsten kam, während z. B. Bakunin und Kropotkin trotz ihrer Gefängniserfahrungen und ihrer Solidarität mit der Arbeiterklasse im Grunde immer Aristokraten geblieben sind. Abenteuerlich war sein Leben, berühmt u. a. durch eine verwegene Flucht von der Gefängnisinsel Lampedusa in einem winzigen Ruderboot während eines Sturms, wie das Mittelmeer ihn in den Wintermonaten kennt,

berühmt auch, weil Malatesta einmal, um einer Festnahme zu entgehen, in einer Kiste, deren Inhalt als »Nähmaschinen« deklariert war, aus Italien nach Argentinien entkam.
Die kleine, bärtige Gestalt in Arbeiterkleidung, die Pfeife im Mund, eine baumelnde Uhrkette quer über der Weste, war in allen Großstädten Europas den Polizeiverwaltungen als grimmiger Feind der bestehenden Ordnung bekannt. Auch er huldigte sein Leben lang dem glühenden Mythos der Revolution. An Straßenecken oder in öffentlichen Versammlungen verkündete er seinen Glauben und zettelte auf drei Kontinenten Streiks und Aufstände an. Dabei verdiente er sich den Lebensunterhalt überall als Facharbeiter. Nach Abbruch seines Medizinstudiums hatte er den Elektrikerberuf erlernt.
Geboren war er am 14.12.1853 in Santa Maria Capua Vetere, einem Städtchen der Provinz Caserta, als Sohn von Bauersleuten. Beide Eltern starben an Schwindsucht, ehe Errico großjährig wurde. Nach ihrem Tod lebte er zusammen mit einem Bruder in Neapel bei einer ältlichen Tante. Mit vierzehn Jahren schon hatte er, damals noch im Elternhaus, gegen eine in seinem Heimatort geschehene Ungerechtigkeit der Behörden dadurch protestiert, daß er an König Victor Emmanuel II. einen »unverschämten Drohbrief« schrieb, was ihm im März 1869 prompt die erste einer langen Serie von Verhaftungen eintrug. Durch Beziehungen konnte der Vater ihn freibekommen. Im ganzen aber hat er über zehn Jahre in Gefängnissen zugebracht, die meiste Zeit davon freilich in Untersuchungshaft, denn oft verklagt, wurde er von den Gerichten fast immer freigesprochen.
Zum zweiten Mal wurde er bereits zwei Jahre später in Neapel bei einer Demonstration demokratischer Studenten festgenommen. Von der Universität relegiert, gab er das Medizinstudium auf. Durch den Alt-Revolutionär Mazzini wurde er auf die Internationale aufmerksam, der der bürgerliche Rebell

ja beigetreten war. Die Internationale Arbeiterassoziation hatte, nicht zuletzt auf Bakunins Tätigkeit zurückgehend, in Italien bereits zahlreiche Gruppen und Sektionen. Bei einer neapolitanischen Sektion lernte Malatesta unter anderen auch Fanelli kennen, den Spanienemissär Bakunins, der dessen »Alliance« und »Internationale Bruderschaft« für lange Dauer auf der Pyrenäenhalbinsel eingepflanzt hatte. Der junge Malatesta stachelte sogleich seine neapolitanische Gruppe zu lebhafter Aktivität an.

»Jeder gab alles, was er konnte, für Propaganda, und sogar das, was er eigentlich nicht konnte: wenn das Geld zu knapp war, verkauften wir munter Haushaltsgegenstände von daheim und trotzten mit ergebener Miene den Scheltworten unserer Anverwandten. Für Propaganda vernachlässigten wir unsere Arbeit und unser Studium. Auf alle Fälle mußte ja die Revolution jeden Augenblick ausbrechen und würde schon alles ins Geleise bringen [...] Wir glaubten an die allgemeine Unzufriedenheit, und da die Armut, die die Volksmassen bedrückte, wirklich unerträglich war, meinten wir, es würde genügen, ein Beispiel zu geben und mit Waffen in der Hand die Parole auszurufen: ›Nieder mit der Herrenkaste!‹ damit die Arbeitermassen gegen die Bourgeoisie aufstünden und das Land, die Fabriken und alles, was sie mit ihrer Mühsal produziert hatten und das ihnen weggenommen worden war, in Besitz nähmen. Denn wir hatten einen mystischen Glauben an die Vorzüge des Volkes, an seine Fähigkeiten, seine Gleichheits- und Freiheitsinstinkte. Tatsachen zeigten damals und später, wie weit wir von der Wahrheit entfernt waren.«[2]

Die Begegnung mit Bakunin in Zürich machte stärksten Eindruck auf ihn. Trotzdem blieb er ein leidenschaftlicher Gegner des Personenkultes. Auf dem Berner Kongreß der Internationale protestierte er gegen die Bezeichnung der italienischen Delegation, zu der er gehörte, als Bakuninisten: »Wir folgen

Ideen und nicht Männern!« Wenn er auch in Bakunin stets seinen »geistigen Vater« sah, auch noch als seine eignen Vorstellungen von politischer Ökonomie und seine Interpretation der Geschichte andere Wege gingen als die Bakunins, der ihm später »zu marxistisch« (!) schien.

»Doch Theorien sind unsichere und wechselnde Konzepte; und Philosophie besteht aus Hypothesen, die in den Wolken zu Hause sind, und hat wenig oder keinen Einfluß auf das Leben. Und so bleibt Bakunin, trotz aller möglichen Meinungsverschiedenheiten, unser großer Lehrer und Anreger.«[3]

An dem gescheiterten Handstreich von Bologna im Juli 1874 nahm Malatesta nicht unmittelbar teil, da ihm die Rolle zufiel, gleichzeitig in Apulien einen Aufstand zu entfesseln, zu dem es jedoch nicht kam, offenbar, weil seine Aufrufe bei den Bauern keinen Widerhall fanden, wie ihm ja sogar schon die sizilianischen Briganten auf seine für die Revolution werbenden Worte erwidert hatten, sie seien zu gute Katholiken und ehrliche Leute, um womöglich gegen die kirchliche Obrigkeit zu rebellieren.

Zum Scheitern des ganzen Unternehmens trug auch die vorzeitige Verhaftung von Andrea Costa bei, während Cafiero ebenso wie Bakunin selbst in die Schweiz entkommen konnten. Errico Malatesta wurde im Süden festgenommen. Er und Costa wurden bei dem Prozeß in Florenz von dem jungen anarchistischen Rechtsanwalt Saverio Merlino mit außerordentlicher Beredsamkeit verteidigt; aber auch die Angeklagten selbst benützten die Gelegenheit, in leidenschaftlichen Reden auf die wirkliche Not der dazu noch unter der Mißernte von 1873 leidenden Bauern und Arbeiter hinzuweisen. Mit dem Erfolg, daß es für beide zu einem Freispruch kam.

Nach Bakunins Tod versuchten die jungen Leute noch einmal

einen Handstreich. Carlo Cafiero, Errico Malatesta und Pietro Ceccarelli, zusammen mit dem Russen Krawtschinskij (Stepniak) und einer kleinen Gruppe anarchistischer Sozialisten, meinten noch immer, durch Vorpreschen die erhoffte Revolution in Gang setzen zu können. Malatesta, Stepniak und eine junge Russin mieteten in San Lupo, in der Provinz Benevent, ein Haus, angeblich weil die junge Dame in der Gebirgsluft Erholung suchte. Ihr reichhaltiges Gepäck enthielt Munition und Waffen. Wiederum aber war Verrat im Spiel: einer der Mitwisser hatte die Polizei in Kenntnis gesetzt, und San Lupo wurde bereits bewacht, als die Verschwörer im April 1877 einzeln eintrafen. Mehrere von ihnen wurden schon unterwegs verhaftet, auch Stepniak und Ceccarelli. Im Dorf selbst kam es zu einem Schußwechsel mit der Polizei, bei dem ein Polizist tödlich verwundet wurde. Doch einer kleinen Gruppe von sechsundzwanzig Mann gelang es, ins Gebirgsmassiv des Matese zu entkommen, und diese Flucht ließ sie unter dem Namen *banda del Matese* in die Annalen eingehen.

Voran die rote und die schwarze Fahne, ziehen sie vor das Dorf Letino. Der Pfarrer des Ortes läuft erschrocken heraus, doch man beruhigt ihn: Zu Furcht sei gar kein Anlaß, da sie nur das neue Evangelium brächten und gegen niemanden Böses sännen. Der Pfarrer ruft die Gemeinde zusammen und beschwichtigt seine verängstigten Schäflein: Die *banda* sei zwar bewaffnet, jedoch offensichtlich keine Räuberhorde. Die Anarchisten besetzen das Rathaus und veranstalten theoriegerecht ein Autodafé mit allen vorgefundenen Papieren: Geburtsurkunden, Karteikarten, Hypothekbriefen, Trauscheinen; obendrein werfen sie in das auf der Piazza flackernde Feuerchen noch das Bild des Königs. Cafiero hält dazu eine Ansprache, und der Prister segnet die *banditi*, da er in dem jungen Marchese Cafiero, auf dessen zündende Worte hin,

einen »neuen Apostel« erkennt. Man zieht weiter nach Gallo, wo man ebenfalls das Grundbuch, die Register und alle anderen offiziellen Papiere verbrennt. Auch hier segnet der überrumpelte Pfarrer die Aufrührer, zumal sie auch die Taxlisten für die verhaßte Mahlsteuer einäschern und die Bauern auffordern, in Zukunft ihr Korn abgabenfrei zu mahlen, denn die Regierung sei abgesetzt und der *macinato** aufgehoben.
Inzwischen war aber Militär zusammengezogen worden, das die Insurgenten einzukreisen begann. Zwei Tage lang zogen Malatesta und seine Gruppe ohne Nahrung und Quartier durch die Berge. Ihre Lage wurde verzweifelt: »Wir waren alle in einem bedauernswerten Zustand«, schrieb Cafiero vier Jahre später an Pietro Ceccarelli.
»Halb tot vor Hunger und Kälte, seit achtundvierzig Stunden unter anhaltendem Regen. Die Munition und der Pulvervorrat waren naß geworden, die Gewehre somit unbrauchbar. Die Ladestöcke waren zudem in San Lupo zurückgeblieben. Wir machten eine letzte Anstrengung und versuchten den Übergang über den Monte Casamara; wäre er uns gelungen, so wären wir aus der Umklammerung entkommen. Aber er gelang uns nicht. Mehrere Stunden kletterten wir aufwärts, sanken bis zu den Knien in weichen Schnee ein und wurden immer noch vom Regen gepeitscht. Schließlich standen wir vor einer senkrechten Wand. Dem örtlichen Führer, den wir mitgenommen hatten, war der Weg gar nicht bekannt. Wir stiegen also wieder hinab und versuchten den Aufstieg an anderer Stelle; doch für die meisten war der Weitermarsch schon fast unmöglich geworden. Dennoch hielten wir durch. Die Nacht sank bereits herab und plötzlich fiel auch dichter Nebel. Trotzdem hatte etwa der vierte Teil unseres Trupps den Gipfel endlich erreicht. Aber wir mußten wieder umkehren, um den Zurückgebliebenen den Weg zu weisen.«[4] Für die

* Mahlsteuer.

Nacht suchte man in einem Bauernhaus Unterschlupf. Dort wurde die Gruppe vom Militär aufgestöbert.

Am 11. April ergaben sich dreiundzwanzig Mann. Die übrigen drei flüchteten in die Macchia, fielen aber kurz darauf den Carabinieri in die Hände.

Nach langer Untersuchungshaft wurden die Beteiligten wiederum von den Geschworenen, diesmal in Neapel, freigesprochen. Die Erinnerung an illegale Vorgänge bei der Revolution gegen die Bourbonen und gegen die österreichische Herrschaft war in Italien noch zu frisch, als daß man nicht für revolutionäre Übergriffe ein gewisses Maß von Toleranz aufgebracht hätte. Es kam den Aufrührern zugute.

Im übrigen hatte ja das ganze Jahrhundert immer wieder Bauernaufstände und revolutionäres Bandenwesen gekannt. Berüchtigt war eine illegale Vereinigung, die in den zwanziger Jahren in der Gegend von Lecce eine Zeitlang ein Schreckensregiment geführt hatte: der Bund der *decisi,* dessen Gründer ein ehemaliger Geistlicher, Cirio Annichiarico, war. Wegen eines aus Eifersucht begangenen Mordes war er exkommuniziert und zu fünfzehn Jahren Kerker verurteilt worden. Es gelang ihm zu fliehen und eine *banda* um sich zu sammeln, mit der er sich an der Gesellschaft rächen wollte. Den atheistischen *decisi* gab er eine Fahne in den Farben Gelb, Rot und Blau und die mit Blut geschriebene Devise »Gram, Tod, Schrecken und Trauer«. Ihr Siegel zeigte ein Rutenbündel, einen Totenschädel unter der phrygischen Mütze, dazu auf der Kehrseite von Blitzen zerschmettert die päpstliche Tiara und Herrscherkronen. Maskiert zogen seine Trupps durch das Land, raubten und zwangen die Gutsbesitzer, schriftlich und in aller Form große Teile ihrer Ländereien den Bauern zu übereignen, die ihnen bis dahin dienstpflichtig gewesen waren. Mit Menschenleben gingen sie nicht zimperlich um. Annichiarico rühmte sich, eigenhändig mindestens sechzig bis siebzig

Morde vollbracht zu haben. Es hingen ihm schließlich etwa fünfzigtausend Getreue an, denen er eine militärische Organisation gab. Er selbst war ein hervorragender Schütze und Reiter und entkam den gegen ihn ausgesandten Truppen immer wieder von neuem, so daß er bei der Landbevölkerung für unverwundbar galt. Seinen Gegnern schickte er schriftliche Todesurteile ins Haus, deren Vollstreckung nie auf sich warten ließ. Erst durch das Aufgebot einer kriegsstarken Militärmacht wurde die königlich neapolitanische Regierung der *decisi* Herr. Wochenlang dauerten die Hinrichtungen, nachdem Annichiarico und seine Getreuesten endlich gefangengenommen worden waren.

Dergleichen Revolten blieben nicht auf den *mezzogiorno,* den italienischen Süden, beschränkt. In den siebziger Jahren kam es zum Beispiel in der Toscana durch die apokalyptische Sekte der fanatisch religiösen *lazzaretti* zu Bauernunruhen.

Aufgrund solcher Vorkommnisse und bei der unleugbaren Verelendung der bäuerlichen Massen, denen die Zerschlagung der Feudalwirtschaft durch das Bürgertum eher das Gegenteil von Erleichterung gebracht hatte, ist der Glaube der Anarchisten an die Möglichkeit, die Revolution durch das Beispiel der Einzelaktionen zu erzwingen, erklärlich.

Einer der Führer der *banda del Matese,* Carlo Cafiero, schrieb im Gefängnis während der langen Untersuchungshaft ein *Compendio del Capitale di Carlo Marx,* durch das er die schwierige Lektüre des *Kapitals* auch dem Ungebildeten in Italien verständlich machen wollte. Der junge Marchese und ehemalige reiche Grundbesitzer, der sich ursprünglich einmal der diplomatischen Laufbahn hatte widmen wollen, nahm ein tragisches Ende. Nachdem er, wie geschildert, sein großes Vermögen durch immer neue beträchtliche Spenden an anarchistische Gruppen eingebüßt und immer wieder Mißerfolge und Enttäuschungen erlebt hatte, unter denen die Ernüchterung über Bakunins sorglosen Umgang mit Geld nicht die geringste gewesen war, und nach langen Kerkerjahren in verschiedenen italienischen Gefängnissen, verlor er den Verstand. Im Februar 1883 fand man ihn völlig nackt auf den Feldern bei Fiesole umherirrend und lieferte ihn in eine Irrenanstalt ein. Er starb am 18. Juli 1892 in der Anstalt von Nocera Inferiore nach Jahren furchtbaren Leidens an Tuberkulose.

Seiner Mutter, die immer wieder versucht hatte, ihn von dem Leben in freiwilliger Armut abzubringen, hatte er einmal erwidert: *»Io sono un vero discepolo di Christo, che la società ingiusta rinnega e refigge in croce ogni giorno.«* *[5]

Andrea Costa wurde mit den Mißerfolgen auf andere Weise fertig. Er sah die Vergeblichkeit solcher Aktionen wie die von Bologna und von Benevent ein. Er bekehrte sich zur Überzeugung, daß die brennenden sozialen Probleme sich eher durch politische Betätigung lösen ließen; er kandidierte schließlich sogar bei den Parlamentswahlen, für überzeugte Anarchisten eine Todsünde. Er wurde zu einem der einflußreichsten Führer der sozialistischen Partei Italiens. Im Parlament vermochte er nach seinen eigenen Worten »für die unterdrückten Klassen nützlicher zu sein als im Gefängnis«.

Errico Malatesta aber blieb der Anarchie und ihren Theorien bis zu seinem Tode treu. Nettlau rühmt von ihm:

»Er ist, möchte ich sagen, der am wenigsten persönliche Anarchist; nicht als ob es ihm an einer ausgeprägten Persönlichkeit gefehlt hätte; sondern weil er so beständig selbst zurücktritt und sich den sachlichen Erfordernissen der Lage anpaßt. Er mag sehen, daß die meisten Leute, die er handeln zu sehen wünscht, nicht selbst glänzende, originale Individualitäten sind, und er läßt seine eignen Fähigkeiten im Hintergrund und fügt sich in ihr Niveau ein. In diesem Sinne ist er der demo-

* Ich bin ein echter Jünger Christi, den die ungerechte Gesellschaft verleugnet und täglich ans Kreuz schlägt.

kratischste, am wenigsten an sich selbst denkende Anarchist.«[6]

Am 17. November 1878 versuchte der Koch Giovanni Passanante in Neapel auf offener Straße den König Umberto zu erstechen, und am Tag darauf wurde in Florenz eine Bombe in einen royalistischen Demonstrationszug geworfen, wobei es vier Tote gab. Wer an dem zweiten Attentat die Verantwortung trug, ist nie ermittelt worden. Doch nun gingen die Behörden in ganz Italien mit größter Strenge gegen die Anarchisten vor. Es kam zu Massenverhaftungen; Zuchthausstrafen wurden ohne Beweise verhängt. Passanante wurde zum Tode verurteilt. Auf den Vorwurf, der in Italien seit 1874 verbotenen Internationale angehört zu haben, erwiderte er: »Ich verachte die Internationale und die sogenannten Kommunisten; mein Ideal ist die universale Republik.«

Malatesta protestierte gegen das Todesurteil. Er mußte jedoch selbst das Land verlassen, um nicht wieder festgenommen zu werden. Eine endlose Odyssee begann. Übrigens wurde Passanante zu zweiunddreißig Jahren Zuchthaus begnadigt. Doch im *ergastolo* von Portoferraio auf Elba wurde er in ständiger Einzelhaft, zeitweise im Dunkeln, gehalten. Im Jahre 1888 sah ihn der alte Republikaner Agostino Bertani mit 18 kg Ketten belastet; aufgedunsen und mit erstorbenen Augen schien Passanante geistig völlig erloschen in der Zelle zu hocken. Als Bertani seinen Eindruck veröffentlichte, wurde der Gefangene ins Irrenhaus für Kriminelle nach Montelupo gebracht, wo er zweiundzwanzig Jahre später am 14. Februar 1910 starb. Malatesta seinerseits war 1878 nach Ägypten entflohen, dann aber nach Genf gekommen; hier machte er die Bekanntschaft Kropotkins. Aus der Schweiz ausgewiesen, fuhr er nach Rumänien zu seinem Freund Napoleone Papini, einem Teilnehmer am Streifzug der *banda del Matese,* der in Braïla als Handelsvertreter tätig war und ihn eingeladen hatte. Malatesta gab Italienischunterricht, bis ein Sumpffieber ihn befiel, das ihn zwang, das Klima zu wechseln.

Er ging nach Paris, wo er, bei einer Demonstration auf dem Friedhof *Père Lachaise* zur Erinnerung an die Toten vom Mai 1871, verhaftet, aber kurz darauf wieder freigelassen wurde. Vier Wochen später, im Februar 1881, wurde er in Lugano abermals festgenommen; abermals freigelassen begab er sich zusammen mit Cafiero nach London, wo Cafieros geistige Krise zum ersten Ausbruch kam. Von London aus machte Malatesta seine zweite Reise nach Ägypten, wo 1882 ein nationaler Aufstand gegen die Engländer ausgebrochen war, der die Beschießung Alexandriens durch die englische Flotte zur Folge hatte. Malatesta schrieb später an Nettlau:

»Damals waren in London einige Genossen, die [...] die Art und Weise der Araber kannten. Da sie sagten, es sei möglich, die nationalistische Bewegung in eine soziale umzubilden, entschlossen wir uns zu sehen, was sich dort machen läßt, und reisten hin. [...] Nach der Schlacht von Tel-el-Kebir, in der die Engländer die Araber erdrückten, mußten wir auf jede Hoffnung, in Ägypten etwas Nützliches auszurichten, verzichten [...]. Ich kehrte nach Italien zurück.«[7]

In Florenz fiel er der Polizei wieder in die Hände und wurde nach Rom gebracht; provisorisch auf freien Fuß gesetzt, eilte er nach Neapel, wo die Cholera wütete, um in den Armenvierteln Kranke pflegen zu helfen. Inzwischen war ein Urteil gegen ihn rechtskräftig geworden, das sich auf den Beschluß des Londoner Anarchistenkongresses von 1881 stützte, worin es hieß:

»Der legale Boden, auf dem wir bis heute in der Regel verblieben sind, muß verlassen werden, um unsere Aktionen auf den Boden der Illegalität zu tragen, da dort der einzige Weg zur Revolution liegt.«[8]

Die bewußte Aufforderung an die Arbeiter, sich mit den

Mitteln der Technik und Chemie zu subversiven Zwecken bekannt zu machen, führte zu einer Anklage gegen Malatesta und andere, unter ihnen auch Merlino, den einstigen Verteidiger der Anarchisten, auf Teilnahme an einer *associazione di malfattori.** Doch Malatesta entkam nach Südamerika auf die erwähnte abenteuerliche Weise als »Stückgut« in einer Kiste.

In Buenos Aires gab er erneut eine Zeitung heraus und organisierte Arbeitersyndikate. Im Gegensatz zu anderen Anarchisten lehnte er Parteibildung nicht ab, obwohl in seiner Polemik gegen Costa ein erbitterter Gegner parlamentarischer Betätigung. Über Organisation meinte er:

»Wir wollen, daß alle das Programm mit vollem Bewußtsein übernehmen und sich keiner mit dem verschleierten Vorwurf drücke, unter Anarchisten könne jeder machen, was er wolle. Das ist es, was wir unter Konstitution und Organisation der Partei verstehen.«[9]

Nach allerlei dramatischen Abenteuern war er 1889 wieder in London. Er mietete eine kleine Werkstatt, wo er Messer schliff und ausbesserte, um den Lebensunterhalt zu verdienen (nicht etwa für »Propagandataten«, die zahlreichen, politisch motivierten Morde individueller Anarchisten lehnte er ab). Die Werkstatt diente auch für Zusammenkünfte. Über den nun im Londoner Exil lebenden Merlino, der zu Kropotkins *Freedom Group* gehörte, stand er auch in Verbindung mit seinem russischen Freund aus Genfer Tagen. Erst in den neunziger Jahren entwickelte er Theorien, die sich von denen Kropotkins unterschieden, dessen unerschütterten Glauben an die Spontaneität er kritisierte und dessen Anarchokommunismus er nun kritischer ansah. Freilich war Malatesta nie ein starrköpfiger Dogmatiker, wie sie auf der extremen Linken so häufig zu finden

* Verbrechervereinigung.

sind. Schon auf dem Berner Kongreß (1876) hatte er eingeräumt:

»Gewiß haben wir uns auch mit Projekten sozialer Reorganisation beschäftigt, aber wir legen ihnen nur eine sehr relative Wichtigkeit bei. Sie müssen notwendigerweise falsch sein, vielleicht sogar ganz phantastisch. Die Organisation der künftigen Gesellschaft können wir nicht voraussehen.«[10]

Sicherlich stimmte er auch mit Merlino überein, der in seinem in Ancona erscheinenden Blatt *Il libero Patto** im Juni 1889 schrieb:

»Die Menschheit marschiert nicht auf einem einzigen Weg und nach der Schulroutine ihrem Ziele zu. Erwarten wir viele Überraschungen und vertrauen wir nicht zu sehr unserer Phraseologie.«[11] Trotzdem war Malatesta doch auch ein unter den Anarchisten viel beachteter Theoretiker; seine Ideen riefen nicht nur unter seinen Landsleuten erhitzte Diskussionen hervor. Die Meinungen prallten zuweilen so heiß aufeinander, daß kurz vor der Jahrhundertwende einmal ein »Individualist« in einer Versammlung auf ihn schoß.

In der zweiten Hälfte der neunziger Jahre reiste Malatesta heimlich wieder nach Italien ein, um den Parlamentarismus, den Individualismus und den Marxismus gleichzeitig zu bekämpfen. In allen dreien glaubte er Irrwege zu sehen. Wieder versuchte er auch, den Anarchismus in einer Partei zu organisieren und plädierte für den Syndikalismus sowie für »direkte Aktion« der Arbeiter. Darunter verstand er freilich nicht die Attentate, die sich über Europa verbreiteten, sondern Fabrikbesetzungen und andere exemplarische Akte. Wieder wurde er aufgegriffen und diesmal auf die italienische Strafinsel deportiert, von wo ihm die abenteuerliche Flucht nach Malta glückte. Über London reiste der ruhelose Agitator nach den USA und wahrscheinlich auch nach Kuba. 1900 bereits

* Der freie Vertrag.

war er wieder in London. Auch hier gab er, wie zuvor in Italien, verschiedene Zeitungen heraus: *l'Internazionale*, *Lo Sciopero Generale* (der Generalstreik) und in Ancona *L'Agitazione*, alle in italienischer Sprache, wie vorher in Florenz *La Questione Sociale* (Die Soziale Frage). Seine mehrfachen Versuche, eine neue anarchistische Internationale zu gründen, scheiterten allerdings.

Gegen den zum Teil tumulthaften Ausschluß der Anarchisten von den verschiedenen Sozialistenkongressen – 1891 in Brüssel, 1893 in Zürich, 1896 in London – protestierte er mit anderen zusammen in einem Manifest, in dem es u. a. heißt:

»Es ist klar, daß ein Kongreß, von dem wir ausgeschlossen werden, sich ehrlicherweise nicht internationaler Sozialistenkongreß der Arbeiter nennen kann. Er sollte sich den Namen der Partei oder der Parteien zulegen, die auf ihm zugelassen sind. So hätte keiner von uns daran gedacht, sich an einem Kongreß zu beteiligen, der sich sozialdemokratischer Kongreß oder Kongreß der parlamentarischen Sozialisten genannt hätte.«

»Die Sozialdemokraten [Marxisten] legen es offensichtlich darauf an, den Arbeitern ihr spezielles Programm aufzudrängen. Man könnte meinen, sie wollten denen, die die Entscheidungen ihrer Partei nicht akzeptieren, verbieten, für die menschliche Emanzipation zu kämpfen.«[12]

Die Todfeindschaft der autoritären Kommunisten gegen die Bruderbewegung der Anarchisten hatte sich auch nach dem Tod von Karl Marx um nichts gemildert.

Für Malatesta folgten relativ ruhige Jahre in London. 1907 nahm er am internationalen Anarchistenkongreß in Amsterdam teil. In der Diskussion über den Syndikalismus sagte er:

»Alle Anarchisten, zu welcher Tendenz sie auch gehören, sind gewissermaßen Individualisten. Doch das Gegenteil davon ist weit entfernt zuzutreffen: alle Individualisten sind – weit gefehlt – nicht Anarchisten. Die Individualisten zerfallen also in zwei Kategorien, die sich deutlich unterscheiden: die einen fordern für alle menschlichen Individualitäten, ihre eigne ebenso wie die der anderen, das Recht auf integrale Entwicklung; die anderen denken einzig nur an die eigne Individualität und zögern in keinem Augenblick, ihr andere zu opfern. Der Zar aller Reußen gehört zu diesen letzteren Individualisten. Wir dagegen gehören zu den ersteren. [...] Was den einzelnen befreit und ihm erlaubt, alle seine Fähigkeiten zu entwickeln, ist nicht die Einsamkeit, sondern die Verbundenheit. Um wirklich nützliche Arbeit zu vollbringen, ist Kooperation unerläßlich. Gewiß muß der Zusammenschluß [associazione] den Individuen, die sich zusammenschließen, völlige Autonomie lassen, und auch die Föderation muß die gleiche Autonomie in den Gruppen respektieren: hüten wir uns davor zu glauben, das Fehlen einer Organisation sei eine Garantie für die Freiheit. Alles beweist, daß es damit umgekehrt ist.«[13] Auf demselben Kongreß betonte er auch, daß es dem Anarchismus nicht nur um die Emanzipation einer einzelnen Klasse gehe, sondern um völlige Befreiung der ganzen Menschheit von ihrer dreifachen Versklavung: nämlich der wirtschaftlichen, der politischen und der moralischen.

Im Jahre 1910 machte der Name Malatesta in London plötzlich Schlagzeilen, und zwar in peinlichem Zusammenhang mit einer Kriminalaffäre. Am 16. Dezember war eine Einbrecherbande in Houndsditch von einem leerstehenden Haus durch einen unterirdischen Stollen in ein Juweliergeschäft eingedrungen, doch von der Polizei überrascht worden. Die Verbrecher eröffneten sofort das Feuer und erschossen drei der Beamten. Von der Bande wurde einer verletzt, konnte aber mit den Komplizen zusammen entkommen; sie brachten ihn in die Wohnung eines Mädchens, wo er seiner Verletzung erlag. Als man das Mädchen verhörte, stellte sich heraus, daß sie regelmäßig Anarchistenversammlungen im East End besuchte. Von den Einbrechern kannte sie jedoch nur die Vornamen. Dann wurden in dem leerstehenden Haus Werkzeuge, eine Sauerstoffflasche und ein Schweißbrenner entdeckt. Daneben lag eine Karte mit Malatestas Name und Adresse. Malatesta, auf den die Polizei längst ein argwöhnisches Auge hatte, denn häufig waren es Italiener gewesen, die in den letzten Jahren anarchistische Gewalttaten vollbracht hatten, wurde sofort verhaftet. Für die Sensationspresse war es ein willkommener Skandal.

Es stellte sich aber schon bald heraus, daß er an dem Verbrechen völlig unbeteiligt und unschuldig war. Der Sachverhalt war folgender: Ein aus Lettland eingewanderter Russe namens Muronzeff hatte die Anarchisten im East End gebeten, ihm einen Arbeitsplatz zu verschaffen; sie hatten ihn an Malatesta verwiesen, der in London wieder als Elektriker tätig war. Malatesta hatte ihm die Karte mit Name und Anschrift gegeben, damit er sich bei gewissen Lieferfirmen von elektrischem Material auf Malatestas Empfehlung berufen könne. Muronzeff aber hatte sich statt dessen einer Einbrecherbande angeschlossen. Malatesta wurde unverzüglich freigelassen.

Für die Polizistenmörder nahm der Handel ein schlimmes Ende. Sie verbarrikadierten sich in einem Haus der Sidney Street in Stepney, und die Polizei rief Militär zu Hilfe. Sogar der Innenminister erschien am Platz; als Afrikakämpfer aus dem Burenkrieg gab er taktische Anweisungen. Sein Name war Winston Churchill. Die Belagerten steckten das Haus in Brand und kamen in den Flammen um. Die Frage, ob sie zu jenen Anarchistenkreisen gehört hatten, die die Illegalismus-These auch auf individuelle Eigentumsdelikte ausdehnten, bleibt offen.

Fest steht, daß Errico Malatesta sich bei aller fanatischen

Gegnerschaft gegen die bestehende Gesellschaftsordnung seinen Ruf als ein Mann von unbedingter Integrität zeitlebens bewahrt hat. Individuelle Übergriffe mißbilligte er. Nicht alle Revolutionäre stimmten ihm darin bei. Ein links-extremer Emigrant in London namens Benito Mussolini schrieb für die *Pagine libere* von Lugano eine Reportage über die Einbrecher von Houndsditch und Sidney Street, worin er rühmte:
»Nein, die Tragödie läßt sich nicht mit dem Maß der gängigen Moral messen [...] Denn sie waren Anarchisten. Jawohl, Anarchisten, doch im klassischen Sinne des Wortes. Sie haßten die Arbeit, weil körperliche Arbeit (man muß den Mut haben, es ein für alle Male zu proklamieren) den Menschen abstumpft, statt ihn zu veredeln; sie haßten das Eigentum, weil es unweigerlich den Antagonismus von Individuen gegen Individuen schafft; sie haßten das Leben und vor allem haßten sie die Gesellschaft, die sie verneinten und zerstören wollten.«[14]
1913 sollte Malatesta dem künftigen »Duce« übrigens persönlich begegnen (ob sie sich auch in London getroffen hatten, ist nicht bekannt). Für ein knappes Jahr kehrte er nach Italien zurück, wo auch Mussolini, immer noch als Linkssozialist, der mit dem Anarchismus liebäugelte, wieder lebte. Der spätere Diktator war Redakteur und Herausgeber der Zeitung *Avanti*. Er hatte gerade das nach der ersten russischen Revolution (1905) von Kropotkin über die große Französische Revolution geschriebene Buch ins Italienische übersetzt. Aber man verstand sich durchaus nicht, und Malatesta schrieb an seinen Freund Luigi Fabbri, daß er »mit diesem Menschen nichts gemein habe«.[15]
In Ancona gab er nun die Zeitung *Volontà* heraus, deren Erscheinen er von London aus bereits in die Wege geleitet hatte; die ersten ihm nach London zugeschickten Nummern freilich hatten ihn enttäuscht.

»Typographisch ist sie scheußlich. Die Qualität des Papiers macht mich schaudern. Blasser Druck auf grauem Papier – die Lettern zu fett usw. Wir wollen es noch verbessern.«[16] Am 16. Juni 1913 schrieb er dem Redakteur des Blattes Agostinelli:

»Die zweite Ausgabe ist angekommen. Viel besser, gut gemacht! Wenn wir weiterhin verbessern, werden wir wirklich etwas Gutes machen. Heute abend sende ich Dir den Leitartikel [...] Versuche doch, eine Spalte dafür frei zu haben. Ich bin spät dran – auf diesen Vorwurf bin ich gefaßt. Doch in Zukunft hoffe ich, mich zu bessern und Deine Kritik nicht mehr zu verdienen.«

Vernon Richards zitiert die Briefstellen, weil sie ein Licht auf Malatestas Charakter, seine Einfachheit und Kameradschaftlichkeit werfen.

Sich dieser Zeitung intensiver zu widmen, war eines der Motive seiner Rückkehr nach Italien, und in den Polizeiakten von Ancona steht prompt vermerkt:

»Malatestas Rückkehr von London war das Signal für ein Wiedererwachen der anarchistischen Bewegung in Ancona.«

Für die Staatsmacht, für »Ruhe und Ordnung« war er wirklich der *dangerous type*, als den ihn die Polizeiarchive Europas führten. Im Juni 1914 wurde er zum *accenditore* – zum Zünder – der »roten Woche« von Ancona. Unmittelbarer Anlaß zu dem Aufstand war ein Feuerüberfall auf unbewaffnete Demonstranten durch die Gendarmerie, wobei es Tote und Verwundete gab, was quasi spontan den Generalstreik auslöste. Aufgrund von Malatestas Agitation dehnte er sich rasch auf die Romagna und dann auf fast ganz Italien aus. Überall kam es zu neuen Zusammenstößen mit den Polizeikräften und zu neuen Opfern. Die Eisenbahnen standen still. Die Verbindungen zwischen den einzelnen Städten brachen zusammen, und allenthalben nahm die Bewegung den Charakter eines Aufstands an. Vielerorts wurde die Republik ausgerufen, »was für das Volk«, so berichtet Malatesta im Londoner *Freedom,* »die autonome *Commune* bedeutete«. Schon ging die Arbeiterschaft daran, das soziale Leben auf neuer Basis zu reorganisieren. Doch die gemäßigten Gewerkschaften brachen den Streik ab; nach Ansicht der Revolutionäre, die sie als Verräter beschimpften, vorzeitig. Doch Malatesta selbst gab in seinem *Freedom*-Artikel zu, daß die nötige Vorbereitung für eine Machtübernahme fehlte. Der Aufruhr wurde nun rasch erstickt. Malatesta entkam knapp der Festnahme und kehrte wieder ins sichere London zurück.

Kurz darauf brach der Weltkrieg aus. Im Gegensatz zu Kropotkin, der in Zeitungsartikeln für die Alliierten und gegen den Militarismus des Deutschen Reiches Partei ergriff, blieb Malatesta dem Internationalismus treu. Am 15. Februar 1915 unterschrieb er mit anderen Anarchisten ein Manifest, in dem es u. a. heißt:

»Die Zivilisation? Wer repräsentiert sie denn in diesem Augenblick? Ist es der deutsche Staat mit seinem furchtbaren Militarismus, der so mächtig ist, daß er jede versuchte Auflehnung erstickt? Ist es der russische Staat, für den die Knute, der Galgen und Sibirien die einzigen Mittel zum Überzeugen sind? Ist es der französische Staat mit Biribi*, der blutigen Eroberung Tonkins, Madagaskars und Marokkos und mit der gewaltsamen Rekrutierung der schwarzen Truppen? Frankreich, das seit Jahren in seinen Gefängnissen Genossen eingekerkert hält, deren Schuld allein darin besteht, gegen den Krieg geredet oder geschrieben zu haben? Ist es England, das die Bevölkerungen seines riesigen Empires der Kolonien ausbeutet, aufteilt, aushungert und unterdrückt? – Nein. Keiner der Kriegführenden hat das Recht, die Zivilisation für sich zu

* Soldatenwort für Strafkompanie.

beanspruchen, wie auch keiner das Recht hat, sich im Zustand legitimer Verteidigung zu erklären.«[17]

Doch Mitstreitern gegenüber fair wie immer, erkannte er »den guten Glauben und die gute Absicht« jener Anarchisten an, die zusammen mit Kropotkin, Jean Grave und Malato ein Pro-bello-Manifest unterzeichnet hatten, da sie Kropotkins Meinung teilten: »Wenn Anti-Militaristen bei einem Krieg nur Zuschauer bleiben, unterstützen sie durch ihre Inaktion die Angreifer; sie verhelfen ihnen dazu, noch stärker zu werden und damit ein noch stärkeres Hindernis für die soziale Revolution der Zukunft zu sein.«[18]

Für sie stand die Kriegsschuld des Deutschen Reiches unbezweifelbar fest.

Malatesta erwiderte:

»Es ist sehr schmerzlich für mich, einem so geliebten Freund wie Kropotkin, der soviel für die Sache des Anarchismus getan hat, entgegen zu sein. Doch gerade aus dem Grund, weil Kropotkin von uns allen so geschätzt und geliebt wird, ist es nötig, bekanntzugeben, daß wir ihm in seinen Äußerungen über den Krieg nicht folgen [...] Ich hoffe nur, er wird seinen Irrtum einsehen und sich wieder auf die Seite der Arbeiter gegen alle Regierungen und alle Bourgeois stellen, die deutschen, die englischen, die französischen, die russischen, die belgischen usw.«[19]

Kropotkins propagandistische Unterstützung der Sache der Alliierten entfremdete ihn den Revolutionären der Linken, was er 1917 bei seiner Rückkehr nach Rußland zu spüren bekam. Auch Malatesta kehrte nach dem Krieg, er freilich im Triumph, in sein Geburtsland zurück. Ende 1919 war er wieder in Italien, und die Menge bereitete ihm Ovationen. Die nächsten drei Jahre waren (abgesehen von zehn Monaten, die er wieder einmal im Gefängnis verbrachte) vermutlich die aktivsten in seinem langen Leben; er war nun 66 Jahre alt.

Der liberale *Corriere della Sera* in Mailand bezeichnet ihn in seiner Ausgabe vom 20. Januar 1920 als »eine der größten Persönlichkeiten des italienischen Lebens«. Er gründete wieder eine anarchistische Zeitung: *Umanità Nova*, die eine Auflage von 50 000 Exemplaren erreichte. Er wurde zum »Energiezentrum« der anarcho-syndikalistischen Arbeitervereinigung *Unione Sindicalista Italiana*.

Darüber hinaus versuchte er vor der imminenten Gefahr des Faschismus ein Zusammengehen aller antifaschistischen Parteien und Gewerkschaften zustande zu bringen, ein Versuch, der um so schwieriger war, als er mit der Feindschaft der neu gegründeten kommunistischen Partei Italiens rechnen mußte, die danach strebte, alle nicht von ihr beherrschten Arbeiterorganisationen in Mißkredit zu bringen und auszuschalten. Hinzu kam der Terror faschistischer Totschlägertrupps. Malatesta gelang es trotzdem, eine Allianz antifaschistischer Kräfte ins Leben zu rufen, die in letzter Minute den Generalstreik proklamierte.* Doch Mussolinis *camici neri* waren bereits zu stark; gemeinsam mit der italienischen Polizei »ertränkten sie den Versuch in Blut«.[20] Malatestas Bild wurde von den Schwarzhemden öffentlich eingeäschert. Die *Umanità Nova* wurde wie alle antifaschistischen Zeitungen aus den Kiosken gerissen und auf der Straße verbrannt, erschien aber noch, jetzt nur noch monatlich, bis Ende 1922. Kurz nach dem »Marsch auf Rom« im Oktober 1922 wurden Malatesta und andere Oppositionspolitiker verhaftet; er selbst aber bald danach ohne Gerichtsverhandlung wieder freigelassen. Er nahm mit siebzig Jahren den Elektrikerberuf wieder auf.

Dennoch gab er, in ständigem Kampf mit der Zensur, von 1924 an wieder eine vierzehntägige Zeitschrift heraus, *Pensiero e Volontà*, in der einige seiner für die Programmatik des Anarchismus bedeutsamsten Aufsätze erschienen.

* Ende Juli 1922.

Im Oktober 1926 unternahm der Anarchist Anteo Zamboni einen erfolglosen Attentatsversuch auf Mussolini, was zum Vorwand genommen wurde, die gesamte oppositionelle Presse zu verbieten; selbstverständlich fiel auch Malatestas Zeitschrift unter das Verbot.

Er selbst lebte von Ende 1926 bis zu seinem Tode unter Hausarrest in Rom. Ständig standen Polizeiposten vor dem Haus und vor der Wohnungstür, hinter der er mit seiner langjährigen Gefährtin Elena Melli und seiner Tochter lebte. Luigi Fabbri und andere emigrierte Freunde wollten ihn überreden, ebenfalls wieder ins Exil zu gehen, doch beharrlich blieb er bei der Meinung, wenn überhaupt, könne er nur in Italien selbst noch nützlich sein. Mit der Zeit mußte er freilich einsehen, daß er in der strengen Überwachung, in der er lebte, zum Sturz der faschistischen Diktatur nichts Wesentliches unternehmen konnte. Sein Wunsch, sich 1931 bei Ausbruch der Revolution nach Spanien zu begeben, scheiterte an der polizeilichen Kontrolle.

Im Frühjahr 1932 wurde er wieder von einer Bronchial-Pneumonie befallen, schien sie zu überstehen, doch die Besserung täuschte; er wurde schwächer und schwächer, glaubte aber noch nicht, daß es mit ihm zu Ende gehe. Doch am 22. Juli 1932 starb er fast achtzigjährig.

Fabbri hatte ihn im Lauf ihrer langen Freundschaft mehrfach aufgefordert, seine Memoiren zu schreiben, doch stets die Antwort erhalten: »Ja, später einmal, wenn es einmal nichts Wichtigeres zu tun gibt und ich ein alter Mann sein werde.«

Und Fabbri berichtet in seiner Malatesta-Biographie: »Doch stets fand er Wichtigeres zu tun und gab niemals zu, daß er alt geworden sei; seine Memoiren hat er nie geschrieben.« Doch für den Kongreß von Bologna 1920 hat er *Il Programma Anarchico* verfaßt, das von der *Unione Anarchica* adoptiert

wurde. Da es seine Vorstellungen zusammenfaßt, sei einiges daraus zitiert:
»Unser Ideal ist nicht eines, dessen Erfolg vom isoliert betrachteten Individuum abhängt. Es geht darum, die Lebensweise der Gesellschaft insgesamt zu verwandeln, darum, unter den Menschen Beziehungen zu schaffen, die auf Liebe und Solidarität beruhen; darum, die vollkommene materielle, sittliche und intellektuelle Entwicklung nicht etwa für einzelne Individuen oder Angehörige einer Klasse oder bestimmten politischen Partei, sondern der gesamten Menschheit zu erreichen – und das ist ein Ziel, das nicht mit Gewalt erzwungen werden kann, vielmehr muß es sich aus dem aufgeklärten Bewußtsein eines jeden von uns ergeben und kann nur durch freiwillige Zustimmung aller erreicht werden. – Unsere Aufgabe muß es daher sein, die Menschen zu überzeugen. Wir müssen den Menschen das Mißgeschick, unter dem sie leiden, bewußt machen und die Chancen, die sie haben, es zu wenden. Wir müssen in jedem ein Mitempfinden mit dem Elend der anderen wecken und das heiße Verlangen nach dem Wohlergehen aller Menschen. [...] Armut verroht die Menschen, und um die Armut abzuschaffen, müssen die Menschen ein soziales Gewissen und Entschlossenheit haben.«[21]
Doch dann schlägt das Programm auch kämpferische Töne an, Kampf sowohl durch wirtschaftliche Taktik (Streik und Forderungen) gegenüber dem Kapital als auch politische Strategie gegenüber der Regierungsmacht: »Ein erfolgreicher Aufstand ist der mächtigste Faktor bei der Befreiung des Volkes.« Als Konklusion: »Enteignung der Grundbesitzer und Kapitalisten zum Wohle aller und Abschaffung der Regierung«, bis dahin: »Unablässiger Kampf, der je nach den Umständen gewaltsam oder gewaltlos zu führen ist.«[22] Kurzum, die schöne Harmonie wird sich erst nach der siegreichen

sozialen Revolution verwirklichen lassen. Daß sie sich verwirklichen ließe, war die brennende Überzeugung dieses späten Enkels der menschheitsgläubigen Aufklärer.

XII. KAPITEL

Propaganda durch die Tat

»Hysteriker des Elends, Neurotiker der Revolte, die sich an ihrer Virulenz wie an einem allzu feuerigen Wein berauschten«, so nennt Caroline Rémy, alias Séverine (1855–1929), selbst eine Verkünderin der sozialen Solidarität und Gefährtin des Revolutionärs und ehemaligen Kommunarden Jules Vallès (1832–1885), die Terroristen, die gegen Ende des 19. und zu Beginn des 20. Jahrhunderts überall in Europa mit Bomben und Attentaten sich und ihre Zielobjekte dem mörderischen Ideal einer anarchistischen Gewalttheorie zum Opfer brachten. Ironisch hat man von Arbeitsteilung sprechen können: Hier die humanitären Theoretiker, die schreibgewandten Erfinder libertärer Zukunftsplanungen und polit-ökonomischer Systeme im Sinn der größten Freiheit und des größtmöglichen Glückes aller, meist den besitzenden Schichten entstammend, Intellektuelle, von dem Wunsch nach allgemeiner Gerechtigkeit erfaßt – dort die ungeduldigen Aktivisten, gefüttert mit Schlagworten aus Traktaten und Broschüren, in ihrem Haß oft Produkte unglücklicher persönlicher Schicksale, Fanatiker, die ihren Illusionen bis aufs Schafott treu geblieben sind. Sie befolgten die vom Londoner Anarchistenkongreß ausgegebene Parole, in die Illegalität zu gehen, mit einer individuellen Initiative, von der manche der Kongreßteilnehmer später abrückten. An die gewalttätigen Einzelgänger dachte Lenin wohl, als er den Anarchismus als ein »Pro-

dukt der Verzweiflung« bezeichnete. Jedenfalls darf man bei der Beurteilung dieser Explosionen einer verzweifelten Wut den sozialen Hintergrund nicht außer acht lassen.
Bei den Bergarbeitern in Decazeville z. B. sanken die Löhne zwischen 1878 und 1886 von monatlich 150 frs. auf 75 frs., während die Bilanz der Bergwerksgesellschaft, bei einem Kapital von zwei Millionen, im Jahre 1885 einen Gewinn von 460 000 frs. auswies. Hier kam es im Januar 1886 zu einem Ausbruch, als die Firma die Löhne noch weiter herabsetzen wollte. Die aufgebrachten Arbeiter warfen den die Verhandlungen führenden Ingenieur Watrin, dem 5% der eingesparten Lohnsummen als »Provision« zugesagt worden waren, durch das Fenster. Er brach sich das Genick.
Der Vorfall kam in dem Prozeß des Attentäters Charles Gallo zur Sprache. Gallo hatte in der Pariser Börse eine Explosivröhre zwischen die Wechselagenten geschleudert, die freilich kaum Schaden anrichtete. Aus Enttäuschung über die Wirkungslosigkeit schoß er wild um sich, als die Börsendiener ihn überwältigten. Vor den Geschworenen fragte ihn der Gerichtspräsident, ob ihm bekannt sei, daß man in Anarchistenversammlungen die Mörder des Ingenieurs Watrin verherrliche. Seine Antwort: »Natürlich, und ich selbst habe gehofft, es sei nur der Anfang einer ganzen Serie.«[1] Während er seine Strafe von zwanzig Jahren Zuchthaus verbüßte, entfesselte er im Bagno eine Revolte. Er starb in der Strafkolonie an den Methoden, die für die »Unverbesserlichen« vorgesehen waren.
Der Illegalismus erstreckte sich aber auch – und dafür wurde das Wort die eigentliche Bezeichnung – auf politisch motivierte Eigentumsdelikte. Clement Duval hatte um sich eine Anarchistengruppe gesammelt, die sich den Namen *Panther von Batignolles** beigelegt hatte. Sie plünderten im Oktober

* Ein Pariser Vorortviertel.

1886 den Pavillon einer mondänen Malerin, einer Freundin von Sarah Bernhardt, stahlen den Schmuck, richteten eine unbeschreibliche Verwüstung in den Räumen an und legten Feuer, das aber nicht um sich griff. Da sie als Amateureinbrecher keinen Hehler kannten, boten sie die Beute einem Juwelier bei der Madeleine an, der Anzeige erstattete. Bei der Verhaftung wehrte Duval sich unter dem Ruf »Im Namen der Freiheit« mit seinem Messer und verletzte einen Polizisten schwer. Zum Tode verurteilt und zu Bagno begnadigt, flüchtete er aus Cayenne und lebte noch 1912 in New York, von wo er Briefe mit Jean Grave, dem ehemaligen Herausgeber der *Révolte*, wechselte und ihm vorwarf, seine Haltung dem Illegalismus gegenüber geändert zu haben. Grave erwiderte, »daß ich ihn zwar wegen seiner Aufrichtigkeit zu verteidigen nicht gezögert hatte, daß er aber ein sehr schlechtes Beispiel gegeben habe, denn alle Spitzbuben hätten sich der Bewegung angeschlossen und sich dabei auf ihn berufen, um ihre Appetite zu rechtfertigen.«[2]

Eine weit unheimlichere Gestalt als die *Panther von Batignolles* ist Ravachol, der wegen des literarischen Echos seiner Taten in die Reihe der historischen Mörder gehört. François-Claude Ravachol (1859–1892) bevorzugte den Familiennamen seiner Mutter Marie Ravachol, einer Seidenweberin, wahrscheinlich, weil er bei der anti-deutschen Stimmung im Frankreich der Revanche-Presse den Vaternamen Koeningstein meiden wollte. Der Vater war ein aus Holland zugewanderter Akkordarbeiter und soll ein Trinker gewesen sein. Wie J. C. Longoni[3] nachweist, haben zwei der Vorfahren dieses Jean-Adam Koeningstein um die Mitte des 18. Jahrhunderts als Mitglieder einer aus Hofbesitzern und deren Söhnen bestehenden Bande ihr Leben am Galgen beendet. Es ist unwahrscheinlich, daß auch Koeningstein-Ravachol davon gewußt hat.

»In meiner Kindheit glaubte ich fest an das, was mir meine

Mutter und die Priester beigebracht hatten. Ich glaubte an Gott, an ein Leben nach dem Tode, an Lohn und Strafe im Jenseits. Auf dem Bauernhof* hatte sich mein Glaube in der Einsamkeit noch gefestigt.«[4] Bezeichnend für den Typus der fanatischen fast mystischen Attentäter mag es sein, daß viele von ihnen zuvor tiefgläubige Katholiken gewesen sind, zum Beispiel auch Cyvoct, der wegen des Attentats auf das Lyoner Theaterrestaurant verurteilte Journalist. »Eines Tages bekam ich Geschmack am Lesen«, fährt Ravachol in seiner Beichte fort.« *Der ewige Jude* von Eugène Sue hatte tiefen Eindruck auf mich gemacht, als ich bereits meinen Glauben, die Irrtümer meiner Kindheit, abgelegt hatte.«[5]

Mit 18 Jahren arbeitete er in einer Färberei seines Geburtsortes. Er hatte eine Vertrauensstellung, denn ihm waren die Schlüssel zu dem Schrank anvertraut, wo die im Betrieb verwendeten Säuren verwahrt wurden. Eine Frau aus dem Ort erbat sich von ihm ein wenig Vitriol als Rattengift, doch sie verwendete es, um es einem ungetreuen Liebhaber ins Gesicht zu schütten. Ravachol wurde sofort entlassen, die Entlassung in sein Arbeitsbuch eingetragen – ein hinreichender Grund, die Einstellung bei einer anderen Firma so gut wie unmöglich zu machen. Er sah darin eine Ungerechtigkeit, mit der er sich nicht abfinden konnte und die ihn zum Rebellen machte.

Vor dem Untersuchungsrichter sagte er später:

»Für mich bedeutet die Anarchie Ausmerzung aller Ursachen, die die Menschen entzweien, vor allem Abschaffung der individuellen Interessen, die sie selbstisch und böse machen. Das ist das Ideal. Wie soll man danach streben? Wo es möglich ist, durch Überzeugungen. Doch vor allem durch Gewalt, so sehr es einem auch leid tut, daß man dazu greifen muß. [...] Wenn danach schließlich auch nur ein paar Menschen übrigblieben [!], so werden diese wenigstens menschlich sein.«[6]

* François-Claude hatte sich als Hütejunge verdingt.

Eine Zeitlang hat er sich mit Falschmünzerei und mit Schmuggel durchgeschlagen. Immer liebte er es, sich elegant zu kleiden, trug stets Handschuhe, meist einen hoch zugeknöpften Gehrock und einen Zylinderhut. Wegen seines gelblichen Teints schminkte er sich sogar die Wangen rot.

Der erste Mord, den man ihm später zur Last legte, den er angeblich Dritten gegenüber auch eingestanden haben soll, ihn aber vor Gericht nicht zugab und für den seine Täterschaft nicht nachgewiesen werden konnte, war die doppelte Bluttat vom 26. März 1886 in La Varizelle, einem Vorort von St. Etienne. Ein neunzigjähriger Greis und seine betagte Haushälterin waren in ihrem Wohnhaus ermordet und beraubt worden. Zugegeben aber hat er eine andere Tat: Im Mai 1891 brach er eines Nachts auf einem Friedhof bei St. Etienne die Begräbnisstätte der Familie La Rochetaillée auf, wo vier Wochen vorher die alte Baronin beigesetzt worden war. Doch das Gerücht, sie sei mit ihrem Schmuck bestattet worden, war trügerisch. Ravachol, dem zwei unbekannt gebliebene Komplizen beistanden, fand im Sarg nur den in Verwesung übergegangenen Leichnam.

Das Verbrechen, dessentwegen er zum Tode verurteilt wurde und das er auch eingestanden hat, geschah am 19. Juni 1891. Opfer war der zweiundneunzigjährige ehemalige Ignorantiner Jacques Brunel, der seit 50 Jahren als Eremit von Almosen und vom Verkauf von Devotionalien nahe dem Ort Chambles lebte. Er hatte immerhin so viel zusammengebracht, daß er in seinem Strohsack und in irdenen Töpfen einen kleinen Schatz an Gold-, Silber- und Kupfermünzen aufbewahrte.

Auf dem Weg zu Brunel wird Ravachol von verschiedenen Leuten gesehen. Nachdem er den Eremiten erwürgt hat, kehrt er am folgenden Tag noch einmal mit einer Freundin zurück, weil ihm der Abtransport der Beute zu schwer geworden war. Der Tote in der baufälligen Hütte wird erst zwei Tage später entdeckt; um ihn herum liegen Kupfermünzen auf dem Boden, die der Mörder verschmäht hat.

Kurz darauf erhält die Gendarmerie einen Brief: Die Näherin Madeleine Sabot, verheiratete Rullière, habe den mutmaßlichen Mörder nach Chambles begleitet. Sie wird verhaftet, und man stellt fest, daß sie mit einem Mann zusammen lebt, der sich Sabot nennen läßt. Bei seiner Festnahme wird seine Identität entdeckt: Koeningstein-Ravachol. Als man ihn abführt, torkelt ein Betrunkener den Gendarmen entgegen und rempelt einen von ihnen an. Dann sind plötzlich er und Ravachol in der Nacht verschwunden. Nur die Beute bleibt in den Händen der Polizei: über 1200 frs.

Ende Juli folgt eine neue Mordtat in St. Etienne: Zwei alte Ladnerinnen werden hinter der Theke ihres kleinen Eisenwarengeschäfts kurz vor Ladenschluß mit einem Hammer erschlagen. Auch dieses Verbrechen wurde Ravachol zur Last gelegt, konnte ihm aber nie bewiesen werden.

Er flüchtet jetzt nach Lyon, wo er offenbar anarchistische Freunde hat. Mit Empfehlungen schicken sie ihn weiter nach St. Denis bei Paris zu dem Genossen Chaumartin. Gaben sie ihm einen Auftrag mit? Nach Ravachols Verhaftung erhält der Untersuchungsrichter einen anonymen Brief, in dem es u. a. heißt:

»[...] Was gehen uns seine Verbrechen an? Wir erkannten in ihm den energischen und kühnen Mann, den wir brauchten. Wir haben ihn [...] indoktriniert und seinen Arm bewaffnet. Wir haben ihm gesagt: ›Geh hin und schlag zu!‹ Er wird zum Tod verurteilt werden, doch sein Tod wird das Signal zu furchtbaren Repressalien sein [...]«[7]

Tatsächlich macht Ravachol sich in St. Denis sofort daran, eine Bombe herzustellen. Er wohnt zunächst bei Chaumartin, der verheiratet ist und zwei Kinder hat und gibt sich als Léon Léger aus. Da die Wohnung sich als zu eng erweist, nimmt er ein Zimmer in L'Ile-St. Denis, während er weiter gegen Pensionsgeld bei den Chaumartins sein Essen erhält. Wieder trägt er Zylinder, Gehrock und Handschuhe, immer noch schminkt er sich die Wangen. Den beiden kleinen Töchtern Chaumartins gibt er Unterricht. Seiner Natur nach ist er gesprächig, schneidet auch auf, weiß von Reisen zu erzählen, die er nie gemacht hat, und angeblich auch von den Mordtaten, die er bis auf die an Frère Brunel – vor Gericht ableugnen wird.

Bei Chaumartin lernt er auch Madame Decamps kennen, deren Mann an dem verhängnisvollen 1. Mai 1891 in Clichy-Levallois bei Paris während eines Tumults um die rote Fahne sechs Säbelwunden erhalten hatte und der in einer folgenden Gerichtsverhandlung zu fünf Jahren Gefängnis verurteilt worden war. Der Gerichtspräsident bei dem Prozeß war Monsieur Benoit, der Staatsanwalt Monsieur Bulot. Ravachol verspricht der Frau des Verurteilten, ihren Mann zu rächen.

In St. Denis findet er in dem noch nicht zwanzigjährigen Simon, genannt Biscuit, einen Gehilfen und Bewunderer. Beide beschaffen sich durch einen Einbruch im Dynamitdepot in Soisy-sous-Etioles eine beträchtliche Menge Sprengstoff. Am 11. März 1892 bringt er, unterstützt von Biscuit, eine seiner Bomben in das Mietshaus 136, Boulevard St. Germain, wo Präsident Benoit wohnt. Er kann das Haus unbemerkt wieder verlassen; allerdings hat er sich in der Etage geirrt: Die Bombe explodiert ein Stockwerk tiefer vor einer anderen Wohnungstür, richtet beträchtlichen Sachschaden an, fordert aber kein Menschenleben.

Schon kurz darauf werden das Ehepaar Chaumartin, Simon, genannt Biscuit, Béala, ein Genosse, und dessen Geliebte, Mariette Soubèse, die die Bombe unter ihren Röcken durch den Stadtzoll geschmuggelt hatte, von der Polizei verhaftet. »Monsieur Léger« ist nicht zu Hause, als die Beamten am Quai de la Marine anklopfen.

Vierzehn Tage später, am Sonntag, dem 27. März, sucht Ravachol das Haus 39, rue de Clichy auf, wo Staatsanwalt Bulot wohnt. Diesmal ist die Bombe, die er mitbringt, bedeutend stärker. Er trägt sie in einem kleinen Koffer, den er vor der Haustür öffnet, um die Zündschnur zu zünden und sieht, daß die Patronen verrutscht sind. »Ich hatte die größte Chance, samt dem Haus in die Luft zu fliegen. Aber ich konnte nicht aufgeben, wozu ich entschlossen war«, gesteht er später dem Untersuchungsrichter.[8] Die Explosion zerstört einen Teil des Hauses. Wie durch ein Wunder gibt es auch diesmal keinen Toten, doch mehrere Verletzte und – eine Frühgeburt. Die Wohnung des Staatsanwalts bleibt intakt, ihre Bewohner sind unverletzt, denn Ravachol hat sich abermals im Stockwerk geirrt.
Er fährt im Bus zum Boulevard Magenta. Es ist später Vormittag, und er betritt das kleine Restaurant Véry. Während er auf das bestellte Essen wartet, kommt er bei einem halben Schoppen Wein, redselig wie immer, mit dem Kellner ins Gespräch. Er muß auch in seiner Hochstimmung von dem in Paris noch gar nicht bekannt gewordenen Attentat der Rue de Clichy sprechen. Diesmal habe es Opfer gegeben, versichert er dem staunenden Kellner Lhérot, der übrigens der Schwager des Wirtes Véry ist.
Zwei Tage später liest Lhérot im *Petit Journal* Ravachols Steckbrief, denn seit der Verhaftung Chaumartins und der anderen weiß man, wer Léon Léger ist. Es hat den Anschein, daß Chaumartin von Anbeginn Beziehungen zur Polizei gehabt hat.
Unverständlicherweise kehrt Ravachol am 1. April noch einmal in das Restaurant Véry zurück, sei es, daß er Gefallen an dem jungen Lhérot gefunden hat, denn homosexuelle Neigungen kann man bei ihm nicht ganz ausschließen, sei es, daß er meint, ihn für anarchistische Anschauungen gewinnen zu kön-

nen, denn schon bei seinem ersten Besuch hatte er Propagandareden geführt. Diesmal verständigt der Kellner den Wirt, der Wirt das nächste Polizeirevier: Eine Viertelstunde später ist Ravachol überwältigt und verhaftet.

Am Abend vor Beginn der Schwurgerichtsverhandlung, am 25. April, zerstört ein Bombenanschlag das Restaurant Véry völlig und tötet den Wirt. Der Kellner Lhérot entgeht dem Racheakt und erhält als Belohnung für seine Anzeige den Posten eines Gefängniswärters. Wegen dieses Attentats wird der Anarchist Théodule Meunier zu lebenslangem Bagno verurteilt. Ein Geständnis hat er nicht abgelegt, und Sympathisanten wie André Salmon behaupten, Meunier sei wahrscheinlich unschuldig gewesen.

Auch Ravachol wird für seine Bombenattentate zu lebenslangem Zuchthaus verurteilt. In seinem Schlußwort brüstet er sich: »Wenn man uns besser kennte, würde man in uns statt Verbrecher die wahren Verteidiger der Unterdrückten sehen.«[9] Wegen der Mordtaten bei St. Etienne wird er zu einem zweiten Prozeß nach Montbrison überstellt, wo ihn das sichere Todesurteil erwartet. Am 14. Juli, dem französischen Nationalfeiertag, findet 1892 die Hinrichtung statt. Kaltblütig geht er in den Tod, und das Anarchistenblatt *Père Peinard*, das ihn als »Märtyrer« verherrlicht, schreibt in der Nummer vom 17. bis 24. Juli 1892: »Ravachols Kopf ist zu ihren Füßen gerollt; jetzt fürchten sie, daß er explodieren wird, wie eine Bombe.«

Tatsächlich waren die Jahre 1892 und 1893 durch besonders heftige Terroristentätigkeit gekennzeichnet. Im Palais der Fürstin de Sagan platzte eine Bombe, eine andere in einer Kaserne der Garde Républicaine. Am großen Boulevard richtete eine weitere im Café Riche nur Glasschaden an. Doch furchtbar war die Wirkung einer Explosion im Teatro Liceo

von Barcelona während der festlichen Erstaufführung der Oper *Wilhelm Tell* im November 1893.
In Paris wurden Plakate angeschlagen, die die Worte aufgriffen, mit denen ein General 1871 gegen die Kommunarden gewütet hatte: »Die Grausamkeit der herrschenden Klasse hat das Mitleid und die Empfindsamkeit erstickt. [...] *Unsererseits* sagen wir: man bringt nie genug davon um.«[10]
Es waren die Jahre des Panama-Skandals, der viele kleine Sparer ruinierte und zum Selbstmord trieb und der einen erheblichen Teil der Abgeordneten des Parlaments kompromittierte.
Die Kammer selbst wurde dann auch am 9. Dezember 1893 das Ziel eines Attentates. Auguste Vaillant warf von der Galerie aus eine mit Nägeln gefüllte Bombe ins Halbrund des Parlamentes, »um Ravachol zu rächen«, wie er sagte. Der Schaden war gering, und es gab eine Reihe von Leichtverletzten. Am schwersten wurde der Attentäter selbst verwundet. Vieles spricht dafür, daß er überhaupt das Opfer von *Agents provocateurs* gewesen ist. Immerhin gab in den achtziger Jahren die französische Polizei sogar eine »anarchistische« Zeitung, *La Révolution Sociale*, heraus, ähnlich der durch russische Polizeigelder finanzierten Lockspitzelzeitung in der Schweiz. Jedenfalls hatte ein mysteriöser Mann, der sich selbst als Einbrecher bezeichnete, ihm Teile der Bombe und großzügige Geldmittel zur Vorbereitung des Attentats verschafft. Bei der Gerichtsverhandlung interessierte man sich merkwürdigerweise für diesen »großen Unbekannten« überhaupt nicht, auch die Eintrittskarte zu der Kammersitzung war dem Attentäter durch undeutliche Mittelsmänner verschafft worden.
Auguste Vaillant war ein Pechvogel, dem das Leben keine Chance gab. 1861 war er am 29. Dezember als der uneheliche Sohn eines Gendarms und einer Magd in einem kleinen Ort

bei Charleville geboren. Obwohl die Eltern dann heirateten, erkannte der Vater seinen Sohn nicht an und verbot Auguste im Alter von zehn Jahren das Haus. Das Kind streunte durch Frankreich, bettelte und stahl, um den Hunger zu stillen. Wegen kleiner Delikte wurde er als Halbwüchsiger mehrfach zu kurzen Gefängnisstrafen verurteilt, einmal auch, weil er mit 14 oder 15 Jahren in der Werkstatt des Bäckers, zu dem er in die Lehre gegeben worden war, nachts für sich selbst einen Kuchen gebacken hatte.

Unglaublicherweise fand er bei seinem unruhigen Leben noch Zeit und Kraft, sich über naturgeschichtliche, astronomische und philosophische Werke zu informieren, vor allem interessierte ihn zeitlebens die Kosmologie. Gerade großjährig geworden, heiratete er und bekam eine Tochter. Er trennte sich aber sehr bald von seiner Frau und wanderte mit 25 Jahren nach Südamerika aus.

Voller Pläne und Hoffnungen, im Vertrauen auf die Versprechungen der Einwanderer-Agentur, versucht er sich als Siedler, doch trotz harter Entbehrung und Mühe will ihm nichts gelingen. Nach einem Dutzend anderer Versuche entschließt er sich zur Rückkehr und trifft im April 1893 wieder in Paris ein, wo seine Frau inzwischen verstorben ist. Er nimmt seine Tochter zu sich und wohnt bei einer Cousine der Verstorbenen und deren Mann, den er schließlich dazu bringt, schriftlich und in aller Form auf seine ehelichen Rechte zu verzichten, denn in Marie hat er endlich die echte Gefährtin gefunden. Das neue Paar zieht samt Vaillants Tochter nach Choisy-le-Roi, wo er für ganze 20 frs. monatlich in einer Fabrik Arbeit findet. Davon kann er seine kleine Familie mit dem besten Willen nicht ernähren. Wahrscheinlich begegnet er im Herbst dem »Einbrecher«, der ihm »selbstlos« Geld zusteckt, damit er sich ein Zimmer in Montrouge mieten kann, um fern von den Seinen die Bombe zu basteln. Nach André Salmon war der

Polizei sogar das Datum bekannt, wann Vaillant sein »bestelltes« Fabrikat werfen würde.

Als Schlußwort vor dem Gerichtshof führt er aus:

»Herr Präsident, [...] Sie haben mich nicht gefragt, welche Umstände mich dazu gebracht haben, meine Tat zu vollbringen. Ich möchte sie erläutern. [...] Mein Arbeitgeber nützte meine Notlage aus und wollte mir nicht mehr als 20 frs. im Monat zahlen, einen Hungerlohn für mich und mein Kind. Ich sagte es ihm und er antwortete: ›Was verflucht schert mich Ihr Weib und Ihr Kind? Die beschäftige ich ja nicht, sondern Sie!‹ Da begriff ich, daß ich nicht zögern dürfe, meine Revolution zu machen und ging mit meiner Bombe in die Deputiertenkammer.«[11]

Es wird ihm vor Gericht gestattet, eine schriftliche Erklärung zu verlesen, in der er seine Ideen skizziert hat. Nachdem er darin die Gesellschaft anprangert, »in der wir täglich von Selbstmorden aus Armut lesen«, und »deren Hauptdenkmäler ihre Baracken und ihre Gefängnisse sind«, überläßt er sich seiner versponnenen Philosophie:

»Wenn ich auf Ihre Versammlung hier mit den Augen der Vernunft blicke, kann ich nicht anders als lächeln, ich sehe in Ihnen nur in der Unendlichkeit verlorene Atome, in Ihnen [...], die Sie das Recht beanspruchen, mich, einen Ihrer Mitmenschen, abzuurteilen. Oh, meine Herren, welche Nichtigkeit sind Ihr Gericht und Ihr Urteil in der Menschheitsgeschichte, und die Geschichte der Menschheit ist ihrerseits Nichtigkeit in dem Wirbelwind, der sie durch die Unendlichkeit des Universums treibt [...].«[12]

Obwohl seine Tat kein Todesopfer gefordert hat, wird er zum Tode verurteilt. Trotz der Gnadengesuche aus verschiedenen politischen Richtungen verweigert der Präsident der Republik, Sadi Carnot, die Begnadigung. Weder ein rührender Brief von Vaillants Tochter noch die Pressestimmen bis hin zum durch-

aus staatsfrommen *Figaro* können die Hinrichtung verhindern. – Vaillants Grab auf dem Friedhof von Ivry wurde zu einer wahren Pilgerstätte.
Eine bündige Erklärung für seine Motive hat ein anderer Attentäter gegeben:
»Was verlange ich von der Gesellschaft, von den Bürgern? Kein Almosen, sondern Arbeit. Gibt man mir keine, so protestiere ich gegen diese gesellschaftliche Organisation, die unfähig ist, mich zu beschäftigen, damit ich leben kann. Da ich jedoch in der Gesellschaft ein Nichts bin, so ist es, als ob ich mich nicht beklagt hätte, wenn mein Protest nicht einen Skandal verursacht, der notgedrungen die Aufmerksamkeit auf meine Vorwürfe lenkt.«[13]
Die Worte stammen von dem Schuster Léon Léhautier, der eines Mittags in einem bürgerlichen Restaurant sich den erstbesten Gast ausgewählt und ihn mit seinem Messer niedergestochen hatte. Zufällig war sein Opfer ein serbischer Diplomat.
Daß sich aber nicht nur Halbgebildete zu politischen Verbrechen hinreißen ließen, beweist der hochintelligente Emile Henry, dem man den Beinamen »Saint-Just des Anarchismus« gegeben hat.
Am 12. Februar 1894 warf er eine Bombe in ein harmloses Musikcafé beim Hôtel Terminus in Paris, wo ein bescheidenes Publikum, Angestellte, alte Damen, junge Leute, vielleicht ein paar Ladenbesitzer aus der Nachbarschaft, für wenig Geld »ernste Musik« hören wollte. Die Bombe, die den Glaslüster traf und in der Luft explodierte, tötete einen der Gäste und verwundete mehr als zwanzig. Mehrere wurden von den Glassplittern der berstenden Spiegel verletzt.
Der Täter stammte aus bürgerlichem Milieu. Er war 1872 in Spanien geboren. Der Vater, ein Bergwerk-Ingenieur und das »Schwarze Schaf« der Familie, war nach dem Zusammen-

bruch der Pariser *Commune*, in Abwesenheit zum Tode verurteilt, nach Barcelona geflohen, wo er bald einen leitenden Posten gefunden hatte, so daß die Seinen gut oder sogar im Wohlstand leben konnten. Nach der Amnestie kehrte er mit seiner Familie nach Paris zurück, zumal er sich durch Quecksilberdämpfe im Bergwerk ein schweres Leiden zugezogen hatte. Durch Schneiderei sorgte die Mutter für den Unterhalt ihrer zwei Buben und ihres kranken Mannes. Schon 1882 starb der Vater und ließ die Seinen unversorgt zurück. Eine Hilfsaktion durch öffentliche Subskription, die der Arzt des Verstorbenen organisieren wollte, wurde von der Marquise de Chamborant, der Schwägerin der Witwe, aus »mondänen Rücksichten« hintertrieben, ohne daß die reichen Verwandten ihrerseits dafür in die Bresche sprangen.

»Vierzehn Tage danach waren wir ohne Essen und Heizung, meine Familie hatte uns im Stich gelassen. [...] Die Barbarei ihrer reichen Verwandten hat meinen beiden Buben ihren Haß auf das Bürgertum eingegeben. [...] Damals änderte sich Emiles Charakter [...], und wenn ich ihn schalt, daß er sich so schlecht kleidete, gab er mir jedesmal zur Antwort: ›Sie wissen, Mama, daß ich Sie wirklich liebe, aber meinem Schicksal kann ich nicht davonlaufen, es ist stärker als alle meine Gefühle für Sie; lassen Sie mich tun, wie ich es für richtig halte‹«, berichtete die Mutter in einem Interview mit dem *Intransigeant* am 20. Februar 1894.[14]

Emile war ein ausgezeichneter Schüler, so daß er mit siebzehn Jahren für den Eintritt in die Elite-Schule, die *Ecole polytechnique,* vorgesehen war. Doch beim Examen warf einer der Prüflinge eine Stinkbombe, der Verdacht fiel auf ihn und er wurde zurückgewiesen. Dieses Schul-Attentat hat er später auch im Gefängnis noch geleugnet, aber in seinen Folgen hat es ihn beeinflußt.

Ein Onkel stellte ihn in seinem Betrieb in Venedig ein. Doch da er ihm zumutete, die Arbeiter zu bespitzeln, reiste Emile entrüstet nach Frankreich zurück. Damals wohl führte ihn sein älterer Bruder Charles, ein in libertären Versammlungen häufig auftretender Redner, in anarchistische Kreise ein. Ende Mai 1892 wurde Charles nach einer Zusammenkunft im Faubourg du Temple, bei der in überaus heftigen Reden Ravachols Andenken gefeiert worden war, verhaftet, ebenso Emile, obwohl er das Wort nicht ergriffen hatte. Aber die kurze Haft kostete ihn seine Stellung in einem Konfektionshaus. Nach seiner Freilassung ging er einer regelmäßigen Beschäftigung nicht mehr nach.

Seine erste Bombe legte Emile im Verwaltungsgebäude einer Industriefirma an der Avenue de l'Opera, unter deren Regie auch zahlreiche französische Kohlengruben standen. Am 8. November 1892 deponierte er sein eigenes Fabrikat, in Zeitungspapier eingewickelt, vor der Tür des Konferenzzimmers, in dem gerade eine Besprechung mehrerer Direktoren stattfand. Das Paket fiel aber dem Pförtner auf, der es in seine Loge mitnahm und behutsam auswickelte; ein zwölf Pfund schwerer eiserner Kanister kam zum Vorschein. Ein herbeigerufener Polizist trug ihn zum Polizeirevier der Rue des Bons Enfants. Kaum dort angekommen explodierte die Bombe mit fürchterlicher Gewalt und zerfetzte vier oder fünf Polizisten.

Emile Henry tauchte unter und wurde später in London gesehen. Die Polizei behauptete, er sei auch Mitglied der Ortiz-Bande gewesen. Ortiz, der eine Zeitlang zur Redaktion des Anarchistenblattes *Révolution Cosmopolite* gehört hatte, führte mit seiner Bande in der französischen Provinz Räubereien und Einbrüche aus.

Im Mai 1893 war Emile Henry wieder in Paris und zog Ende des Jahres in eine Kammer einer übervölkerten alten Villa in Belleville, wo er sein neues Mordwerkzeug fabrizierte, das

er am 12. Februar 1894 im Café Terminus zur Explosion brachte.
Er wurde von einem Kellner und einem Polizisten sofort nach dem Attentat auf der Straße verfolgt, schoß sie nieder, zielte auch auf einen Bahnbeamten, der sich ihm in den Weg stellte, verfehlte ihn und wurde schließlich von der aufgebrachten Menge in der Rue Saint-Lazare überwältigt.
Als bei der Gerichtsverhandlung der Präsident ihn fragte, warum er unschuldige Leute habe umbringen wollen, antwortete er, kein Bürger könne jemals unschuldig sein. Diese Ansicht erläuterte er in einer langen Schlußerklärung vor den Geschworenen, die ihn dennoch zum Tode verurteilten:
»[...] alle, die mit der gegenwärtigen Ordnung zufrieden sind, die das Vorgehen der Regierung billigen, es befürworten und sich zu ihrem Komplizen machen, diese Angestellten mit 300 und 500 frs. im Monat, die noch mehr als die dicken Bürger das Volk hassen, diese dumme und ehrgeizige Masse, die sich immer auf die Seite des Stärkeren schlägt, Stammpublikum des Terminus und anderer Cafés. Deshalb habe ich in die Menge geschlagen, ohne meine Opfer vorher auszuwählen. Die Bourgeoisie soll endlich begreifen, daß die, die gelitten haben, ihrer Leiden müde sind; [...] sie kennen keine Achtung vor dem Menschenleben, weil die Bourgeoisie es auch nicht respektiert [...].«[15]
Die Serie der Attentate riß nicht ab. Am 15. März wollte der belgische Anarchist Pauwels die Kirche des mondänen Paris, die Madeleine, in die Luft sprengen; doch seine Bombe zündete bereits auf den Stufen und zerriß ihn selbst. Am 4. April wurde eine Bombe von der Straße aus in das elegante Restaurant des Hôtel Foyot gegenüber dem Luxembourg-Palais geworfen; dabei verlor ein Stammgast, der mit den Anarchisten sympathisierende Schriftsteller Laurent Tailhade, ein Auge, was nicht wenig Schadenfreude hervorrief.

Schließlich wurde am 24. Juni 1894 Sadi Carnot, der Präsident der Französischen Republik, von dem jungen italienischen Bäckergesellen Santo Ieronimo Caserio in Lyon auf offener Straße erdolcht, als er nach der Eröffnung einer Ausstellung durch die fahnengeschmückte Stadt zum Theater fuhr. Im Gegensatz zu dem scharf argumentierenden Emile Henry war dieser Attentäter ein beschränkter Junge, zudem Epileptiker und wohl erblich belastet, denn zwei seiner Brüder wurden wahnsinnig. Nach Lyon kam er, um dem italienischen Wehrdienst zu entgehen. »Seit ich mich mit dem Ideal vermählt habe, spielen Frauen für mich keine Rolle mehr«, bekennt der Einundzwanzigjährige.[16] Ob er, der sich in jeder freien Minute mit fiebernden Wangen an die Lektüre subversiver Propagandaschriften machte, aus eigenem Antrieb oder auf Anstiften und im Auftrag einer Gruppe seine Mordtat vollführte, hat sich nie ermitteln lassen. Deren Folgen waren freilich unerwartet und furchtbar.

Der Mob plünderte die italienischen Läden in Lyon und anderswo. Mindestens zwölf von Caserios Landsleuten fanden bei dem nationalistischen Aufruhr den Tod, viele Tausende ließen Hab und Gut im Stich und flüchteten aus Lyon, Grenoble und Marseille zurück nach Italien.

Vor den Geschworenen erschien Caserio »ohne Gewissensbisse und ohne Prahlerei«, fanatisch überzeugt von seiner Sache bis zum Schluß, ruhig und höflich, außer wenn seine auf Schlagworte reduzierten Theorien angezweifelt wurden.

Die Republik beantwortete die Attentatsserie der Anarchisten mit Ausnahmegesetzen, mit zahllosen und zum Teil willkürlichen Verhaftungen, mit Presseverboten. Auch *La Révolte* und vorübergehend der *Père Peinard* stellten ihr Erscheinen ein. Doch andere Blätter traten an ihre Stelle, z. B. *La Revue libertaire* mit dem Motto »Der Staat ist der Fluch des Individuums«. In Paris erschienen zudem eine Fülle anarchistischer

Emigrantenblätter: *Gridi degli Oppressi, El Productor, Anarchista, Sempre Avanti, Der Anarchist, Porvenir anarchista, De Roode Dulvel* und mit hebräischem Untertitel die *Freie Arbeiterstimme.* Jean Grave gründete nach dem Verbot von *La Révolte* die neue Zeitung *Les Temps Nouveaux.* Den Illegalismus lehnte er in seinen Artikeln entrüstet ab.

Doch immer wieder fanden sich Einzelne oder kleine Gruppen, die im Klassenkampf oder dem, was sie darunter verstanden, auch das Verbrechen für eine wirksame und berechtigte Waffe hielten. Um 1911 machte eine Bande von sich reden, die nach einem ihrer aktivsten Mitglieder Bonnot-Bande genannt wurde. Sie erfand das »motorisierte Verbrechen«, und Menschenleben gegenüber ging sie mit unerhörter Rücksichtslosigkeit vor. Am 21. Dezember 1911 schossen zwei oder drei ihrer Mitglieder in einer belebten Pariser Straße einen Kassenboten nieder und raubten mehr als 500 000 Gold-Franken, das erste *hold-up* in einem gestohlenen Auto. Kurz darauf ermordete die Bande bei einem Raubeinbruch in Thiais bei Orly einen dreiundneunzigjährigen Rentner und seine Dienstmagd. Am 26. Februar 1912 erschoß sie, wieder aus dem Wagen heraus, beim Bahnhof Saint-Lazare einen Polizisten. Der Einbruch in ein Notariatsbüro in Pontoise mißglückte. Am 25. März 1912 hielt sie im Wald von Sénart ein Auto an, erschoß den Berufschauffeur und verwundete die beiden Insassen, einen Geschäftsmann und seinen Sekretär, aufs schwerste, warf die Leiche und die beiden anderen Opfer in den Straßengraben und raubte den Wagen, um ihn bei ihrem Banküberfall in Chantilly zu benutzen, bei dem sie unter den Bankangestellten drei Tote zurückließ, darunter einen Lehrling.

Bonnot und seine Komplizen verkehrten in Anarchistenkreisen und beriefen sich ausdrücklich auf anarchistische Theorien. Mit dem Russen Kibaltchich, dem Herausgeber des Blattes *l'anarchie*, war Bonnot eng befreundet; er ging wohl auch in der Redaktion ein und aus.

Bei einer Razzia in der Redaktion der *anarchie* wurden Kibaltchich und seine Freundin Rirette Maîtrejean verhaftet. Die »rote Midinette«, wie man Rirette genannt hat, schrieb später:

»Unsere Ideen waren schön [...]. Leider verstanden diese Neulinge, die jungen Burschen, nicht die abstrakte Lehre daraus zu ziehen. Sie haben getötet [...] Und das vergossene Blut fiel auf uns zurück.«[17]

Sie und auch Kibaltchich wurden zu Gefängnis verurteilt. Bei Ausbruch der russischen Revolution finden wir ihn unter dem Namen Victor Serge in Rußland, wo er, ehe er in den Westen zurückkehrte, eine gewisse Rolle gespielt hat. Als Victor Serge hat er seine Memoiren und Romane veröffentlicht, vor allem *L'an I de la révolution russe.**

Auf die Spur der Bonnot-Bande kam man durch die Verhaftung ihres Automechanikers Dettwiller. Doch bei dem Versuch, Bonnot im Haus eines Trödlers in Ivry zu verhaften, erschoß er den *Sous-chef de la Sûreté* und einen Polizisten, entkam und fand Unterschlupf bei einem Garagisten in Choisy-le-Roi, wo er abermals gestellt wurde. Doch erst mit einem großen Aufgebot an Polizei und sogar Militär wurde man seiner Herr. Die kleine Vorstadtvilla wurde regelrecht umkämpft und schließlich samt den Verteidigern mit Dynamit in die Luft gesprengt. Das dramatische Ende trug wohl dazu bei, daß man Bonnot und seine Spießgesellen mit der heroisierenden Bezeichnung »les bandits tragiques« idealisiert hat.

Bei den führenden Köpfen, wenn der Ausdruck bei einer antiautoritären Bewegung erlaubt ist, war man freilich längst zu der Überzeugung gekommen, daß Einzelaktionen und Illegalismus eher schadeten und die erhoffte Entwicklung brem-

* Erschienen 1928 in Paris. Das Jahr I der russischen Revolution.

sten. Schon 1892, dem Gründungsjahr der *Fédération des Bourses du Travail** (F.B.T.), die 1902 mit der *Confédération Générale du Travail* (C.G.T.) fusionierte, hatten Kropotkin, Malatesta, Malato und Louise Michel zum Eintritt in die Syndikate aufgefordert, bei denen auch in Frankreich weitgehend anarchosyndikalistische Tendenzen vorherrschten, so daß man von einem revolutionären Syndikalismus sprechen konnte.

Doch auch nach dem 1. Weltkrieg kam es noch zu anarchistischen »Einzelaktionen« in Frankreich. Am 11. 2. 1919 schoß der zweiundzwanzigjährige Arbeiter Emile Cottin auf Clémenceau, den »père de la victoire«; von den sieben Kugeln verwundete ihn eine. Und am 23. 1. 1923 tötete Germaine Berton durch Revolverschüsse den Chef der *Camelots du Roi*, Marius Plateau, Führer der extremen, royalistischen Jugendorganisation, und wurde deshalb mit dem Titel »Mademoiselle Bovary der Anarchie« belegt. Anarchistische Gestalten haben die Literatur immer wieder beschäftigt, anarchistische Gedanken und Vorstellungen immer auch Widerhall in der Welt der Künste gefunden.

* Föderation der Arbeiterbörsen.

XIII. KAPITEL

Ästhetischer Anarchismus

Da in der Kunst seit ihrer Säkularisierung der Individualismus sich als das Bestimmende behauptete, mußten mit dem Kampf gegen die traditionellen Regeln und mit der Suche nach immer neuen und immer stärker aufgelösten Formen, Hand in Hand mit der Neigung, dem Theoretischen die grundsätzliche Initiativrolle einzuräumen, auch künstlerische Richtungen aufkommen, die ihre geistigen Anregungen bei dem individualistischen Anarchismus suchten. Zwar war die Beziehung zwischen den neuen kulturellen Experimenten und dem Anarchismus häufig nur die einer deutlichen Parallelität, doch nicht selten gab es auch konkrete Wechselwirkungen und direkte Überschneidungen. An positiven Stellungnahmen von Künstlern zu anarchistischen Gedankengängen und Phänomenen hat es nicht gefehlt.

Schon Stéphane Mallarmé (1842–1923) antwortete von seinem Parnaß herab voll Nachsicht, als man ihn um seine Ansicht über den Bombenterror bat, »er könne die Taten dieser Heiligen nicht diskutieren«.[1] Auch Maurice Barrès (1862–1923) bekannte sich in frühen Jahren, ehe er sich dem Chauvinismus verschrieb und einen Platz in der Académie Française einnahm, zum militanten Anarchismus. In seinem Roman *Leurs figures* (1902) hat er eine Gestalt nach dem Modell des Terroristen Emile Henry gezeichnet:

»Düsteres Kind, das den Frieden verachtet und das nirgends Sympathien findet, um seine Härte zu schmelzen! Großmütiges Herz eines Jünglings in der Einsamkeit von Paris und in einer Zeit, in der die soziale Ordnung offen die höchsten Infamien beschützt.«

Die pathetische Romanfigur begeht ein ähnliches Attentat wie Henry und rechtfertigt es wie jener:

»Ehe er [von der Menge gelyncht] im Kommissariat den Geist aufgab, hatte er seine Tat als aufs höchste gerecht gerühmt, weil er, wie er sagte, auf den bloßen Zufall hin zuschlug, und weil jedes Glied der Gesellschaft für die sozialen Ungerechtigkeiten verantwortlich sei.«

Bereits in *L'Ennemi des Lois** (1892) hat Barrès einen vollkommenen Anarchisten, als typischen Vertreter der literarischen jungen Generation der frühen neunziger Jahre in Frankreich, geschildert. Später begann das Sozial-Anarchistische, wie übrigens bei vielen damals mit dem Anarchismus sympathisierenden Künstlern und Schriftstellern, für ihn eine untergeordnete Rolle zu spielen, da das Streben nach »Selbstverwirklichung« und der »Kult des Ichs« überwogen.

Solche Haltung führte schließlich zu einem rein ästhetisierenden Anarchismus, für den ein Autor wie Zo d'Axa, Herausgeber der Anarchistenblätter *En dehors* und *La Feuille*, mit bürgerlichem Namen Galland, ein Beispiel lieferte:

»Leben außerhalb der unterjochenden Gesetze, außerhalb der engen Regeln, außerhalb sogar der für künftige Zeiten ideell formulierten Theorien. Leben ohne ans himmlische Paradies zu glauben, und ohne allzusehr das irdische Paradies zu erhoffen; für die gegenwärtige Stunde leben, fern den Luftspiegelungen künftiger Gesellschaftsordnungen; leben und diese Existenz in der hohen Lust des sozialen Kampfes fühlen [...].«[2]

* Der Feind der Gesetze.

Diese egozentrische Richtung geht zum großen Teil auf Einflüsse der Schriften von Friedrich Nietzsche zurück:
»Wer darüber nachdenkt, auf welche Weise der Typus Mensch zu seiner größten Pracht und Mächtigkeit gesteigert werden kann, der wird zu allererst begreifen, daß er sich außerhalb der Moral stellen muß: denn die Moral war im wesentlichen auf das Entgegengesetzte aus, jene prachtvolle Entwicklung, wo sie im Zuge war, zu hemmen und zu vernichten.«[3]
Wenn Nietzsche den Nihilismus bejaht, so darum, weil er darin »Endprodukt und Paroxysmus des abendländischen [...] Kulturverfalls – und zugleich in diesem Verfall den Abbau der geltenden Wertordnungen und somit [...] Voraussetzung einer Neuschöpfung von Kultur und Wertungen«[4] sieht. Im *Willen zur Macht* heißt es:
»Denn warum ist die Heraufkunft des Nihilismus nunmehr notwendig? Weil unsre bisherigen Werte selbst es sind, die in ihm ihre letzte Folgerung ziehen, [...] weil wir den Nihilismus erst erleben müssen, um dahinter zu kommen, was eigentlich der Wert dieser Werte war [...] Wir haben, irgendwann, neue Werte nötig.«
Der Dadaismus, der die Philosophie des »Was fällt, das soll man auch noch stoßen« auf die hergebrachten und verbrauchten Kunstformen anwendet, negiert sogar den Konsens, sich verständlich zu machen. Nicht von ungefähr unterscheidet der französische Kritiker Jean Paulhan in der Literatur zwischen »Terroristen«, den »Sprachzerstörern«, die die vorgeprägte Form, das überkommene Sprachbild zertrümmern wollen, um der ursprünglichen Inspiration ihren reinsten Ausdruck zu verschaffen, und andererseits den »Rhetorikern«, denen es auf Mitteilung ankommt, die sich also – und sei es mittels unproblematischer Formen, ja sogar Klischees – verständlich zu machen streben. Er selbst hält es mit den letzteren, da der »Terror« in der Literatur schließlich zum geistigen Selbst-

mord, zum völligen Verstummen, führen müsse. Zu den »Terroristen« rechnet er auch die Surrealisten.[5]

Wie sehr Surrealismus und Anarchismus in der Tat sich überschneidende Phänomene sind, geht auch aus den verschiedenen surrealistischen Manifesten hervor, in denen die Kulturkritik deutlich politische Akzente annimmt:

»Wir sind gewiß Barbaren, denn eine gewisse Form von Kultur ekelt uns an [...] Überall, wo die abendländische Kultur herrscht, haben alle menschlichen Bindungen aufgehört, außer denen, die im materiellen Interesse ihren Grund haben [...] Seit einem Jahrhundert ist die Menschenwürde auf den Rang eines Tauschwertes heruntergedrückt. Unrecht und monströs ist schon, daß, wer nichts besitzt, von dem, der besitzt, geknechtet wird; doch wenn diese Unterdrückung den Rahmen des einfach zu zahlenden Lohnes überschreitet und zum Beispiel die Form der Sklaverei annimmt, die die Hochfinanz auf den Völkern lasten läßt, so ist das eine Unbilligkeit, die durch kein Massaker wird gesühnt werden können. Wir akzeptieren nicht die Gesetze der Wirtschaft und des Tausches, wir akzeptieren nicht die Sklaverei der Arbeit, und in noch weiterem Umfang erklären wir uns im Aufstand gegen die Geschichte. Die Geschichte wird von Gesetzen gelenkt, die durch die Feigheit der Individuen bedingt sind, und wir sind gewiß keine Humanitären, auf welcher Stufe auch immer. – Unsre Ablehnung jenes konsentierten Gesetzes, unsre Hoffnung auf neue Kräfte, auf unterirdische, die die Geschichte umzuwerfen vermögen, und die die lächerliche Verkettung der Tatsachen zerbrechen werden, läßt uns die Augen gen Asien kehren. Denn kurz und gut, wir brauchen die Freiheit, doch eine Freiheit, die nach unsren tiefsten geistigen Notwendigkeiten, nach den striktesten und menschlichsten Erfordernissen unseres Fleisches geformt ist. Wirklich Angst haben immer nur die anderen. Die moderne Zeit ist nun abgelaufen. Die Stereotypie der Gesten, der Taten, der Lügen Europas hat den Zyklus des Ekels abgeschlossen. Die Reihe ist an den Mongolen, auf unseren Plätzen zu kampieren.«[6] Dieses Manifest ist in den zwanziger Jahren von den Surrealisten Louis Aragon, Antonin Artaud, André Breton, Paul Eluard, Max Ernst, Raymond Queneau und anderen unterschrieben worden.

Im ›Surrealistischen Manifest‹ von 1924 fordert André Breton (geb. 1896) dazu auf, auf die Straße hinabzusteigen und den erstbesten Passanten mit dem Revolver niederzuschießen, also zur »action gratuite«, wie sie die Terroristen à la Henry nicht anders geübt hatten.

Der ästhetische Anarchismus nähert sich zuweilen sehr bedenklich dem Faschismus und schlägt nicht selten in ihn um, wie es Entwicklungen avantgardistischer Gruppen in Italien gezeigt haben. Mussolini selbst ist ein Beispiel dafür, wie ein ehemaliger Anarchist sich radikal zum Diktator wandeln kann. Nicht von ungefähr berief er sich auf Georges Sorel (1847–1922), dessen Theorien[7] in ihrer Ambivalenz von Faschisten und Anarchisten gleichermaßen in Anspruch genommen werden. Beide politischen Richtungen treffen sich in der Forderung nach der verselbständigten Aktion. Sorel hatte eine »Technik des Staatsstreichs« entworfen, und seine Theorien bildeten auch die ideologischen Grundlagen der *Action Française* mit ihrem Rechtsradikalismus.

Philippe, der Sohn des Gründers der *Action Française*, Léon Daudet, wiederum schloß sich den Anarchisten an. Mit fünfzehn Jahren suchte er die Redaktion des *Libertaire* auf und wollte sich für eine »Propaganda-Tat« zur Verfügung stellen. Angeblich verschaffte ihm ein als Spitzel bekannter Buchhändler am Boulevard Beaumarchais eine Waffe, und eine halbe Stunde später fand man den Jungen tot in einem Taxi. Was eigentlich vorgefallen war, ist niemals ganz aufgeklärt worden.

XIV. KAPITEL

Von Wien bis Chicago

In Deutschland und dem deutschsprachigen Österreich traten anarchistische Bewegungen verhältnismäßig spät auf; Max Stirners Buch blieb ohne Wirkung. Ende der siebziger Jahre des 19. Jahrhunderts machte sich innerhalb der deutschen Sozialdemokratie erstmals eine libertär-sozialrevolutionäre Strömung bemerkbar. Einer ihrer relativ erfolgreichsten Initiatoren war der ehemalige Buchbindergeselle Johann Most (1846–1906). Auf ihn zielten vermutlich auch die Worte, die Engels am 24. Mai 1875 an Marx schrieb:
»Der Fluch der bezahlten Agitatoren, der Halbgebildeten, fällt schwer auf unsere Partei in Deutschland. Wenn das so weitergeht, so werden bald die Lassalleaner die klarsten Köpfe sein, weil die am wenigsten Unsinn aufnehmen.«[1] In der anarchistischen Richtung gab es nur ständig fluktuierende Gruppen und Sekten, die sich meist gegenseitig befehdeten, überregionale Zusammenschlüsse so gut wie niemals zustande brachten und nur eine verwirrende Menge von kleinen Zeitschriften und Blättern von kurzer Lebensdauer mit häufig wechselnden Namen und Redakteuren herausgaben. Auf 25 Jahrgänge hat es nur die 1878 von Most in der Emigration gegründete *Freiheit* gebracht.
Johann Most war in Augsburg am 5. Februar 1846, wie er ironisch schrieb, auf »polizeiwidrige« Weise zur Welt gekom-

men, da der Vater, ein Kanzleischreiber, und die Mutter, eine Gouvernante, erst zwei Jahre später heirateten. In den Memoiren schilderte er die Prügelpädagogik der Schulpraxis, die mindestens bis zum Tod der Mutter im Gegensatz zu der Erziehung im Elternhaus stand. Einer der Lehrer war besonders verhaßt.

»Hinter seinem Katheder war eine förmliche Sammlung von Schlagwerkzeugen exhibiert: Ruten, Riemen, Rohr- und Haselnußstöcke, Ochsenziemer, zusammengeflochtene Baßgeigensaiten etc. Und sooft er Exekutionen vornahm, stand er erst eine Weile vor seinem Folterkasten, um zu erwägen, was wohl dem betreffenden Sünder gegenüber am schlagendsten wirken könne.«[2]

Jedenfalls gelang es diesem Pädagogen, seinem Schüler die Auflehnung auf das dauerhafteste einzugerben, so daß es später von Most heißen konnte: »Er glich dem Revolutionär, der, wie Danton sagte, an Stelle des Herzens eine Sturmglocke hatte.«[3]

Nachdem die Mutter 1856 an der Cholera gestorben war, vollendete die zweite Frau des Kanzleischreibers, als die buchstäblich böse Stiefmutter, die Verhärtung des Knaben.

»So wurde meine früheste Jugendzeit mir gründlich verbittert. Und da ich so wenig Liebe genoß, so entfaltete sich in meinem Herzen ein unbändiger Haß – damals gegen den weiblichen Haustyrannen. Und dieses Übergewicht in der negativen Gefühlsentwicklung scheint schon damals so stark gewesen zu sein, daß es für das ganze spätere Leben maßgebend blieb. Denn wo und wann immer private oder öffentliche Tyrannen vor mir in Erscheinung traten – ich mußte sie von ganzer Seele hassen.«[4]

Dem Kind stieß zudem ein weiteres, sein Leben bestimmendes Unglück zu. Eine Operation entfernte 1859 eine vom Knochenfraß befallene Partie des linken Unterkiefers mit dem

Ergebnis, daß das Gesicht des Patienten stark entstellt blieb und er deshalb viele Demütigungen ertragen mußte, obwohl er später die abstoßende Narbe unter dem Bartwuchs zu verstekken suchte. Die Lehrzeit bei einem Buchbinder war, wie üblich, reich an Lehrlingsschindereien, und weil der junge Most einmal die pflichtgemäße »Christenlehre« schwänzte, machte er seine erste Bekanntschaft mit dem Polizeiarrest. Sein glühender Traum, Schauspieler zu werden, zerbrach an der abscheulichen Narbe, und so agierte und agitierte er denn sein Leben lang voller Engagement auf den Rednertribünen der Parteiversammlungen.

Nach beendeter Lehrzeit lernte er als Wanderbursche Deutschland, die Schweiz, Oberitalien, Österreich und Ungarn kennen. Die Gesichtsentstellung war ihm oft ein Hindernis und erschwerte es ihm sogar, Arbeit zu finden.

»Jedesmal, wenn ich solche Erfahrung machte, erfaßte mich grenzenlose Wut – mitunter dachte ich an Selbstmord – oft beschlich mich allgemeiner Menschenhaß – zuletzt resignierte ich immer, mich als Vagabund zu behaupten. Und es ist sehr wahrscheinlich, daß es für immer sein Bewenden dabei gehabt hätte, wenn ich nicht beizeiten in den Strudel der Arbeiterbewegung hineingerissen worden wäre.«[5]

1867 begegnete er in dem Schweizer Jura, dem Brennpunkt des libertären Sozialismus, in Locle sozialistischen Gruppen und Ideen.

»Es schwebte mir endlich ein Lebenszweck vor Augen, der über den bloßen Kampf ums Dasein und die Befriedigung augenblicklicher individueller Bedürfnisse hinausging [...] Die Sache der Menschheit war fortan meine Sache.«[6]

Er las viel, vor allem die Schriften von Lassalle. Schon hatte er auch die ersten Agitationserfolge: Die Teilnehmerzahl an den Versammlungen stiegen auf das Vierfache. Dann tauchte er in Zürich auf, »ein schüchterner junger Mann, mager, bartlos, mit einem schief gezogenen Gesicht«.[7] In Wien trug ihm die Agitation einen Hochverratsprozeß ein, weil er mit der Forderung des Koalitionsrechts einen Protestmarsch organisiert hatte. Während der Untersuchungshaft gelang es ihm, für die Mitgefangenen heimlich das chiffrierte Blättchen *Nußknacker* herauszugeben. Die fünf Jahre Zuchthaus wurden schon 1871 durch eine Amnestie verkürzt, doch Most wurde aus Österreich ausgewiesen.

Er suchte in Leipzig Wilhelm Liebknecht auf, den Mitbegründer der Sozialdemokratischen Partei Deutschlands, der ihn seiner Schilderung nach ziemlich kühl abfertigte; Bebel dagegen habe ihn sehr herzlich aufgenommen, berichtet er später. Most übernahm die Redaktion der *Chemnitzer Freien Presse;* diese journalistische Tätigkeit brachte ihm 43 Vorladungen und insgesamt zehn Monate Gefängnis u. a. wegen Majestätsbeleidigung ein. 1874 wurde er von den Chemnitzer Arbeitern in den Reichstag gewählt, doch schon bald zeigte er sich als Anti-Parlamentarier. Die Ehe mit einer jungen Arbeiterin verlief wenig glücklich, da ihm bei seiner fieberhaften politischen Tätigkeit für das Privatleben kaum Zeit blieb; schon 1880 trennte sich das Paar wieder. Während einer diesmal 26 Monate währenden Gefängnishaft in Plötzensee schrieb der Autodidakt das Buch *Die sozialen Bewegungen im alten Rom und der Zäsarismus.* Die *Berliner Freie Presse,* deren Redaktion er nach seiner Freilassung übernahm, machte er zur verbreitetsten sozialistischen Zeitung des damaligen Deutschlands und steigerte den Absatz von 2000 auf 15 000 Exemplare.

In Berlin geriet er unter den Einfluß des blinden Philosophen Eugen Dühring (1833–1921), dem 1877 von der preußischen Regierung die Lehrerlaubnis an der Universität entzogen wurde, während im selben Jahr Marx und Engels ihren *Anti-Dühring* herausgaben. Dühring, der eine »anti-kratisch sozia-

litäre« Lehre aufstellte und sich gegen den Staatssozialismus wandte, stand auch dem Anarchismus kritisch gegenüber:
»Was aber das vermeintliche Ideal der Anarchie als Herrschaftslosigkeit betrifft, so wäre der bloße Einspruch gegen die unbedingte Verewigung des Verhältnisses von Herr und Knecht an sich nicht zu tadeln. Dagegen ist aber zu bedenken, daß eine Selbstherrschaft der Gesellschaft doch nur in dem Maße eintreten kann, in welchem zuvor jeder Einzelne gelernt hat, sich selbst zu beschränken und zu beherrschen.«[8] Er hält aber an seiner antiautoritären Auffassung fest:
»Auch sei daran erinnert, daß alles echt Sozialitäre antikratisch ist; denn es beruht zu allererst auf dem Einspruch gegen ungerechte Vergewaltigung. Es erkennt keine Massenautorität, ja keine Rechte der Mehrheiten als solcher an.«[9] Dühring soll sich auch für Bakunin ausgesprochen haben, der, wie er meinte, »in einigen Punkten recht habe, und jedenfalls in seinen Ideen und seinem Charakter anständiger sei als Marx«.[10]
Johann Most trat für den »anti-kratischen« Philosophen ein, der später allerdings seine eigene Lehre zertrümmerte. Most wandte sich in einem Brief an Engels gegen den schroffen und ausfallenden Ton der Polemik und plädierte für eine sachliche, den Prinzipien der allgemeinen Toleranz entsprechende Haltung Dühring gegenüber. Diese Parteinahme brachte ihn natürlich in noch schärferen Gegensatz zu Marx, für den er, nicht zuletzt wegen gewisser theoretischer Unzulänglichkeiten, schon immer ein Greuel gewesen war:
»Die Arbeiter selbst, wenn sie wie Herr Most und Konsorten die Arbeit aufgeben und Literaten von Profession werden, stiften stets ›theoretisch‹ Unheil an und sind stets bereit, sich an Wirrköpfe aus der angeblich ›gelehrten‹ Klasse anzuschließen.«[11]
Im Frühjahr 1878 ereigneten sich die beiden Attentate auf den

deutschen Kaiser. Am 11. Mai feuerte Max Hödel Unter den Linden drei Schüsse auf Wilhelm I. ab, ohne ihn zu treffen. Hödel war 21 Jahre alt und hatte in sozialistischen und anarchistischen Kreisen verkehrt, ohne sich zu fixieren, da er andererseits auch den Christlich-Sozialen des berüchtigten Hofpredigers Stöcker zuneigte. Bismarck beantragte sofort im Reichstag Ausnahmegesetze gegen die Sozialdemokraten, die jedoch mit 243 gegen 60 Stimmen abgelehnt wurden.

Am 2. Juni schoß Dr. Karl Nobiling aus einem Fenster Unter den Linden mit einer Schrotflinte auf den vorüberfahrenden Kaiser und verwundete ihn schwer. Als man ins Zimmer des Attentäters eindrang, verteidigte er sich zunächst mit einem Revolver und schoß sich dann eine Kugel in den Kopf. Die Motive seines Anschlags sind nie aufgeklärt worden. Er entstammte einer königstreuen Familie, gehörte keiner Partei an und hatte sich in politischen Versammlungen des öfteren gegen sozialistische Bestrebungen ausgesprochen. Er starb an seiner Verwundung ein Vierteljahr später, ohne daß es der Polizei gelungen war, Licht in die dunkle Angelegenheit zu bringen. Möglicherweise war er bis zu seinem Tod gar nicht mehr vernehmungsfähig gewesen. Doch schon am Abend des 2. Juni setzte eine Lügenkampagne ein. Das Wolff'sche Telegraphenbüro verbreitete eine Depesche, in der Nobiling sozialdemokratischer Tendenzen beschuldigt wurde. Die nachfolgende Hetze schuf eine Atmosphäre, in der das Denunziantentum giftige Blüten trieb. Im Reichstag schlug die Stimmung um; am 21. 10. nahm er nach einer Neuwahl das Gesetz »gegen die gemeingefährlichen Bestrebungen der Sozialdemokratie«, kurz »Sozialistengesetze« genannt, an.

Most hatte seit Mai wieder eine Gefängnisstrafe verbüßt, und als er Mitte Dezember entlassen wurde, fand er sich in einem Deutschland, in dem aus der Öffentlichkeit alles Sozialistische verschwunden war. Er selbst stand in Berlin und Hamburg bei eingeschüchterten ehemaligen Genossen vor verschlossener Tür; man riet ihm dringend zu emigrieren.

So verließ er Deutschland Ende 1878 für immer und fuhr nach London, dem Asyl für Emigranten aller politischen Richtungen. Kaum angekommen faßte er den Entschluß, eine Zeitung zu gründen. Am 26. Dezember 1878, abends 10 Uhr, »befanden wir uns in einer Kneipe [...] etwa 20 Kopf stark. Da jeder wußte, daß ich völlig mittellos war, und das es schwerhalten werde, in genössischen Kreisen Geld aufzutreiben [...], da also keiner Ursache hatte, an Illusionen auch nur zu denken, so waren alle geneigt, die Sache als einen schlechten Witz aufzufassen. Mir aber war es blutiger Ernst, und mit einer gewissen alt-bayerischen Grobheit machte ich den anderen klar, daß ich in solchen Sachen keine Späße verstünde [...]. Ich nahm nach echter Handwerksburschenmanier meinen Hut zur Hand, hielte eine fünfminütige Brandrede, ging rund um und ›focht‹ das Geld für die erste Nummer – zehn Pfund Sterling –, das auch richtig zusammenfloß.«[12]

Nach Deutschland mußte das Blatt eingeschmuggelt werden, zu seiner Tarnung unter verschiedenen Titeln wie »Lehmann«, »Bismarck« oder »???«. Die innerdeutsche Parteileitung rückte wegen der radikalen Tendenz von Mosts Publikationen ab. Unter dem Einfluß des Bakuninisten Victor Dave wurde diese Tendenz immer radikaler, so daß es bald zwischen Most und der sozialdemokratischen Führung zum völligen Bruch und schon 1880 zu seinem Parteiausschluß kam.

Er selbst schrieb später über diese Zeit:

»Mehr und mehr entwickelte ich mich nun zum Anarchisten. Den unmittelbaren Anstoß hierzu gab August Reinsdorf, welchen ich während meiner Schweizer Reise [...] näher kennengelernt hatte und mit dem ich fortan in regelmäßiger Korrespondenz blieb. [...] Was den Staat anbelangt, so hielt ich dafür, daß es sich nicht gezieme, diesen Begriff aufrechtzuerhalten, aber was mir als Substitut vorschwebte, war auch nichts besonders Besseres, nämlich eine Föderation von Kommunen, welche die ›freie Gesellschaft‹ vorstellen sollte. Kommunistischer Anarchist [...] wurde ich erst später, namentlich durch die diesbezüglichen Agitationsschriften Kropotkins.«[13]

August Reinsdorf (1849–1885), ein ehemaliger Schriftsetzer aus Pegau bei Leipzig, sollte wenige Jahre später noch von sich reden machen, ehe er auf dem Schafott starb.

Die zu extremen Handlungen aufreizenden Artikel der *Freiheit* hatten einen ungewollten Erfolg: Sie führten zum ersten Hochverratsprozeß unter den Sozialistengesetzen gegen Frankfurter und Darmstädter Anarchisten, die sich, von dem Blatt angeheizt, mit Mordplänen zu beschäftigen begannen und einem vom Frankfurter Polizeirat Rumpf angeheuerten Provokateur, dem Schneider Horsch, auf den Leim gingen.

Da Most in der Nummer der *Freiheit* vom 9. März 1881 das tödliche Attentat auf Zar Alexander II. verherrlicht hatte, wurde er von der englischen Justiz zu 16 Monaten Zuchthaus verurteilt. An dem in jenem Jahr stattfindenden Londoner Anarchistenkongreß, auf dem die berüchtigte, zum Illegalismus auffordernde Resolution gefaßt wurde, konnte Most also nicht teilnehmen; doch diese Resolution entsprach durchaus seiner eigenen Einstellung. Dank seines Fanatismus und seiner Willenskraft gelang es ihm, sich in strenger Isolierhaft Schreibmaterial zu beschaffen und Artikel für die *Freiheit* aus dem Zuchthaus hinauszuschmuggeln:

»Für gewisse häusliche Zwecke lieferte man den Gefangenen jede Woche einige Blättchen Papier [...]. Bei den kurzen Spaziergängen im Gefängnishof gelang es ihm, solche Blättchen von anderen Gefangenen gegen Brot einzutauschen. Tinte bereitete er sich selbst, indem er Kalk, den man den Gefangenen jede Woche zum Putzen des Blechgeschirrs aushändigte, mit dünnem Haferschleim mischte und auf diese Weise eine Art Farbe herstellte, die ganz gut auf Papier aufgetragen werden konnte. Als Feder diente ihm eine Nadel, die er mit Zwirn umwickelte, damit die ›Tinte‹ daran haftenblieb. Schreiben konnte er nur zwischen 5 und 8 Uhr des Abends, nachdem die Nachtwache ihren Dienst angetreten hatte. Da die Wächter in Filzschuhen durch die Gänge schlichen und jeden Moment durch den sogenannten ›Judas‹ in die Zellen schauen konnten, so konnte Most seine literarische Tätigkeit nur ausüben, indem er sich auf den Bauch direkt an der Tür flach auf den Boden legte.«[14]

Während seiner Gefangenschaft wurde die *Freiheit* von dem Holsteiner John Neve herausgegeben, der in London als Tischler lebte und später bei einer heimlichen Einreise nach Deutschland aufgegriffen wurde. Sein Leben beendete er im Zuchthaus. An den Umständen seiner Verhaftung entzündeten sich gegenseitige Verdächtigungen unter den Londoner Gruppen und eine lebenslange Feindschaft zwischen Most und dem österreichischen Anarchisten Josef Peukert (1855–1910), der eine Zeitlang in Wien die Zeitschrift *Zukunft* herausgegeben hatte.

Die Redaktion der *Freiheit* wurde vorübergehend nach Schaffhausen verlegt. Dort gelang es dem preußischen Polizeiagenten Schröder-Brennwald, sich gut getarnt unter die Herausgeber zu mischen. Erst 1888 wurde er entlarvt. Als Geschäftsführer war der Schustergeselle Hermann Stellmacher eingesetzt, der seinerseits alsbald durch eine schauerliche Affäre der Kriminalgeschichte Stoff liefern sollte.

Most schiffte sich nach seiner Entlassung aus dem Zuchthaus im Oktober 1882 in Liverpool auf der *Wisconsin* nach New York ein. In Amerika begab er sich sofort auf eine Agitationsreise durch die Staaten. Doch seine Wirkung in den USA beschränkte sich in all den Jahren hauptsächlich auf deutsche

Emigranten, von denen sich 7000–8000 als Mitglieder bei anarchistischen Gruppen einschreiben ließen.
Der Arbeitskampf hatte in Nordamerika besonders brutale Formen angenommen. Die Einwanderer bildeten eine hilflose, häufig analphabetische Masse, die sich ausnützen ließ. Kein Gesetz schützte etwa die Bergarbeiter, deren Arbeitszeit täglich bis zu vierzehn Stunden betrug, und die mit ihren Familien in Siedlungen der Bergbau-Gesellschaft wohnten, die in unsagbarem baulichen Zustand waren.
In den Scranton Anthracite Mining Districts von Pennsylvanien, wo die Hälfte der Bergleute aus eingewanderten Iren bestand, hatte sich schon in den sechziger Jahren eine Geheimgesellschaft gebildet, die sich Molly maguires nannte. Zwischen 1865 und 1875 gingen zahlreiche Gewalttaten auf ihr Konto, durch die sie eine Besserung der unmenschlichen Lebens- und Arbeitsbedingungen erzwingen wollte. Legalere Wege schienen aussichtslos, da die örtliche Polizei und Justiz gänzlich von den Bergwerksbesitzern kontrolliert und gegängelt wurden. So versuchte die Molly maguires, die Grubenleitung und die einzelnen Polizisten durch Mordanschläge einzuschüchtern und unter ständiger Drohung zu halten. Den Höhepunkt in der Tätigkeit dieser Geheimgesellschaft stellte der große Streik dar, den sie 1875 organisierte. Doch durch die Spitzeldienste eines Mannes namens MacParlan, der im Sold der berüchtigten Pinkerton-Detektiv-Agentur für die Industrieherren arbeitete, wurde der Geheimbund schließlich zerschlagen und lahmgelegt. Die Pinkerton-Agentur vermietete auch organisierte Streikbrecher. Sie warb mit folgendem Zirkular:
»Pinkertons Schutzpatrouille ist mit einer Nationalen Detektiv-Agentur verbunden [...]. Gesellschaften oder einzelne Unternehmer, die die Gesinnung ihrer Arbeiter auszukundschaften wünschen, falls die letzteren die Absicht bekunden, in

Streiks zu treten oder geheimen Verbindungen wie den ›Rittern der Arbeit‹ angehören, können jederzeit einen geeigneten Detektiv von uns zugewiesen bekommen, der sich unter die Arbeiter mischt und sie über ihre Gesinnung aushorcht. Wenn man solche Mittel zeitig ergreift und die Rädelsführer ausmerzt, ist es häufig der Fall, daß dadurch Schlimmeres verhütet wird. – W. A. Pinkerton, R. A. Pinkerton, New York und Chicago.«

Mosts *Freiheit* kam nach seiner Übersiedlung in New York heraus, unter der Ägide seines Freundes Justus Schwab. Nach Max Nettlau »gab Most sich ferner die sehr schwere [...] Aufgabe, terroristische Aktionen in Deutschland aus der Ferne zu inszenieren, wozu er Geldmittel sehr diskret sammeln und dann an einzelne Personen, die sich aktionsbereit erklärten oder auch Zwischenpersonen übergeben mußte.«[15]

Zu solchen »terroristischen Aktionen« kam es zu Beginn der achtziger Jahre in Deutschland und Österreich mehrfach. Inwieweit Most den Anstoß dazu gab, läßt sich kaum feststellen. 1882 verübten zwei Anhänger der radikalsten Richtung, Josef Engel und Franz Pfleger, einen Raubüberfall auf den Schuhfabrikanten Merstallinger in Wien, den sie mit Chloroform betäubten. Sie fanden bei ihm aber nur einige hundert Kronen, so daß sie den Plan, eine Geheimdruckerei zu finanzieren, nicht verwirklichen konnten. Sie wurden gefaßt und erhielten je zwölf Jahre Zuchthaus. Am 22. Oktober 1883 wurde in Straßburg der Apotheker Lienhard ermordet und beraubt, in derselben Nacht auch ein Soldat auf der Wache von vier Unbekannten tödlich verwundet. Einen Monat darauf, am 23. November, ereignete sich in Stuttgart der Raub- und Mordüberfall auf den Bankier Heilbronner. Gegen 6 Uhr abends drangen drei Männer in sein Bankgeschäft ein, schlugen ihn und einen zufälligen Besucher nieder und nahmen eine ansehnliche Summe mit. Schon am Tag darauf wurde in einem

Erster-Klasse-Abteil des Zuges nach Basel ein Verdächtiger verhaftet, der als der Slawonier Michael Kumics, Mitglied anarchistischer Gruppen in der Schweiz, identifiziert wurde. Er bekannte schließlich, an den Verbrechen in Straßburg und Stuttgart beteiligt gewesen zu sein. Die Beute sei zur Förderung der »sozialistischen Bewegung« bestimmt gewesen, behauptete er, und Most in New York reklamierte die Tat auch sofort für den Anarchismus; in der *Freiheit* empfahl er sogar: »Immer frisch drauflos geheilbronnert!«
Schon am 15. September 1883 war in Wien der Polizeikommissar Hlubeck auf dem Heimweg von einer Anarchistenversammlung, die er zu überwachen gehabt hatte, erschossen worden. Einer der Redner, auf den ein gewisser Verdacht fiel, wurde zu zwölf Jahren Zuchthaus verurteilt. Das grausigste Gemetzel aber fand am 10. Januar 1884 in Wien statt. Zwischen 5 und 6 Uhr abends – die Gaslampen brannten schon – drangen bei dem Geldwechsler Heinrich Eisert in der Wiener Innenstadt zwei Männer ein und erschlugen ihn mit dem Beil. Erst dann bemerkten sie, daß die Wechselstube von dem Wohnzimmer lediglich durch eine Glasscheibe getrennt war. Die beiden Söhne Eiserts, neun und elf Jahre alt, und ihre Sprachlehrerin waren Zeugen des Mordes geworden, deshalb wurden auch sie von den Tätern niedergeschlagen. Wie Eisert selbst waren auch die beiden Knaben tot, während das alte Fräulein mit einer schweren Kopfverletzung davonkam und später im Prozeß als Kronzeugin auftreten konnte. Einen Zusammenhang mit dem Straßburger und dem Stuttgarter Verbrechen ahnte die Polizei noch nicht.
Vierzehn Tage später, am 25. Januar, wurde in der Frühe zwischen 7 und 8 Uhr in einem Wiener Vorort der Polizist Blöck auf dem Weg zum Dienst aus dem Hinterhalt erschossen. Diesmal nahmen zufällige Augenzeugen die Verfolgung des Schützen auf und konnten ihn fassen. Es war jener

Hermann Stellmacher, der während der Schaffhauser Periode als Geschäftsführer von Mosts *Freiheit* fungiert hatte, Anarchist und Bewunderer Netschajews; verschlossen, hart, rechthaberisch, gewalttätig und – opferwillig wird er von Leuten, die ihn kannten, genannt. Noch widersprüchlicher scheint der Charakter seines Kumpanen Anton Kammerer gewesen zu sein, mit dem zusammen er, wie sich erwies, die Straßburger, die Stuttgarter und die Wiener Raubmorde begangen hatte. Kammerer war wie Most Buchbinder und wird als »hilfsbereit bis zum Extrem«, aber »trotz seiner Weichheit als der geborene Terrorist«, von unbändigem Fanatismus, charakterisiert.[16] Nach beider Hinrichtung ließ Johann Most in New York Plakate anschlagen »zum Gedächtnis des tapferen, opfermütigen, getreuen Genossen Hermann Stellmacher« und veranstaltete Trauerkundgebungen, auf denen er selbst als Redner auftrat.[17]

In Österreich aber erlosch damals für geraume Zeit die anarchistische Bewegung durch hartes Vorgehen der Behörden, die eine große Anzahl schwerer Zuchthausurteile gegen Anarchisten verhängten. In Deutschland dagegen soll es damals, nach Rocker, in fünfzehn Städten anarchistische Untergrundorganisationen gegeben haben. Der spektakulärste Plan zu einer »direkten Aktion«, wenn er auch letztlich scheiterte, war wohl die sogenannte Niederwald-Verschwörung, ihr Initiator Mosts Freund August Reinsdorf.

Bei der Einweihung des Niederwald-Denkmals bei Assmannshausen waren der Kaiser, Bismarck, sämtliche Fürsten der deutschen Bundesstaaten und die Generalität »in schimmernder Wehr« zugegen. Reinsdorf hatte sich Dynamit beschafft und plante ein Attentat großen Ausmaßes. Doch kurz vor dem Einweihungstag, dem 28. September 1883, zog er sich durch einen Sturz eine Verletzung zu, die ihn ans Krankenbett fesselte. Zu sich ins Krankenhaus ließ er den Sattler Rupsch und den Setzer Küchler kommen und weihte sie in den Plan ein, den sie an seiner Stelle ausführen sollten. Beide trafen am 26. September in Assmannshausen ein, deponierten am nächsten Tag das Dynamit in einer Dränageröhre nahe dem Denkmal und legten die Zündschnur. Doch in der Nacht zum 28. regnete es, und als sie während der Feierlichkeit und den Festreden gezündet werden sollte, war sie durch die Nässe unbrauchbar geworden. Keiner der Festteilnehmer ahnte, welcher Gefahr die an schmetternden Phrasen so reiche Versammlung entgangen war. Zwar brachten die Attentäter tags darauf das Dynamit neben der Rüdesheimer Festhalle zur Explosion, wo es aber nur geringen Sachschaden anrichtete.

Am 21. Oktober war Reinsdorf wieder geheilt und fuhr nach Frankfurt am Main. Dort wurde am 23. Oktober auf das Polizeipräsidium ein Sprengstoffanschlag verübt; unter den daraufhin verhafteten Personen befanden sich auch Rupsch und Küchler. Im Gefängnis rühmten sie sich ihres mißglückten Niederwald-Attentats und wurden prompt von einem Polizeispitzel verraten. Der Hochverratsprozeß fand im Dezember 1884 beim Leipziger Reichsgericht statt. Reinsdorf, Rupsch und Küchler wurden zum Tode verurteilt, Rupsch wegen seiner Jugend zu lebenslangem Zuchthaus begnadigt.

Wie viele anarchistische Attentäter bei ihren Prozessen, so hatte auch Reinsdorf vor dem Gerichtshof ein »Glaubensbekenntnis« abgelegt:

»Ich verstehe unter Anarchie eine Gesellschaft, in welcher jeder normal veranlagte Mensch imstande ist, die höchste Stufe zu erreichen. Um zu einem solchen Gesellschaftsstand zu kommen, ist es notwendig: 1. den Menschen von der übermäßigen Arbeitslast zu befreien; 2. Not, Kummer und Elend aus der Welt zu schaffen; 3. den Menschen von jedem Zwang zu befreien; 4. alle Dummheiten und allen Aberglauben aus der Welt zu schaffen [...] Um dazu aber zu kommen, ist es notwendig, daß die Privatproduktion vollständig abgeschafft wird. An ihre Stelle muß eine anarchistische Produktion gesetzt werden, d. h. die Arbeit muß organisiert werden zugunsten der Gesamtheit. Diese Organisation muß von unten her vorgenommen werden, d. h. die Arbeiter müssen sich in Gewerkvereinen organisieren [...] Alle diese Arbeiter-Gewerkvereine föderieren sich nun untereinander, in Bezirken, Gauen, dann über das ganze Land und darüber hinaus, also eine internationale Föderation von Arbeitern, ohne jede Zentralleitung. [...]«

Dann polemisierte er gegen die Sozialdemokratie, weil sie sich »auf den Kampf mit dem Stimmzettel« beschränke, und kam schließlich auf Attentate zu sprechen:

»Es heißt, es sei eine schreckliche Tat, einen Fürsten in die Luft zu sprengen. Ist es nicht viel schrecklicher, daß sich Tausende für einen Fürsten opfern? [...] Wenn nun von uns solche Attentate gemacht werden, so fragen wir uns, welchen Nutzen wir davon haben: die Propaganda der Tat. Wer getötet wird, ist Nebensache. Es handelt sich lediglich um die Demonstration [...] Es war mir gleichgültig, ob ein Fürst, ein König, ein Kaiser oder ein General oder ein Pferd oder ein Wagen getroffen wurde. [...] Hätte ich noch zehn Köpfe, so würde ich sie mit Freuden für dieselbe Sache aufs Schafott legen.«[18]

Die Untersuchung gegen die »Niederwald-Verschwörer« hatte der Frankfurter Polizeirat Rumpf geführt. Am 13. Januar – drei Wochen vor Reinsdorfs und Küchlers Hinrichtung – wurde er vor seiner Haustür in Frankfurt am Main erstochen. Als mutmaßlicher Täter wurde der dreiundzwanzigjährige Schuster Julius Lieske festgenommen, der kurz zuvor aus der Schweiz zurückgekommen war. Aufgrund eines – wie Rocker meint »schwachen« – Indizienbeweises wurde er verurteilt und hingerichtet.

Von New York aus billigte Johann Most nach wie vor begeistert die verschiedenen Bluttaten deutscher Anarchisten. Er äußerte darüber hinaus:

»Ich erblicke eigentlich in jedem Verbrecher einen ›wilden‹ Anarchisten, ob er mir sonst sympathisch sein mag oder nicht, weil solch ein Mensch lediglich, wenn er auch auf eigne Faust und zu persönlichem Vorteil vorgeht, ein Produkt der Zeit ist.«[19]

Most veröffentlichte eine Fülle von Propagandaschriften, u. a. ›Die Gottespest‹, ›Die Eigentumsbestie‹, ›Die freie Gesellschaft‹, ›Die Hölle von Blackwells Island‹, in der er seine Erlebnisse im amerikanischen Gefängnis schildert.* 1887 erschien ›An das Proletariat: An- und Absichten eines entlassenen Sträflings‹. Seine schneidende und derbe Prosa liebte forcierte Formulierung und Wortspiele. In seiner ›Revolutionären Kriegswissenschaft‹ liefert er ein »Handbuch zur Fertigung und zum Gebrauch von Bomben, zur Einbruchstechnik und Brandstiftung für die gute Sache, und über gewisse Aspekte der Toxikologie«.[20] In seiner naiven Unverantwortlichkeit war er der typische »Schreibtischtäter«. Nebenbei versuchte er sich auch als Lyriker, hauptsächlich mit politischen Gedichten.

Die Londoner Querelen griffen bald auch nach Amerika über; der Zwist spitzte sich zu, als Peukert in London mit *Rebell* ein Konkurrenzblatt zur *Freiheit* gründete.

In scharfen Gegensatz geriet Most aber auch zu dem in Boston lebenden amerikanischen Individual-Anarchisten Benjamin R. Tucker. Tucker, der die freie Konkurrenz in extremer Konsequenz bejahte, bekämpfte mit großer Energie den Marxismus als ein System der Unfreiheit. Marx hatte in den USA vor allem unter den deutschen Einwanderern seine Anhänger; viele von ihnen entdeckten freilich, nicht zuletzt unter Mosts

* 1886 war er in das Penitentiary eingeliefert worden.

Einfluß, den Anarchismus für sich. Tucker hielt Anarchismus und Kommunismus für unvereinbar, lehnte vor allem aber die »Propaganda durch die Tat« entschieden ab. An seiner Zeitschrift *Liberty*, die bis zum Jahre 1907 erschien, arbeitete gelegentlich auch G. B. Shaw mit, und Walt Whitman gehörte zu seinen Bewunderern. Tucker selbst nannte sich einen *scientific Anarchist*.

Einer der Brennpunkte des Arbeitskampfes in Nordamerika wurde Chicago, wo die Polizei bei Zusammenstößen mit Arbeiterorganisationen besondere Härte entwickelte. Auch der Anarchismus hatte hier seine stärkste Gruppe von etwa 3000 Mitgliedern, meist deutschen und tschechischen Einwanderern, während der amerikanische Anteil nur etwa 100 Mitglieder betrug, die allerdings in Albert Parsons einen packenden Redner besaßen. – Die Atmosphäre lud sich von beiden Seiten her immer mehr mit Gewalt auf.

Im Oktober 1884 hatten die Gewerkschaften beschlossen, vom 1. Mai 1886 an den Acht-Stunden-Tag praktisch einzuführen. Most und die Anarchisten waren anfänglich gegen diesen Entschluß; sie hätten statt dessen lieber die »Volksbewaffnung« gesehen. Most propagierte regelrechte Guerillatätigkeit. In der Broschüre ›Die freie Gesellschaft‹ schrieb er 1884:

»Diesmal wird selbst der eigentliche Kampf nur aus einer großen Reihe von Einzelakten bestehen, weil das gegenüber der modernen Kriegskunst die einzige Taktik ist, welcher letztere nicht beikommen kann.«[21]

Er mußte sich jedoch aus taktischen Gründen der allgemeinen Ansicht fügen, da vor allem die *Knights of Labor*, zu denen ursprünglich nur Zuschneider gehörten, die aber seit einigen Jahren auch anderen Arbeitern ihre Reihen geöffnet hatten, eine rege Propaganda gegen die vierzehn- und sechzehnstündige Arbeitszeit entfalteten. Most dagegen kam es auf Refor-

men nicht an, da er immer nur den totalen Umsturz predigte.
Am 3. Mai ereignete sich in der Mähmaschinenfabrik Mc Cormick Harvester ein Zusammenstoß zwischen streikenden Arbeitern und den Privatpolizisten Pinkertons, bei dem mehrere Arbeiter erschossen wurden. Die zunächst friedliche Protestversammlung am folgenden Tag auf dem Haymarket Square wollte wegen eines beginnenden Regens gerade auseinandergehen, als unerwartet eine Polizeitruppe von 200 Mann auf dem Platz erschien und zu attackieren begann. Plötzlich wurde aus einer Seitenstraße eine Bombe in die Reihen der Angreifer geschleudert, worauf eine wilde Schießerei begann, die sieben getötete Polizisten und mindestens dreimal soviel Demonstranten forderte; die genaue Zahl ist nie veröffentlicht worden.
Als Folge setzte eine Razzia auf Anarchisten ein. Acht von ihnen wurden in einem fünfzig Tage währenden Prozeß unter Mordanklage vor ein Gericht gestellt, darunter Parsons, Herausgeber des *Alarm,* und Spies, Herausgeber der *Arbeiter Zeitung*. Keinem der Angeklagten konnte nachgewiesen werden, daß er etwas mit dem Bombenwerfer zu tun gehabt hatte. Doch es zeigte sich, daß die Angeklagten leicht der Aufrufung zur Gewalt zu überführen waren. Spies zum Beispiel hatte in einem ›Rachezirkular‹ am 3. Mai »Zu den Waffen« gerufen. Sieben Angeklagte wurden zum Tod verurteilt, vier von ihnen, Spies, Parsons, Georg Engel und Adolph Fischer, hingerichtet. Die Arbeiterbewegung hat sie immer zu der Schar ihrer Märtyrer gerechnet.
In der amerikanischen Öffentlichkeit war nach den Chicagoer Vorfällen der Anarchismus jeder Prägung für lange Zeit gründlich diskreditiert. Doch es gab auch Personen, die gerade durch die Tragödie von Chicago für seine revolutionären Ideen gewonnen wurden, wie Voltairine de Cleyre und Emma Goldman, zwei seiner militanten Vertreterinnen.

Most wurde nach dreijährigem Instanzenweg wegen einer Brandrede abermals zu Gefängnis verurteilt; es war das neunte Jahr, das er hinter Gittern verbrachte. Natürlich mußte auch sein Versuch, die amerikanische Staatsangehörigkeit zu erwerben, scheitern. Als aber am 23. Juli 1892 der zweiundzwanzigjährige russische Anarchist Alexander Berkman in Pittsburg den Fabrikdirektor eines Werkes von Carnegie and Co niederzuschießen versuchte, weil es wiederum zwischen Arbeitern und organisierten Streikbrechern zu Kämpfen gekommen war, rückte Most zum ersten Mal in der *Freiheit* von der terroristischen Aktion ab, vermutlich weil die Arbeiter des Werkes sich entschieden gegen die Anarchisten stellten. Most gab nun zu, er habe die Propaganda durch die Tat in ihrer Bedeutung maßlos überschätzt. Immerhin war Berkman sein Schüler, und durch ihn hatte er auch Emma Goldman kennengelernt. Mit beiden überwarf er sich aber, als sie einmal eine Versammlung besuchten, auf der der ihm verhaßte Peukert sprach. Denn die Streitereien, die Cliquen-Kämpfe und theoretisierenden Fehden rissen auch in Amerika nicht ab. Die Folge war, daß der Anarchismus in den neunziger Jahren einen großen Teil seiner Anhänger auch unter dem bisher stärksten Element, den deutschen Einwanderern, verlor.

Die *Freiheit* kannte im übrigen auch weiterhin zur Gewalt aufmunternde Töne: Am 6. September 1901 erschien ein Artikel – diesmal nicht von Most – ›Mord contra Mord‹. Zufällig erschoß am selben Tag der polnische Immigrant Leon Czolgosz den Präsidenten der Vereinigten Staaten McKinley in Buffalo, wo die *Freiheit* neuerdings herauskam. Most mußte sein zehntes Jahr im Gefängnis verbringen. Der Attentäter brüstete sich vor Gericht, Anarchist zu sein, hatte aber, wie es scheint, zu keiner eigentlichen Anarchistengruppe gehört, erwiesenermaßen freilich an einer Versammlung teilgenommen, auf der Emma Goldman eine ihrer überaus zündenden

Reden gehalten hatte. Er war wie Vaillant ein gefährlicher Träumer und Einzelgänger.
Seine Tat hatte zur Folge, daß die USA die geheiligte Tradition aufgaben, politisch Verfolgten Asyl zu gewähren, welcher Ansicht, welchen Glaubens sie auch waren. Ein Gesetz verwehrte ausländischen Anarchisten nun die Einreise.
Johann Most starb auf einer Agitationsreise am 17. März 1906 in Cincinnati in der Wohnung von Freunden; er hatte sich eine Gesichtsrose zugezogen, die seinen Tod verursachte. Daß er auf verlorenem Posten kämpfte, wußte er längst. Nach seinem Tod stellte auch die *Freiheit* bald ihr Erscheinen ein. Von 1906 an gab Emma Goldman die Zeitschrift *Mother Earth* heraus.
»Mit ihrer gefühlvollen Beredsamkeit, ihrem ungeheueren Mut und ihrer großmütigen Verteidigung auch unpopulärer Sachen gehört Emma Goldman eigentlich in einen weiteren Rahmen als den, den die anarchistische Bewegung ihr zu geben vermag, denn sie repräsentiert, obwohl von Geburt Russin, in breitestem Sinne die besten Traditionen des amerikanischen Radikalismus«, meint George Woodcock von ihr. Unter anderem erduldete sie wegen ihres Eintretens für Geburtenkontrolle eine längere Gefängnisstrafe.
Trotz der verschärften Gesetze und der Unterdrückung der stark anarchistisch beeinflußten Gewerkschaft IWW* während des 1. Weltkrieges vegetierten kleinere Gruppen fort. In den zwanziger Jahren richtete die Weltöffentlichkeit noch einmal die Augen auf das Schicksal zweier italo-amerikanischer Anarchisten: Am 15. 4. 1920 wurden beim Transport von Lohngeldern einer Schuhfabrik in der Nähe von Boston der Kassierer und ein Wächter erschossen. Die beiden Mörder entkamen mit 15 000 Dollar in einem Wagen, in dem drei weitere Männer saßen. Augenzeugen behaupteten, es habe sich um

* Industrial Workers of the World.

Italiener gehandelt. Die Spur eines Leihwagens, den die Polizei mit dem Verbrechen in Verbindung brachte, führte zu Niccola Sacco und Bartolemeo Vanzetti, die daraufhin verhaftet wurden. Aus Angst vor der Ausweisung verwickelten sich beide in Widersprüche, aber in ihrem Prozeß konnte nicht bewiesen werden, daß sie im Besitz des geraubten Geldes gewesen waren. Sie brachten auch Alibis bei; Zeugen freilich behaupteten, sie am Tatort gesehen zu haben. Im Juli 1921 wurden sie zum Tod verurteilt. Celestino Madeiros, wegen eines anderen Mordes zum Tod verurteilt, bekannte einige Zeit darauf, an dem Überfall beteiligt gewesen zu sein, und entlastete damit die beiden auf ihre Hinrichtung Wartenden völlig. Dennoch lehnte Richter Thayer die Wiederaufnahme des Verfahrens ab; am 22. 8. 1927 wurden die beiden Italiener, 6 Jahre nach dem Urteilsspruch, auf dem elektrischen Stuhl hingerichtet. Neuere Untersuchungen[22] scheinen ergeben zu haben, daß Sacco möglicherweise mit dem Raubüberfall in Verbindung zu bringen war und daß die Beute zur Finanzierung anarchistischer Ziele hatte dienen sollen. Doch Vanzetti ist mit an Gewißheit grenzender Wahrscheinlichkeit völlig schuldlos hingerichtet worden. Bei beiden genügte ihr unverhohlenes Bekenntnis zum Anarchismus, sie dem Henker auszuliefern. Ähnlich wie nach dem Justizmord an Ferrer kam es zu weltweiten, aber ergebnislosen Protesten.

In Deutschland hatten sich nach dem Erfurter Kongreß der Sozialdemokraten (1891) »Unabhängige« abgesplittert; sie nannten sich alsbald Anarchisten. Einer ihrer führenden Köpfe war Gustav Landauer (1870–1919), der in Berlin die Zeitschrift *Der Sozialist* herausgab. Er propagierte später den passiven Widerstand anstelle von Gewalt und näherte sich den Anschauungen Tolstojs. Wenn irgendein Anarchist, so war Gustav Landauer ein Mann »reinen Herzens«.

»Auch das ist freilich so ein Dogma der Anarchisten, daß sie etwa sagen: Alle Tage werden soundsoviele Arbeiter, soundsoviele Soldaten, soundsoviele Tuberkulöse von unseren mörderischen Zuständen ums Leben gebracht; was soll das Geschrei? McKinley zählt nicht mehr als einer von ihnen. – Mit Verlaub! Mich hat der Tod McKinleys mehr, weit mehr erschüttert als der eines Dachdeckers, der infolge eines schlecht gebauten Gerüstes vom Dach gefallen wäre. [...] wenn ein Mensch, mit dem Schein der Machtfülle umgeben, harmlos und mit gutem Gewissen, von einem Mitmenschen, dem er die Hand hinstreckt, erschossen wird, [...] dann steckt darin eine echte Tragik, die diesen Menschen, der vielleicht nur ein mäßiger Kopf und ein wenig edler Mensch gewesen ist, verklärt. Gern aber füge ich auch hinzu, daß ebenso auch der Attentäter meinem Herzen näher steht als der unglückliche arme Kerl, der das Gerüst schlecht gezimmert hatte. Es will etwas heißen, so mit dem Leben fertig zu sein. [...] Das ist der Grundirrtum der revolutionären Anarchisten [...] daß sie glauben: das Ideal der Gewaltlosigkeit auf dem Wege der Gewalt erreichen zu können [...].«[23]

Landauer selbst nannte sich Anarcho-Sozialist. Nach dem Zusammenbruch des Kaiserreichs wurde er von der revolutionären Strömung mitgerissen; schon 1907 hatte er in seinem Hauptwerk *Revolution* geschrieben:

»Es ist ein Geist der Freude, der in der Revolution über die Menschen kommt, ist zusammengepreßt Gewesenes, das sich hinausläßt und aufschäumt, etwas, das in sich selber und in der Welt draußen ordentlich Ordnung macht und alles zurechtrückt; das von Banden befreit ist [...]. Wesentlich vor allem ist es, daß die Menschen sich ihrer Einsamkeit ledig fühlen, daß sie ihre Zusammengehörigkeit, geradezu ihre Massenhaftigkeit erleben.«[24]

Das Rätesystem hielt er für die beste politische Lösung, und so engagierte er sich nach der Ermordung Kurt Eisners in der

Münchner Räterepublik ebenso wie die Dichter Ernst Toller und Erich Mühsam, der sich auch selbst in seinen Manifesten und politischen Schriften zum Anarchismus bekannte.
Nach dem Einmarsch der »weißen« Truppen wurde Gustav Landauer von der Soldateska mit den Nagelstiefeln zu Tode getrampelt. Der Offizier, der den Mord befahl und das Mordkommando führte, hieß von Gagern. Er ist nie vor Gericht gestellt worden! Erich Mühsam wurde 1934 von der SA zu Tode gefoltert.
In Berlin haben anarchistische Gruppen während der Revolutionsmonate 1918/19 keine wesentliche Rolle gespielt. Franz Jung, der ihnen eine Zeitlang nahestand, berichtete darüber, wie die kommunistische Partei jeder möglichen Einflußnahme einen Riegel vorschob:
»Überall in den deutschen Parteibezirken saßen Abgesandte aus Moskau zur Beobachtung der Spaltungsvorgänge, der Abweichung von den jeweils veränderten und von Moskau befohlenen taktischen Richtlinien. [...] Als Überzeugungsknüppel handhabten sie mit meisterhafter Geschicklichkeit das Mittel der verleumderischen Intrige, das Karl Marx gegen Bakunin und Proudhon angewandt hatte, gelehrige Schüler in der Charakterdiskriminierung.«[25]
Rigoroser noch ging die siegreiche bolschewistische Revolution in Rußland gegen die libertären Regungen und anarchistischen Splittergruppen vor.

XV. KAPITEL

Feindliche Brüder

»Im April 1917 traf ich in New York mit Trotzkij in einer Druckerei zusammen, die vor allem für verschiedene russische Organe der Linken arbeitete [...]. Natürlich sprachen wir über die Revolution. Alle beide bereiteten wir uns vor, in Kürze Amerika zu verlassen, um uns ›dorthin‹ zu begeben. Einmal sagte ich zu Trotzkij: ›Alles erwogen, bin ich völlig sicher, daß ihr, die Links-Marxisten, schließlich in Rußland die Macht an euch reißen werdet [...]. Und dann: Wehe uns Anarchisten! [...] So bald eure Herrschaft gefestigt sein wird, werdet ihr uns zu verfolgen beginnen, und schließlich werdet ihr uns wie Rebhühner abknallen.‹ – ›Na, na, na, Genosse!‹ erwiderte Trotzkij. ›Starrsinnige und unverbesserliche Phantasten seid ihr: Was trennt uns denn im Augenblick eigentlich? Eine kleine Frage der Methode, die völlig nebensächlich ist. Ihr seid genau wie wir revolutionär; wir sind genau wie ihr schließlich und endlich Anarchisten. Nur wollt ihr eure Anarchie sofort ohne Vorbereitung und Übergang errichten, während wir Marxisten glauben, daß es nicht möglich ist, mit einem Satz ins libertäre Reich hinüberzuspringen. [...] Im Grunde sind wir einander sehr nahe; wir sind Waffenbrüder. [...] Und selbst wenn wir nicht übereinstimmten, so übertreibt ihr wirklich, wenn ihr annehmt, wir Sozialisten würden rohe Gewalt gegen die Anarchisten anwenden! [...] Nein, wie könnt ihr nur einen einzigen Augenblick eine solche Absurdität annehmen!« Von diesem Gespräch berichtet der anarchistische Geschichtsschreiber der russischen Revolution Voline, eigentlich Wsewolod Michailowitsch Eichenbaum (1882–1945), in *La Révolution inconnue.*[1]

Wie Voline kehrten viele russische Anarchisten bei Ausbruch der russischen Revolution aus dem Ausland in die Heimat zurück, allen voran Peter Kropotkin bereits im März 1917, freilich als kranker Mann. Als die Bolschewisten in der Oktoberrevolution die Macht ergriffen hatten, scheute er sich nicht, auch Lenin ernste Vorhaltungen zu machen, z. B. als es zu Geiselerschießungen kam.

»Ich kann nicht glauben, daß es in Ihrer Umgebung keinen einzigen Mann gibt, der Ihnen sagt, daß solche Entscheidungen an das finsterste Mittelalter, an die Zeiten der Kreuzzüge erinnern. Wladimir Iljitsch, Ihre Handlungen sind der Ideen, die Sie zu haben vorgeben, völlig unwürdig. [...] Welche Zukunft hat der Kommunismus, wenn einer seiner wichtigsten Verfechter in dieser Weise auf jedem ehrlichen Gefühl herumtrampelt!«[2] Die Arbeiter der Welt aber rief er zu bedingungsloser Solidarität mit der Oktoberrevolution auf, zum Kampf gegen Intervention und Blockade. Den Versuch, in Rußland politisch aktiv tätig zu werden, gab er indessen nicht ganz freiwillig auf. 1919 schrieb er an Georg Brandes:

»Der Ihnen diesen Brief zustellen wird, wird Ihnen auch von dem isolierten Leben erzählen, das wir hier in unserer kleinen Provinzstadt führen. [...] Vergangenen Winter, den wir in Moskau verbrachten, habe ich mit einer Gruppe von Mitarbeitern daran gearbeitet, die Elemente einer föderativen Republik zu elaborieren. Doch die Gruppe mußte sich zerstreuen, und ich habe mich wieder an die Arbeit über die Ethik gemacht, die ich in England vor 15 Jahren begonnen hatte.«[3]

Als er Anfang 1921 schwer erkrankte, schickte Lenin die besten Ärzte aus Moskau nach Dmitrow, wohin Kropotkin sich, von der Tscheka gezwungen, zurückgezogen hatte, und wo die Fürstin und er die Nahrungsschwierigkeiten der Notjahre für sich und einige Freunde durch den Anbau von Gemüse hatten mildern können. Kropotkins Urteil über die Bolschewiki stand fest: »Sie haben gezeigt, wie man die Revolution *nicht* machen soll.«[4]

Er starb am 8. 2. 1921 an einer Lungenentzündung. Längst saßen die meisten der Anarchisten in den Gefängnissen der Tscheka. Zu Kropotkins Begräbnis ließ man einige von ihnen für einen Tag frei. An seinem Grabe sprach Aaron Baron und »erhob unerbittliche Proteste gegen den neuen Despotismus, gegen die Hinrichtungen in den Kellern, die Entehrung des Sozialismus, die Gewalttätigkeit der Regierung, die die Revolution mit Füßen trete.«[5] Aaron Baron und seine Frau Fanya Baron wurden nicht sehr viel später erschossen, nach Victor Serge »eine schmutzige Geschichte provinzieller Provokation«.[6]

Der erste Schlag gegen die Anarchisten war schon in der Nacht vom 11. zum 12. April 1918 in Moskau und anderen Städten erfolgt. Vergeblich hatten sie an die Tscheka appelliert: »Füsiliert nicht Menschen, die waffenlos verhaftet wurden.« Zu Beginn der Revolution war der Einfluß der Anarchisten auf die Massen nur schwach gewesen, hatte sich jedoch sehr rasch vergrößert, und schon Anfang 1918 waren die Bolschewisten ernstlich über die »Konkurrenz« beunruhigt. Die Zeitungen *Die Stimme der Arbeit* in Petrograd und vor allem die Moskauer *Anarchie* sollen zeitweise an Einfluß Lenins *Prawda* erreicht haben. Es gab die Schwarzen Garden, und es gab anarchistische Clubs. Freilich waren sie, wie üblich, unter sich gespalten: Anarcho-Syndikalisten propagierten die Übernahme der Fabriken durch die Gewerkschaften, und wo es gelungen war, legten die Bolschewiki diese Fabriken sofort still; die Anarcho-Kommunisten erstrebten nach Kropotkins Lehre eine Föderation freier Agrargemeinden und freier Stadtkommunen. Denn: »Solange ein Land durch die Diktatur einer Partei regiert wird, verlieren die Arbeiter- und Bauernräte augenscheinlich all ihre Bedeutung.«[7] Und schließlich mißtrauten die Individual-Anarchisten jeder Art von Zusammenschluß.

Für die Liquidierung der anarchistischen Gruppen setzte sich besonders der Tscheka-Chef Dzerjinski beim Zentralkomitee (ZK) ein, obwohl sie bei aller verbalen Gegnerschaft loyale Mitstreiter waren.

»Die Bolschewisten [...] wollten die Anarchisten nicht einmal anhören, noch weniger sie ihre These vor den Massen erläutern lassen. Da sie sich im Besitz einer absoluten, unbezweifelbaren, ›wissenschaftlichen‹ Wahrheit wähnten und behaupteten, sie unbedingt aufzwingen und durchführen zu müssen, bekämpften und eliminierten sie die libertäre Bewegung mit Gewalt, sobald sie die Massen zu interessieren begann: das übliche Verfahren aller Herrscher, Ausbeuter und Inquisitoren.«[8]

Nachdem er es im Januar 1918 auf dem III. Kongreß der Sowjets noch begrüßt hatte, daß »die anarchistischen Ideen lebendige Konturen gewinnen«,[9] erklärte Lenin drei Monate später, »die Verwirklichung der Diktatur des Proletariats erfordere die Ernennung einzelner Personen, die die unbeschränkten Vollmachten von Diktatoren erhalten«; er verlangte die »unbedingte Unterordnung der Massen unter den einheitlichen Willen der Lenker des Arbeitsprozesses«.[10]

An der Liquidierung der Moskauer Clubs nahmen 5000 Mann der Roten Armee teil, nach André Salmon wurde sogar Artillerie eingesetzt. Voline, der nach der Oktoberrevolution zum

Herausgeber der anarchistischen Tageszeitung *Golos Truda** gewählt worden war, flüchtete nach der Unterdrückung der freien Presse in das Hauptquartier des ukrainischen anarchistischen Partisanenführers Nestor Machno (1889–1935).

Im Süden Rußlands war die Entwicklung anders verlaufen. Hier hatte sich eine ungewöhnlich lebendige und kraftvolle anarchistische Bewegung gebildet, mit freien Kommunen, die nicht wie die vom Staat gebildeten kommunistischen vorgaben, »dem Volk das Arbeiten beizubringen«,[11] sondern die nach dem Prinzip lebten, »Gesetz und Ordnung müssen von der lebendigen Kraft der örtlichen Gemeinden getragen werden und dürfen nicht Polizeiexperten überlassen sein«.[12]

Der Friede von Brest-Litowsk bedeutete für die Ukraine die Besetzung durch die deutschen und österreichischen Truppen. Machno gelang es, gegen sie sowie gegen die gelb-blauen Nationalisten, die mit ihnen zusammenarbeiteten und gegen die »Weißen«, die zaristischen Gegenrevolutionäre, eine Partisanen-Streitmacht aufzustellen.

Machno war ein Bauernjunge aus einem Dorf im Distrikt von Alexandrowsk und hatte in einer Gießerei gearbeitet. Mit neunzehn Jahren war er wegen eines Polizistenmordes zum Tode verurteilt und zu Zuchthaus begnadigt worden. Nach achtjähriger Gefangenschaft befreite ihn 1917 die Revolution. In diesen acht Jahren war er von dem Mitgefangenen Peter Archinow, seinem späteren Historiographen, mit den anarchistischen Ideen vertraut gemacht worden. Tatsächlich war er einer der wenigen, die sie, zum mindesten zeitweise, in die Realität umzusetzen vermochten.

»In einer entlegenen, durch den Krieg von der Außenwelt abgeschnittenen Gegend mit einer ohnehin primitiven Wirtschaftsordnung konnte ein anarchistisches Produktions- und

* Stimme der Arbeit.

Handelssystem schon zur Zufriedenheit der Bauern funktionieren«, meint James Joll.

»Gleichzeitig schloß Machno sich, obgleich er den militärischen Oberbefehl in seiner Hand behielt, der Auffassung an, daß die höchste Autorität bei den neuen periodischen Kongressen der Arbeiter, Bauern und Insurgenten liegen müsse.«[13]

Erstaunlich war bei dem ungebildeten und idealistischen Draufgänger von 29 Jahren das strategische Genie. Die Waffen für seine Scharen mußte er sich beim Feinde holen. Er ist, wie Voline versichert, trotz mancher Grausamkeiten seiner Banden und trotz der verleumderischen Propaganda durch die kommunistische Partei Rußlands bei der Bevölkerung sehr populär geblieben. Unter seinen schwarzen Fahnen kämpften zeitweise mehr als 15 000 Mann, nach anderen Quellen sogar 50 000.

Den Kultursektor seiner Bewegung vertraute er Voline und Aaron Baron an, die auch die Zeitung *Nabat** herausgaben; den Namen Nabat übernahm eine Konföderation, der es gelang, die Synthese aus den verschiedenen anarchistischen Strömungen herzustellen.

Über den Charakter des Bauernheerführers urteilt Voline:

»Unter dem Einfluß von Alkohol wurde Machno in seinen Handlungen unverantwortlich; er verlor die Selbstkontrolle. Dann gab er sich seinen persönlichen Launen hin, die oft Gewalttätigkeit mit sich brachten; sie ersetzte plötzlich seinen Sinn für seine revolutionären Pflichten; es war dann der Despotismus, die absurden Streiche, die diktatorischen Possen eines Kriegerhäuptlings, die merkwürdig die ruhige Überlegung, Klarsicht, Eigenwürde und Selbstkontrolle in seiner Haltung anderen und der Sache gegenüber verdrängten,

* Sturmglocke.

obwohl ein Mann wie Machno sie nie außer acht hätte lassen dürfen.«[14]

Seine militärischen Erfolge waren unbestreitbar. Zum Teil beruhten sie auf der ungeheuer beweglichen Taktik. Seine Infanterie legte oft bis zu 100 Kilometer täglich mit Hilfe von leichten, gefederten Bauernwagen zurück. Eine Zeitlang schien Lenin bereit, mit Machno zusammenzuarbeiten und »die Anarchisten ihre Theorie in der Ukraine ausprobieren zu lassen«.[15] Trotzkij schloß in seinem Auftrag einen Vertrag mit ihnen, in dem der Anarchistenkongreß von Charkow autorisiert wurde. Nach dem Sieg über die konterrevolutionäre Armee des Generals Denikin, der allein dem Bauernstrategen und seinen Kämpfern zuzuschreiben war, hielten sich die Kommunisten nicht mehr an die Abmachung. Voline, der den Kongreß von Charkow vorbereitet hatte, und andere Mitarbeiter wurden verhaftet. Da es aber im Oktober 1920 zu einem abermaligen Bündnis zwischen den Schwarzen und den Roten gegen General Wrangel kam, ließ man sie wieder frei und sicherte den Anarchisten Amnestie und Legalisierung ihrer Bewegung zu. Bei den Kampfhandlungen jedoch verweigerte man ihnen Waffenlieferungen und militärische Unterstützung. Dennoch scheint der Beitrag der »Aufständischen Bauernarmee« Machnos zur Abwehr der »weißen« Offensive erheblich gewesen zu sein. Doch wiederum wandte sich die Rote Armee nach dem Sieg gegen die Waffengefährten, man bezichtigte sie mit den üblichen Verleumdungen des Verrats. Die Offiziere der Machno-Armee wurden auf der Krim zu einer militärischen Besprechung eingeladen, sofort verhaftet und ohne Prozeß füsiliert. Der Kampf gegen die Truppen des Partisanenführers dauerte noch neun Monate, Machno selbst verteidigte sich in seinem Heimatort Guljai-Polje bis zum August 1921.

Es gelang ihm schließlich nach Rumänien zu entkommen, von

wo er nach Paris fuhr. Dort lebte er als Fabrikarbeiter und starb in einer Pariser Arbeitervorstadt im Jahre 1935. In seinem *»royaume sur roues«* hatte er lange vor den Chinesen, den Kubanern und dem Vietcong die Technik des »Volkskrieges« praktiziert.

Voline und andere Anarchisten aus Machnos Umgebung wurden in das Butirky-Gefängnis nach Moskau gebracht.

»Da man mich für einen besonders hervorstechenden Parteigänger hielt, benachrichtigten die Behörden Trotzkij von meiner Verhaftung durch ein spezielles Telegramm, um ihn nach seinen Dispositionen hinsichtlich meiner zu befragen. Die Antwort, gleichfalls per Telegramm, kam rasch, lakonisch und eindeutig: ›Sofort füsilieren. – Trotzkij.‹ Ich wurde einzig aufgrund des Zusammentreffens besonders glücklicher Umstände, die völlig zufällig waren, nicht füsiliert.«[16] Es fand nämlich gerade in Moskau ein »Internationaler Roter Gewerkschaftskongreß« statt, der sich für die Freilassung der gefangenen Anarchisten einsetzte. Nur zehn von den Verhafteten wurden daraufhin entlassen und aus Rußland ausgewiesen, darunter Voline. Auch er ging nach Frankreich, gab dort die Wochenschrift *Terre libre* heraus und verfaßte die schon erwähnte libertäre Geschichte der *Révolution inconnue.* Im September 1945 starb er in Paris an Tuberkulose.

Nachdem die Kommunistische Partei überall die Macht fest in der Hand hatte und die Gefahr der Gegenrevolution gebannt war, erwartete die Bevölkerung Erleichterungen. Doch die kriegsbedingten strengen Maßnahmen blieben in Kraft, wurden zum Teil sogar verschärft, wofür die Dienstverpflichtung am Arbeitsplatz ein Beispiel war. »Die Überzeugung, daß der KP mehr daran gelegen sei, die politische Macht in den Händen zu behalten, als die Errungenschaften der Revolution zu retten, nahm immer mehr zu.«[17] Böses Blut brachte vor allem die Bevorzugung der Parteigenossen durch Sonderzuteilung von Lebensmitteln und Schuhen, während sich die Bevölkerung mit Hungerrationen und unzureichender Bekleidung begnügen mußte.

Der Streik, der im Februar 1921 in einigen Petrograder Fabriken ausbrach, bezweckte eine lange schon versprochene Aufbesserung der Lebensmittelrationen und die Verteilung von verfügbarem Schuhwerk. Der Petro-Sowjet lehnte jede Verhandlung mit den Streikenden ab, ehe sie nicht zur Arbeit zurückkehrten. Am 24. 2. wurden Kadetten der kommunistischen Militärakademie eingesetzt, um Arbeiterversammlungen auseinanderzutreiben. Die Trubotschni-Werke verhängten die Aussperrung, was für die Betroffenen vollends den Verlust der Lebensmittelzuteilung bedeutete. In Petrograd wurde das »außerordentliche Kriegsrecht« proklamiert und Militär zusammengezogen.

Auf die beunruhigenden Gerüchte hin schickten die Matrosen in Kronstadt eine Deputation nach Petrograd, um sich ein Bild von der Lage zu verschaffen. Nach deren Rückkehr nahmen die Besatzungen der Panzerschiffe »Petropawlowsk« und »Sebastopol« eine Resolution an, in der u. a. neue, freie Wahlen der Kronstädter und Petrograder Sowjets gefordert wurden, »da die derzeitigen Sowjets nicht den Willen der Arbeiter und Bauern ausdrücken«. Sie verlangten »Freiheit des Wortes und der Presse für alle Arbeiter und Bauern, für die Anarchisten und für die Links-Sozialisten«, ferner »gleiche Lebensmittelrationen für alle Arbeiter, außer für solche, die eine für die Gesundheit gefährliche Tätigkeit ausüben, Abschaffung der kommunistischen Überwachungskommandos in den Fabriken, wo die Arbeiter, falls nötig, die Überwachungsorgane selbst wählen sollen«.[18] Auf einer Massenversammlung am 1. März auf dem Jakorni-Platz in Kronstadt machten sich einstimmig 16 000 Matrosen, Soldaten und Werftarbeiter diese Resolution zu eigen, nur zwei stimmten dagegen: der als Gast anwesende Kalinin, das nominelle Staatsoberhaupt der Sowjetunion, und Kusmin, der politische Kommissar der Ostsee-Flotte. Kalinin konnte unbehindert nach Petersburg zurückkehren.

Am 2. März fand in der früheren Ingenieurschule Kronstadts eine Delegiertenversammlung statt, auf der Kusmin und einige Kommunisten Drohungen ausstießen. Kusmin sagte: »Wenn ihr Krieg wollt, sollt ihr ihn haben. Wir Kommunisten werden die Zügel der Herrschaft nicht aus der Hand geben und bis zum bitteren Ende kämpfen.«[19] Als man erfuhr, daß er heimlich bereits Befehl gegeben hatte, alle in Kronstadt lagernden Lebensmittel abzutransportieren und die Waffendepots zu räumen, wurden er und ein weiterer Kommunist in Haft genommen. Andere Kommunisten konnten sich unbehindert zu Wort melden. Die Delegierten der Schiffsbesatzungen, der Armee-Einheiten, der staatlichen Ämter, der Werften, der Fabriken und der Arbeitersyndikate berieten über die Frage der Neuwahlen des Sowjets. »Da die objektive Situation sich geändert hat, muß der Sowjet erneuert werden.« Als sich die Nachricht verbreitete, daß die Kommunisten einen bewaffneten Angriff vorbereiten, wurde sofort ein provisorisches Revolutionskomitee gebildet. Es hatte fünfzehn Mitglieder, bis auf einen Angestellten ausschließlich Arbeiter und Matrosen.

Am selben Tag erklärte ein von Lenin und Trotzkij unterzeichneter Tagesbefehl, mit der üblichen Unterstellung »zaristischer Unterwanderung« und »gegen die proletarische Republik gerichteter Gegenrevolution«, den Widerstand als Meuterei. Die Sitzung des Petrograder Sowjets fand unter den Bajonetten der kommunistischen Offiziersschüler (Kursanty) statt. Sinojew, der Petrograder Parteikommissar, erhielt aus Moskau diktatorische Vollmacht und ließ alle in seinem Machtbereich lebenden Angehörigen der Kronstädter Matrosen als Geiseln verhaften. Die Lage spitzte sich zu.

Von den Zielen der Aufständischen gaben die Artikel der Kronstädter *Iswestija* Zeugnis. Am 8. März 1921:

»Von der Oktoberrevolution hatte die Arbeiterklasse ihre Befreiung erhofft, doch sie führte nur zu einer noch größeren Versklavung [...]. Die Macht des zaristischen Polizeistaates ist in die Hände von Usurpatoren, in die Hände der Kommunisten gefallen, die, anstatt dem Volk die Freiheit zu geben, es von der Tscheka terrorisieren lassen, deren Terror sogar noch den des zaristischen Polizeistaates übersteigt [...]. Hier in Kronstadt wird der Grundstein zur Dritten Revolution gelegt, die die letzten Ketten der Arbeiter zerbrechen und einen neuen, breiten Weg zur Freisetzung schöpferischer Kräfte im Sinne des Sozialismus öffnen wird. Ohne einen einzigen Schuß, ohne auch nur einen Blutstropfen zu vergießen, wurde der erste Schritt getan. Die arbeitenden Klassen verlangen kein Blut, sie werden es nur für die Verteidigung ihres Lebens vergießen.«[20]

Bereits am Abend des 7. März hatten die kommunistischen Batterien das Feuer eröffnet. In der Nacht versuchten Eliteformationen die Festung Kronstadt im Sturm zu nehmen. Der Angriff über das Eis der Bucht bei wütendem Schneesturm scheiterte blutig. Die Streitmacht der Belagerten zählte etwa 14 000 Mann, darunter 10 000 Matrosen. Die Zentralregierung aber konnte ständig neue Truppen nachrücken lassen, denen man weisgemacht hatte, in Kronstadt habe sich ein zaristischer General verschanzt. Nacht für Nacht liefen die Angreifer Sturm, viele von ihnen starben in der eisigen Weite der Kronstädter Bucht. Trotz Schlaflosigkeit und Mangel an Proviant schlugen die Verteidiger Angriff für Angriff ab. Doch am Morgen des 17. März waren einige Forts gefallen, und die Bolschewisten drangen durch die Petrograder Tore in Kronstadt ein. Bis spät in die Nacht hinein setzten die Kronstädter Matrosen und Soldaten ihren verzweifelten Kampf gegen eine überwältigende Übermacht fort. In den Straßen der Stadt, in der seit dem Ausbruch des Aufstandes keinem Kommunisten ein Haar gekrümmt worden war, wüteten die Regierungstruppen gegen Männer, Frauen und sogar Kinder. Dibenko, der neuernannte Kommissar, erhielt uneingeschränkte Vollmacht über Kronstadt, um es »von Rebellen zu säubern«. Nächtliche Massenerschießungen durch die Tscheka gehörten wochenlang zu den Vergeltungsmaßnahmen.

»Am 18. März, zur gleichen Stunde, in der die bolschewistische Regierung und die Kommunistische Partei in aller Öffentlichkeit der Pariser Kommune von 1871 gedachte, die von Thiers und Galliffet im Blute der französischen Arbeiter ertränkt worden war, feierten sie ihren ›Sieg‹ über Kronstadt.«[21]

Wie die Pariser Kommune wies auch der Matrosenaufstand von Kronstadt nicht wenige »libertäre« Züge auf. Auch die Spontaneität, mit der er sich entzündet hatte, entsprach der anarchistischen Theorie vom Beginn einer sozialen Revolution. Sein Ende war auch das Ende libertär-sozialistischer Strömungen in Rußland. »Terror und Despotismus haben erstickt, was im Oktober geboren wurde. Die Losungen der Revolution sind verraten, ihre Ideale im Blut des Volkes ertränkt worden«, schrieb Alexander Berkman in sein Tagebuch.[22] Er und seine Gefährtin Emma Goldman verließen Rußland; fünfzehn Jahre später starb er in Nizza, Emma Goldman aber nahm aktiv am Spanischen Bürgerkrieg teil, in dem sich, nach dem in der russischen Revolution vorgezeichneten Muster, das Schicksal der Anarchisten wiederholen sollte, freilich diesmal mit dem Zusatz »doppelt besiegt«.

XVI. KAPITEL

Terror und Syndikate

Spanien gab für anarchistische Gedanken in vieler Hinsicht einen besonders günstigen Nährboden ab; hier gewannen sie politische Bedeutung wie in keinem anderen Land. Die sozialen Spannungen vor allem im Süden zwischen dem unvorstellbar armen Landproletariat und den ungeheuer reichen Latifundienbesitzern, die oft große Gebiete ihrer Ländereien brachliegen ließen, machten aus Andalusien einen Krisenherd, in dem es im ganzen 19. Jahrhundert immer wieder zu örtlichen Revolten kam, die mit Terror von oben beantwortet wurden. Und ähnlich wie in Italien sah das Volk auch auf der Pyrenäenhalbinsel im Staat, repräsentiert durch die Polizei und die lokalen Autoritäten, den Feind. Hinzu kamen Autonomiebestrebungen der einzelnen Provinzen, vor allem Kataloniens, mit langer Tradition, die den föderalistischen Ideen des Anarchismus geneigt waren. Bezeichnenderweise hatte der Führer der (bürgerlichen) Föderalistenpartei, Pi y Margall, schon um die Mitte des vorigen Jahrhunderts Proudhon ins Spanische übersetzt, und Ramon de la Sagra gab 1845 bereits das erste anarchistische Blatt *El Porvenir* heraus, das freilich sehr bald verboten wurde.

Die eigentliche anarchistische Bewegung in Spanien begann jedoch während der September-Revolution von 1868, die Isabella den Thron kostete. Bakunin schickte sofort seinen Schüler, den Ingenieur Giuseppe Fanelli (1827–1877), um für die Internationale zu werben. Im November war Fanelli in Madrid, im Januar 1869 in Barcelona, und es gelang ihm, militante Arbeiter zu gewinnen, obwohl er die Landessprache nicht beherrschte. »Er sprach französisch und italienisch, aber wir konnten seine ausdrucksvolle Mimik verstehen und seiner Rede folgen«, berichtet der Setzer Anselmo Lorenzo[1]. Lorenzo sollte später die *Revista Blanca* gründen, die theoretische Zeitschrift des spanischen Anarchismus. In Barcelona hielt Fanelli die Zusammenkünfte mit kaum mehr als zwanzig Leuten im Atelier des Malers José Luis Pellicer, dessen Neffe Farga Pellicer ihm Verbindung zum *Centro Federal de las Sociedades Obreras de Barcelona,* einer Art lockeren Dachverbandes der lokalen Gewerkschaften, verschaffte. In den ersten Monaten des Jahres 1870 bildete sich als Sektion der Internationale die *Alianza de la Democracia Social,* die drei Jahre später schon 50 000 Mitglieder, davon die Hälfte unter den südspanischen Landarbeitern registrierte, und innerhalb der Allianz nach Bakuninschem Muster der Geheimbund *Los Cien Hermanos Internacionales**.

Die Spaltung der Internationale und der Streit zwischen Marx und Bakunin wirkten sich auch auf Spanien aus, als Paul Lafargue, ein junger Mediziner und Schwiegersohn von Karl Marx, nach Nettlau mit »einem Gemisch von Haß, Verfolgungssucht und ohnmächtiger Wut [...] der freiheitlichen Richtung in der Internationale«[2] in Madrid entgegentrat, wo er nach seiner Beteiligung am Pariser Kommuneaufstand als Flüchtling eintraf. Im Gegensatz zu Fanelli sprach er fließend spanisch, da er auf Kuba geboren war. Als er aus dem Regionalverband ausgeschlossen wurde, denn Bakunins Einfluß war schon fest verwurzelt, gründete er zusammen mit dem Buchdrucker Pablo Iglesias in Madrid eine vom Londoner Komitee anerkannte marxistische Sektion der Internationale, die aber

* Die hundert Internationalen Brüder.

zunächst unbedeutend blieb. Der Umfang der Bakuninschen Alianza in Spanien hingegen übertraf »weitaus die gesamte übrige Internationale, weil sich [...] das gesamte Gewerkschaftsleben in ihr abspielte«.[3]

Als sie im Januar 1872 verboten wurde, ging sie in den Untergrund. Lorenzo agitierte unter den Landarbeitern in Andalusien. An den Föderalistenkämpfen, während der ersten Spanischen Republik unter Pi y Margall, beteiligten sich die Anarchisten kaum, da sie politische Betätigung ausdrücklich ablehnten. Dagegen mündete 1873 in dem Städtchen Alcoy bei Valencia ein Generalstreik für den 8-Stunden-Tag in einen anarchistischen Aufstand. Die Polizei hatte auf demonstrierende Arbeiter das Feuer eröffnet, und der Anarchist Albarracín führte daraufhin die Menge zum Sturm auf das Stadthaus. Zwei Tage währte der Kampf, dann hatten die Aufständischen die Kontrolle über die Stadt. Die Fabriken wurden in Brand gesetzt, und wie in der Französischen Revolution die abgeschnittenen Köpfe der Besiegten auf Stangen triumphierend durch die Straßen getragen. Wenn auch die darauffolgende Repression furchtbar war, blieb der Aufstand von Alcoy unter spanischen Anarchisten als »Heldenmythos« lange lebendig.

Auf die kurzlebige erste Republik in Spanien folgten 1874 eine Militärherrschaft, Rückkehr der Bourbonen und sieben Jahre Reaktion. Nach dem mißglückten Attentat des Küfers Juan Oliva Moncasi auf Alfons XII. im Jahr 1878 setzte eine neue Welle von Verhaftungen ein, die mit dem Niederbrennen vieler Herrenhäuser beantwortet wurde. Trotz der strengen Verbote war der Anarchismus zumindest auf dem Lande eine Massenbewegung geblieben, bei der der Glaube an die Revolution fast religiösen Erlösungscharakter annahm. Die Landbevölkerung, die nachts zur Schulung in Scheunen und Höhlen zusammenkam, zeigte stark den asketischen Zug, der für gewisse Anarchisten charakteristisch ist. Die Ziele formuliert ein 1880 geheim gedrucktes Programm: Zerstörung der nationalen Einheit, Abschaffung von Staat und Kirche, Aufhebung des privaten Grundbesitzes, freie unabhängige Kommunen, Übernahme des Bodens und der Produktionsmittel durch Kommunen, die sie den einzelnen »Kollektivitäten« überlassen, und soziale Rechte nur für produktiv Tätige.[4]

Als 1881 die liberale Regierung Sagastas ans Ruder kam, tauchten die fast intakt gebliebenen Organisationen wieder auf und waren bald auf ihrem alten Stand von 50 000 Mitgliedern. In den achtziger Jahren kam es in Andalusien zu Bauernrevolten von großer Heftigkeit. Triebfeder war eine geheime Organisation innerhalb der zugelassenen *Federacion de los Trabajadores de la Region Española,* die selbst von den Gewaltaktionen teilweise abrückte. Der utopische Theoretiker der damaligen Jahre war José Llunas Pujols, der die Umwandlung der gegenwärtigen Gesellschaft in große Föderationen freier Produzenten propagierte, freilich den Zeitpunkt dieser Umwandlung und die Möglichkeit, sie herbeizuführen, nicht vorauszusehen vermochte.

Auf einem geheimen Kongreß in Sevilla 1883 bildeten die radikaleren Dissidenten, die den »agrarischen Illegalismus« propagierten, die gefürchtete Gruppe der *Desheredados,* die sich hauptsächlich aus Weinbergarbeitern der Gegend um Jerez zusammensetzte. Sie erklärten: »Die Bourgeoisie steht außerhalb des Völkerrechts.« Doch die *Comision federal* erklärte dagegen: »Im Schoß der Föderation der Arbeiter Spaniens ist nicht Platz für und sind nicht vorhanden Räuber, Konfiskatoren und Mörder.«[5]

Die Drohungen der *Desheredados* und wohl auch einzelne Gewaltakte gaben der *Guardia Civil,* einer 1844 gegen das Banditenunwesen ins Leben gerufenen Polizeitruppe, die sich aber längst auf Anarchistenjagd spezialisiert hatte, willkommenen Anlaß, die mysteriöse Affäre von *La Mano Negra** zu inszenieren. Ein Gastwirt, der im Verdacht stand, ein Spitzel zu sein, war in der Nähe von Jerez in seiner Bodega ermordet worden. Der untersuchende Gendarmerieoffizier behauptete, der Täter, ein benachbarter Bauer, sei das Mitglied einer weitverzweigten Geheimgesellschaft mit dem Namen *La Mano Negra,* die sich den Mord an allen Landeigentümern zum Ziel gesetzt habe. Alle bekannten Anarchisten wurden sistiert, und durch Folterungen versuchte man, Geständnisse und Namen zu erpressen. Schließlich mußten Hunderte von Verhafteten wegen erwiesener Unschuld freigelassen werden. Einhundert aber wurden vor Gericht gestellt, vierzehn zum Tod verurteilt und sieben von ihnen auf einem Platz in Jerez öffentlich mit der Garotte erwürgt.

»Die Wahrheit über *La Mano Negra* ist nie überzeugend erwiesen worden, doch die meisten der unparteiischen Forscher, die den Fall untersucht haben, haben die Existenz einer weitverbreiteten Organisation bezweifelt. Es ist wahrscheinlich, daß kleinere Terroristengruppen in der Gegend von Jerez vorhanden waren [...] und daß einige von den *Desheredados* mit ihnen in Verbindung standen, doch nur drei Morde – an Spitzeln – wurden bewiesen, und es scheint unwahrscheinlich, daß alle Hingerichteten oder zu Kerker Verurteilten an diesen Verbrechen beteiligt gewesen sind.«[6]

Nach 1880 drang auch in Spanien, wo bis zu dem Zeitpunkt die kollektivistisch-anarchische Theorie (der Produzent erhält den vollen Ertrag seiner Arbeit) vorherrschte, die kommunistisch-anarchische Theorie (das Gemeineigentum wird den Arbeiterassoziationen zur Verwaltung übertragen und der Ertrag an die Mitglieder nach ihren Bedürfnissen verteilt) ein.

In den neunziger Jahren breitete sich die »Propaganda durch

* Die schwarze Hand.

die Tat« auch in Spanien aus, wo Terrorakte ohnehin seit der Guerilla gegen die napoleonischen Heere zu Beginn des Jahrhunderts stehender Bestandteil des Kampfes auch bei sozialen Konflikten geblieben waren. So zogen 1892 viertausend Bauern mit Sensen nach Jerez, massakrierten einige Ladenbesitzer und hielten die Stadt besetzt, bis Kavallerie gegen sie ausgeschickt wurde. Mit großer Wahrscheinlichkeit war die »Aktion« von einem Lockspitzel angezettelt worden; so behauptete Fermin Salvochea, ein reicher, gebildeter Andalusier, der in England studiert hatte, aber in freiwilliger Armut lebte und in Cadiz die Zeitschrift *El Socialismo* herausgab. Man sprach von ihm wie von »einem Christus in Andalusien, der dem der Legende überlegen war [...] Seine Lehre war: Wenn Christus anstatt den Verzicht auf die Glückseligkeit in diesem Leben zu lehren, die Armen und Enterbten aufgerufen hätte, sich gegen ihre Unterdrücker und Ausbeuter zu erheben, dann würde es heute auf der Erde kein Elend und keine Ungerechtigkeit mehr geben.«[7]

Die Aktion von Jerez diente der Staatsanwaltschaft als Anlaß, die Landarbeitergewerkschaften in Andalusien zu verbieten. Vier Beteiligte wurden verurteilt und hingerichtet, hunderte zu Zuchthaus verurteilt, einige darunter trotz erwiesener Alibis. Auch Salvochea, der während der Ereignisse gerade eine Haftstrafe verbüßt hatte, wurde wegen geistiger Urheberschaft mit siebzehn Jahren Gefängnis bestraft, von denen er zehn absitzen mußte, obwohl aus dem Ausland, darunter von Clémenceau, wegen des offenbar provokatorischen Charakters der ganzen Affäre Proteste eingegangen waren.

Im selben Jahr warf der junge Anarchist Pallàs eine Bombe auf General Martinez Campos, um den Tod der vier Hingerichteten zu rächen; er verfehlte ihn, wurde trotzdem zum Tod verurteilt und hingerichtet.

Es wurde die *Brigada Social*, eine speziell gegen die Anarchisten tätige neue Polizeitruppe, gebildet, die den Terror, vor allem in Barcelona, nur noch verstärkte. Als 1896 eine Bombe aus einem Dachfenster auf die Fronleichnamsprozession geworfen wurde, merkwürdigerweise nicht auf die weltlichen und geistlichen Würdenträger, die die Prozession anführten, sondern auf das Gros der armen Leute, die ihren Schluß bildeten, was abermals Vermutungen auf eine gezielte polizeiliche Provokation wachruft oder zum mindesten damals wachrief, zumal der Täter nicht gefaßt wurde und unbekannt blieb, war der Vorwand gegeben, alle bekannten Oppositionellen gegen das Regime und die Kirche, gleich welcher Couleur, zu verhaften. Zahllose von ihnen starben unter der Folter. Trotz erneuter internationaler Proteste wurden fünf Todesurteile vollstreckt, obwohl keiner der Hingerichteten der Beteiligung überführt worden war. Selbst Freigesprochene, neben Anarchisten auch Republikaner, Sozialisten, Freidenker und Separatisten, wurden von der Regierung Canova in die afrikanischen Strafkolonien deportiert.

Der italienische Typograph Michele Angiolillo, der in London von den Greueln der Barcelonaer Polizei erfahren hatte, machte sich daraufhin eigens auf den Weg nach Spanien. In dem Pyrenäenbad Santa Aguada schoß er den reaktionären Regierungschef Canova del Castillo nieder. Ehe der Henker ihn erwürgte, rief er von dem vierundzwanzig Stufen hohen Schafott, das hoch über die Gefängnismauer herausragte, als Losung das Wort »Germinal«. Welche romantisch »ritterlichen« Vorstellungen in spanischen Anarchistenhirnen wohnten, zeigt der Attentäter, der den Kommandanten der Gendarmerie in Barcelona niederstreckte: Den ersten Schuß feuerte er in die Luft ab, um den Offizier und dessen Begleiter herauszufordern. Nach dem Attentatsversuch auf Alfons XIII. während seines Staatsbesuchs 1905 in Paris wurde von der Pariser Polizei unter anderen Carlo Malato, ein namhafter Theoretiker des Anarchismus, verhaftet. Weil er Spanier war, vermutete man, er habe die Bombe geworfen, Malato aber hatte sich des öfteren gegen dergleichen »Tatpropaganda« ausgesprochen. Das Attentat, von einem Anonymen unternommen, hatte außer einer Schramme an einem Kürassierpanzer keinen Schaden verursacht.

Größeren Nutzen als aus diesen mehr oder weniger spektakulären Bombeneffekten zog die spanische Arbeiterschaft zweifellos aus der Entwicklung des Anarcho-Syndikalismus, der in der spanischen Gewerkschaftsbewegung die führende Rolle spielte. Er orientierte sich stark an dem Vorbild der französischen C. G. T.* und nahm nach der Jahrhundertwende einen beträchtlichen Aufschwung. Der Generalstreik 1902 in Barcelona, der ein Echo auch auf dem Lande um Sevilla und Cadiz fand, wo man die Aufteilung der Latifundien forderte, brach allerdings zusammen, weil die Streikkassen zu mager gefüllt waren. 1907 schlossen sich die libertären Einzelgewerkschaften in Katalonien zur syndikalistischen Föderation der *Solidaridad Obrera*** zusammen.

Das spanische Königreich führte seit Jahren einen blutigen und erbitterten Kolonialkrieg gegen die Rifkabylen. Um die starken Verluste der Armee wettzumachen, aber wohl auch, um in dem unruhigen Katalonien die potentiellen Empörer unter den jungen Leuten unter Kontrolle zu bekommen, erhielten im Juli 1909 die katalanischen Reservisten den Gestellungsbefehl. Der Erfolg war: Alle Arbeiterorganisationen riefen zum Generalstreik auf.

Aus dem Generalstreik wurde ein Aufstand, der die *Semana Trágica* zur Folge hatte: Fünf Tage lang tobten Straßenschlachten in Barcelona. Unter den Arbeitern gab es zweihundert Tote. An den Kämpfen beteiligten sich auch die katalani-

* Confédération Générale du Travail.

** Arbeiter-Solidarität.

schen Republikaner, deren Jugendorganisation sich »Die jungen Barbaren« nannte. Wie bei jedem Aufruhr in Spanien brannten auch hier Kirchen und Klöster, und wie immer endete die Revolte mit Massenverhaftungen Beteiligter und Unbeteiligter, mit Torturen im Gefängnis von Montjuich, mit summarischen Exekutionen.

Zu den am 13. Oktober 1909 Erschossenen gehörte auch Francisco Ferrer (1859–1909). Ferrer war ein Freidenker, der aus einer streng katholischen Bauernfamilie stammte. Schon in jungen Jahren war er zu einem entschiedenen Antiklerikalen geworden. Als Eisenbahnschaffner verhalf er politisch Verfolgten über die Grenze nach Frankreich, mußte aber 1896 selbst nach Paris flüchten, wo er ein Restaurant betrieb und schließlich einem spanischen Emigranten als Sekretär diente. Schon bald aber begann er Schüler um sich zu sammeln, an denen er neue pädagogische Methoden ausprobierte, denn er hatte seine eigenen Theorien über Erziehung und Schule, die auf striktem Rationalismus beruhten, Simultanklassen für Jungen und Mädchen vorsahen, Schulgeldfreiheit für Bedürftige forderten und sich vor allem gegen den universalen Einfluß der katholischen Kirche auf das spanische Schulwesen richteten.

»Ich möchte eine Schule der Emanzipation begründen, die alles aus den Köpfen verbannt, was die Menschen trennt – die falschen Begriffe des Eigentums, der Nationalität und der Familie. So will ich die Freiheit und das Wohl erreichen, die alle sich wünschen und niemand gänzlich realisiert.«[8]

Die Bezeichnung Revolutionär lehnte er für sich ab, er nannte sich lieber einen »révolté«. Als er 1901 nach Spanien zurückkehrte, schloß er sich Anselmo Lorenzo an, ohne die anarchistischen Theorien unbedingt zu übernehmen. Nach der Erbschaft eines beträchtlichen Vermögens konnte er seine *Escuela Moderna* verwirklichen, die für den Klerus einen Skandal darstellte. Der Bischof von Barcelona ermahnte seine Gemeinde, ihre Söhne eher in ein Bordell als in Ferrers Schule zu schikken. Daß Ferrer geschieden war, eine andere Gefährtin, von der er ein Kind hatte, verließ und mit einer jungen Anarchistin zusammenlebte, die an seiner Schule lehrte, machte den Skandal um so größer.

Ein ehemaliger Bibliothekar an Ferrers Schule warf am 31. Mai 1906 eine Bombe auf das Königspaar, wurde gefaßt und mit ihm auch Ferrer verhaftet, der freilich mit dem Attentat nicht in Verbindung stand, da er prinzipiell Terrorakte verurteilte. Die Schule wurde geschlossen. Nach Gefängnishaft und abermaliger Emigration kam Ferrer nach Barcelona zurück, um seinen Verlag, einst als Ergänzung zu seiner Schule gedacht, weiterzuführen, zumal die Gewerkschaften ihm dabei finanziell zur Seite standen. Die *Semana Trágica,* von der Lorenzo sagte: »Eine Woche des Rausches, der Raserei, des heiligen Zornes, der gerechtfertigt war durch Jahrhunderte des Elends, der Unterdrückung und des Duldens«[9], hatte Ferrer nicht in der Stadt, sondern in seinem Landhaus verbracht, war allerdings einmal hereingekommen, um sich ein Bild von den Ereignissen zu machen. Seine Verurteilung zum Tode und die Exekution waren ganz zweifellos bloße Rache der klerikalen Partei, die in ganz Europa einen Sturm der Entrüstung erweckten. In Madrid kam es zum Sturz der konservativen Regierung. James Joll meint:

»Ferrers Schicksal steht für das vieler friedfertiger Anarchisten, die aufgrund ihrer Überzeugungen unvermeidlich mit Handlungen identifiziert wurden, die sie mißbilligten.«[10]

Nach den unkontrollierten Ausbrüchen des Volkes von Barcelona und der grausamen Repression schien der Klassenkampf in ruhigere Bahnen einlenken zu wollen. 1910 fand in Sevilla ein all-spanischer Gewerkschaftskongreß statt, von dem nur die marxistischen Ideen zuneigende Richtung fernblieb.* Der Kongreß beschloß die Gründung der *Confederacion Nacional del Trabajo* (C.N.T.), die ein Bündnis zwischen den Industriearbeitern vor allem der katalanischen Städte und den Landarbeitern der Südprovinzen, einem wahrhaft unterernährten Proletariat, darstellte und erklärte:

»Die Arbeiter können sich nicht frei fühlen, solange sie sich nicht von den Befreiern oder Führern frei gemacht haben, deren Ziel darin besteht, nach Vernichtung der alten Ordnung eine neue Gesellschaft zu organisieren, in der sie selbst die Privilegierten sein werden.«[11]

Streiks und örtliche Aufstände führten 1912 zum Verbot der C.N.T. durch die Regierung Canalejas. Wiederum übte ein Anarchist Rache: Canalejas wurde in einer Madrider Buchhandlung von einem gewissen Pardificas erschossen, der darauf Selbstmord beging.

Nach dem 1. Weltkrieg suchte die III. (kommunistische) Internationale Kontakt mit der nach 1919 wieder zugelassenen C.N.T. Als jedoch einer der führenden spanischen Syndikalisten, Angel Pestaña, als Augenzeuge von der brutalen Liquidierung der Anarchisten im Sowjetstaat berichtete, traten die Spanier auf dem Kongreß von Saragossa im Juni 1922 aus der Internationalen Roten Gewerkschaft aus. Pestaña stellte fest, sie sei nichts als eine Verlängerung der russischen kommunistischen Partei, die beschlossen habe, »daß jeder, der nicht (nach ihren Rezepten) kommunistisch denkt, nicht das Recht hat zu denken«.[12] Die C.N.T. entschloß sich, der in Berlin gegründeten *Internationalen Assoziation der Arbeiter* beizutreten, die die anarcho-syndikalistischen Organisationen zusammenfaßte, in der freilich neben der kräftigen spanischen Zentrale nur schwache Gruppen aus anderen Ländern vertreten waren.

* Sie schloß sich bald in der *Union General del Trabajo* (U.G.T.) zusammen.

Gleichzeitig kam es aber in Spanien durch zwei für Rußland begeisterte junge Leute, die aus der C.N.T. austraten, zur Gründung der Kommunistischen Partei Spaniens. Einer von ihnen, Maurin, schwor schon damals: »Die endgültige Ausrottung des Anarchismus in einem Land, dessen Arbeiterbewegung ein halbes Jahrhundert anarchistische Propaganda in sich trägt, ist zwar eine schwere Aufgabe, doch wir werden sie lösen.«[13] Ein Einbruch in die anarcho-syndikalistischen Reihen gelang freilich nicht. Um diese »schwere Aufgabe« zu lösen, mußten erst die Voraussetzungen des Spanischen Bürgerkriegs eintreten.

Die Jahre vor der Diktatur Primo de Riveras brachten das Auftreten sogenannter »gelber« Gewerkschaften, der *Sindicatos libros**, und die Anheuerung von *pistoleros* durch das Patronat, die sich das Erschießen von Arbeiterführern bezahlen ließen. Auch auf der Gegenseite flackerten Gewalttätigkeiten wieder auf. Gerade in der Hafenstadt Barcelona fehlte es nicht an dunklen Elementen, die es verstanden, aus den Spannungen Nutzen zu ziehen. Es ist auch nicht zu bezweifeln, daß »die Tendenz der Anarchisten, den Verbrecher als Rebellen gegen eine autoritäre Gesellschaft zu sentimentalisieren, [...] weitgehend verantwortlich für die Barbarei [war], die den Arbeitskampf in Barcelona [...] charakterisierte.«[14] Polizei und Behörden standen an Barbarei jedoch nicht nach. Damals wurde das berüchtigte Lügen-Alibi »auf der Flucht erschossen« zum ersten Mal angewandt. Die Lage spitzte sich weiter zu, als General Martinez Anido, mit dem Beinamen »der Bluthund«, späterer Innenminister Francos, Zivilgouverneur wurde. Pro Woche kam es auf den Straßen Barcelonas durchschnittlich zu fünfzehn politischen Morden, von denen die Hälfte von »Hilfskräften« der Polizei verübt wurde. Auch

* Schöpfungen der Arbeitgeber.

Angel Pestaña wurde verwundet und Salvador Segui erschossen; beide gehörten dem gemäßigten Flügel an und waren zu Kompromissen mit den Arbeitgebern bereit. Zu den anarchistischen Extremisten gehörten der später im Bürgerkrieg berühmt gewordene Buenaventura Durutti (1896–1936) und sein Freund Francisco Ascaso. Durutti, ein ehemaliger Eisenbahnarbeiter, hatte schon einen Attentatsversuch auf Alfons XIII. unternommen. Hemmungslos folgte er den Prinzipien des Illegalismus. Aus Rache für den Mord an Segui schoß er den als Scharfmacher beleumdeten Erzbischof von Saragossa nieder.

Die Anarchisten versuchten, die Diktatur Primo de Riveras durch Ausrufung des Generalstreiks zu verhindern, der aber daran scheiterte, daß die U.G.T. sich nicht solidarisch erklärte. Ihr Führer, Largo Caballero, trat sogar als Arbeitsminister in die Regierung des Generals ein, der die sozialistische Richtung als Gegengewicht zum Anarchismus zu fördern versuchte. Die Anarchisten tauchten unter; aber auf einem geheimen Kongreß in Valencia im Juli 1927 schlossen sich Extremisten zur *Federación Anarquista Iberica* (F.A.I.) zusammen, die sich die Vorbereitung der Revolution zum Ziel setzte und die reformistischen Tendenzen innerhalb der – damals gleichfalls nur im Untergrund existierenden – C.N.T. bekämpfen wollte. Der F.A.I. gelang es bald, innerhalb der verbotenen syndikalistischen Bewegung führende Positionen zu besetzen. Als die C.N.T. wieder zugelassen war, wurde »auf diese Weise, wahrscheinlich zum einzigen Mal in der Geschichte des Anarchismus, Bakunins Plan einer heimlichen Elite von ergebenen Aktivisten, die eine öffentliche Massenorganisation von nur zum Teil überzeugten Arbeitern kontrollierten, zur Wirklichkeit«.[15]

Beim Sturz der Monarchie war die sozialistische Richtung wegen ihres Paktierens mit dem abgetretenen Diktator in

Mißkredit; die junge Republik selbst hatte die schwierige Phase der Weltwirtschaftskrise zu überwinden, daneben gelang es ihr nicht, die soziale Frage zu lösen. Die F.A.I. blieb in Kampfstellung. Da die Bodenreform nur zögernd in Angriff genommen wurde, kam es abermals zu lokalen Aufständen. Als Antwort auf ein als provokatorisch empfundenes Manifest des Erzbischofs von Toledo und Primas der spanischen Kirche, deren reaktionäre Haltung bewirkte, daß breite Schichten im Katholizismus den Feind sahen, flammten wieder einmal Kirchen und Klöster auf. In Sevilla wurde mit Hilfe der C.N.T. ein Putsch des Generals Sanjurjo vereitelt. Anfang 1933 kam es in Barcelona und im Süden zu anarchistischen Unruhen, die die F.A.I. schürte. Durutti, Ascaso und 120 andere Führer wurden – ohne Gerichtsurteil – nach Afrika in die Strafkolonien deportiert.

Antirepublikanische Gefühle bei Bauern und Arbeitern erregten u. a. auch die Ereignisse in dem kleinen Ort Casas Viejas in der Nähe von Jerez. Das Land rundum, das von den Dorfbewohnern bearbeitet wurde, gehörte dem reichsten spanischen Großgrundbesitzer, dem Herzog von Medinacoeli. Die Armut unter den Landarbeitern war auch weiterhin unvorstellbar groß, denn die Republik hatte ihnen keine Erleichterung verschafft.

»Seisdedos – Sechsfinger – war der Name eines siebzigjährigen Bauern. Er bekannte sich seit Jahren zum Anarchismus, einer Lehre, die für ihn die neue Heilsbotschaft war, wie das Evangelium für die ersten Christen. Er hatte seit langem in seinem Dorfe Casas Viejas einen Ortsverein – Syndikat – der C.N.T. gegründet [...] Nun war seiner Meinung nach der Tag der sozialen Revolution gekommen. Am 9. Januar 1933 zog er mit seinen Söhnen und Schwiegertöchtern sowie einigen Genossen vor das Haus der Zivilgarde. Die Bauern waren mit einigen Jagdflinten bewaffnet und erklärten, daß nun die soziale

Revolution gekommen sei [...]. Die Zeit der Sklaverei und Ausbeutung habe ein Ende genommen. Sie forderten die Zivilgarde auf, sich mit ihnen zu verbrüdern. [...] Die Garde hatte für die Wünsche der Landarbeiter kein Verständnis. [...] Sie wiesen die Arbeiter ab und drohten ihnen mit Erschießungen. Die Landarbeiter zogen sich in ihre Hütten zurück. Bald darauf trafen Verstärkungen der Zivilgarde ein. Die Truppen drangen zu den Häusern der Landarbeiter vor, umstellten sie und steckten sie in Brand. Fünfundzwanzig Häuser wurden zerstört, dreißig Landarbeiter wurden bei lebendigem Leibe in ihren Häusern verbrannt. Auch der siebzigjährige Seisdedos fand mit seinen Kindern und Enkelkindern in den Flammen den Tod.«[16]

Sehr im Gegensatz zu dem unerbittlichen Einschreiten der republikanischen Kräfte gegen Auflehnungsversuche der ausgebeuteten Bauern stand die Milde, mit der gegen die besiegten Putschoffiziere in Sevilla vorgegangen wurde. Der schon bald amnestierte General Sanjurjo konnte jenseits der Grenze den Schlag gegen die Republik diesmal besser vorbereiten.

Aus traditionell antiparlamentarischer Einstellung propagierte die C.N.T. bei den Neuwahlen 1933 die Wahlenthaltung, mit dem Ergebnis, daß die Parteien der Rechten siegten: die Führung unter ihnen hatten die klerikal-faschistischen Anhänger von Gil Robles. Die neuen *Cortes* hoben eine große Anzahl der sozialen Reformgesetze des vorangegangenen Parlamentes wieder auf und machten sogar die halbherzigen Versuche der Landreform wieder rückgängig. Wie zu erwarten, kam es daraufhin zu Aufständen. In Saragossa wuchsen Barrikaden empor, in mehreren Städten in Aragon und angrenzenden Gebieten wurden die Kasernen besetzt, die Polizei entwaffnet, Fabriken zu Kollektiveigentum erklärt. Souchy schreibt:

»Die Führer dieser Bewegung waren sich des Erfolges ihres Unternehmens nicht ganz sicher. Sie rechneten sogar mit der Möglichkeit der Niederlage. Es war ihnen hauptsächlich darum zu tun, durch immer neue Versuche Erfahrungen zu sammeln, die es ermöglichen würden, bei einem ganz großen und endgültigen Schlage doch zum Ziele zu kommen.«[17]

Die Niederlage blieb nicht aus; in vier Tagen schon war sie besiegelt. Die »Erfahrung« der Führer bezahlten 67 Anarchisten mit dem Tode, 87 waren schwer verwundet worden, 6000 wurden verhaftet. Einen noch größeren Umfang nahm der asturische Aufstand an, bei dem es zu einer Verbrüderung der Anarcho-Syndikalisten und Sozialisten zur *Unión de Hermanos Proletaros* gekommen war. Die Truppen, die den Aufstand niederwarfen, befehligte ein bis dahin unbekannter General namens Francisco Franco, der die spanische Fremdenlegion erstmals auf spanischem Boden einsetzte. Auf seiten der Arbeiter gab es 3000 Tote, 7000 Verwundete, und zehntausende wurden in die Gefängnisse und Konzentrationslager geschickt. Legion und arabische Truppen hatten bereits eindrucksvolle Proben von den Greueln abgelegt, die dann später für ihr Vorgehen im Bürgerkrieg charakteristisch werden sollten. Zweifellos war es aber auch auf seiten der Aufständischen zu Untaten gekommen, die die klerikale Partei durch kräftige Übertreibung propagandistisch ausnützen konnte.

Trotzdem kam es bei den bereits im Februar 1936 angesetzten Neuwahlen, bei denen die Linke sich zu einem Block zusammengeschlossen hatte, bei mustergültigem Wahlverlauf zu einem klaren Sieg der Volksfront, der die Massen berauschte: politische Gefangene wurden nun gewaltsam befreit, Tagelöhner besetzten die Ländereien einiger Großgrundbesitzer, Dorfbewohner entmachteten die örtlichen Behörden und gründeten »Kommunen«.

Doch erst der Putsch der Generale – Franco war anfänglich nur einer von ihnen – schuf die von den Anarchisten so lange erwartete »revolutionäre Situation«.

XVII. KAPITEL

A las barricadas!

Außer in Sevilla und Burgos gelang es überall, die Rebellion der Generale zu ersticken. In allen größeren Städten, in Madrid, Barcelona und Valencia ging das Volk zum Gegenangriff über. Innerhalb einer Woche war es fast in ganz Spanien Sieger. In Barcelona waren die anarchistischen Arbeiter bereits am 20. 7. 1936 nach verlustreichen Kämpfen Herren der Stadt. Bei den aufwallenden politischen Leidenschaften kam es wieder zu Brandstiftungen und Erschießungen, bei denen sich die Jugendgruppen hervortaten, teilweise aus fanatischer »revolutionärer Tugend«, mit der sie stadtbekannte Kupplerinnen oder auch armselige Strichjungen exekutierten. Das puritanische Element hat bei vielen spanischen Revolutionären immer eine Rolle gespielt.

Zu den Führern der F.A.I. gehörten Durutti, damals schon vierzigjährig, und der hervorragende Organisator José Garcia Oliver, der seine Schulung im Untergrund der zwanziger Jahre erhalten hatte. Als Justizminister der republikanischen Madrider Regierung brachte er später das Gesetz durch, das den Nachkommen der im 15. Jahrhundert aus Spanien vertriebenen Juden auf der Pyrenäenhalbinsel neues Heimatrecht gab.

Als in Katalonien den Anarchisten die Macht in die Hände fiel, entschlossen sie sich zu »Zusammenarbeit und Demokratie: sie verzichteten auf revolutionären Totalitarismus, der die Revolution durch die Diktatur der Gewerkschaften und Anarchisten abgewürgt hätte«.[1] Doch spontan begann eine soziale Revolution.

»Die Betriebe wurden kollektiviert. Unternehmer, die die neue Ordnung anerkannten, wurden als gleichberechtigte Belegschaftsmitglieder aufgenommen. Sie wurden an einen ihren Fähigkeiten entsprechenden Platz gestellt. Nicht selten blieben sie in der Betriebsleitung. Was am Anfang an Erfahrung fehlte, ersetzte die Initiative. In kurzer Zeit war das privatkapitalistische Wirtschaftssystem in eine Kollektivwirtschaft umgewandelt. [...] Im Gegensatz zur Auffassung von Marx und Engels, nach welcher die ›Expropriation der Expropriateure‹ Sache des proletarischen Staates sei, verzichteten die spanischen Syndikalisten auf die Eroberung des Staates. Nach ihrer Auffassung sollte die Sozialisierung in den Werkstätten, auf den Feldern, in den Fabriken und Unternehmungen beginnen. [...] Die Revolution sollte den Staat nicht stärken, sondern so schwächen, daß er außerstande war, die Sozialisierung zu verhindern. Diese Voraussetzung war nach dem Sieg über die Faschisten geschaffen. Das Militär war besiegt, die Polizei neutralisiert und zum Teil durch Arbeiterkontrollpatrouillen ersetzt worden. Durch Schaffung der antifaschistischen Miliz hatten die Arbeiter eine eigne bewaffnete Macht zur Verteidigung der Revolution. [...] Die Kollektivierung der Betriebe war der erste Schritt zur Sozialisierung der Wirtschaft. Der zweite Schritt bestand in der wirtschaftlichen Zusammenarbeit sämtlicher Betriebe innerhalb der Industriegewerkschaft. Die Gewerkschaften verwandelten sich in sozialisierte Industriekartelle. [...] Die spanischen Landarbeiter waren... in Syndikaten organisiert. Diese Gewerkschaften verwandelten sich nach dem 19. Juli in Produktions- und Verteilungsgemeinschaften. Landbesitzer, die auf seiten Francos standen [...] wurden enteignet. Die Kleinbauern standen meist auf der Seite der Republik. Sie traten [...] freiwillig den Gewerkschaften bei und meist auch in die neu gebildeten Kollektiven. Zwang zum Beitritt in die Kollektiven wurde nicht ausgeübt. [...] Das Lohnsystem wurde abgeschafft. An seine Stelle war ein neues System getreten: Die Verteilung des Produktes des gemeinsamen Arbeitsertrages. [...] Ausländische Besucher haben sich oft darüber gewundert, daß die Übernahme der Betriebe ohne Störungen vor sich gegangen ist.«[2]

Da die Geschichte des Spanischen Bürgerkrieges fast nur von faschistischen oder von kommunistischen Autoren geschrieben wurde, blieb es, worauf Souchy hinweist, ziemlich unbekannt, daß in weiten Teilen Kataloniens das utopische Wirtschaftsmodell der anarchistischen Theoretiker im Herbst 1936 eine Zeitlang Wirklichkeit geworden war und trotz der erschwerten Kriegsbedingungen funktionierte. Souchy (geb. 1892), ein aus Oberschlesien stammender deutscher Anarchist, ist allerdings insofern subjektiv, als er, der zufällig zur Organisierung der »Arbeiterolympiade« im Sommer 1936 nach Barcelona gekommen war und dort vom Bürgerkrieg überrascht wurde, zu den Führern der katalanischen Anarchisten engste Beziehungen hatte.

Da die Generale mit deutscher und italienischer Unterstützung aus ihren Brückenköpfen vorzurücken vermochten, zog der Krieg sich in die Länge, so daß sich das anarchistische Experiment in Katalonien nicht unbeeinträchtigt entwickeln konnte. Die Kriegsbedingungen zwangen die Anarchisten auch, unter Verleugnung ihrer eigentlichen Prinzipien im September 1936 erst in die katalanische Regierung, dann im Dezember 1936 in die Madrider Zentralregierung Largo Caballero einzutreten. Schon im Winter darauf kam es zu Spannungen mit den Kommunisten, deren Einfluß mehr und mehr zunahm, obwohl sie beim spanischen Volk nur geringen Rückhalt besaßen. Da aber Rußland der einzige Waffenlieferant der republikanischen Seite blieb und die KP über Verbindungen nach Moskau verfügte, nützten sie ihren Einfluß aus, um jeder Konkurrenzbewegung das Wasser abzugraben. Schon Ende März begannen Gewalthandlungen um sich zu greifen, bei denen auf beiden Seiten, der kommunistischen wie der anarchistischen, Mord und »Liquidierungen« ins Spiel kamen. Waffenlieferungen gingen von nun an, bei Unterordnung strategischer Erfordernisse unter Parteiinteressen, fast ausschließlich an kommunistische Einheiten. Einmal setzte sich die KP mit gefälschten Papieren auch in den Besitz von Panzern aus den anarchistischen Werkstätten in Barcelona.

Zum offenen Zusammenstoß kam es im Mai 1937 in Barcelona, wo die Anarchisten alle Verkehrs- und Nachrichtenbetriebe und fast alle Fabriken kontrollierten. Unter anderem war auch die Fernsprechzentrale, die ›Telefónica‹, an einem strategisch wichtigen Platz gelegen, in ihrer Hand. Unter dem Druck der Kommunisten erklärte der katalanische Innenminister Ayguadé plötzlich, daß die Staatsautorität das kollektivierte Telefonunternehmen nicht länger dulden könne und es unter die Staatskontrolle stellen müsse. Ein kommunistischer Stoßtrupp versuchte, in das Gebäude einzudringen, kam jedoch nur bis zum ersten Stock.

»Die Nachricht von diesem Überfall verbreitete sich wie ein Lauffeuer in der Stadt. Das war eine neue Provokation der Kommunisten, die unter der Arbeiterschaft große Empörung auslöste. Die neue Staatsbürokratie war im Zuge, die Arbeiterkollektive zugunsten des Staates zu expropriieren. [...] Wenige Stunden nach dem Überfall standen die anarcho-syndikalistischen Arbeiter Barcelonas unter Waffen.«[3]

Barcelona verwandelte sich in einen Kriegsschauplatz. Nach J. Joll gibt es eine Anzahl von Indizien, daß Francos Agenten in Barcelona die rivalisierenden Arbeiterorganisationen gegeneinander aufzuwiegeln bemüht waren. Garcia Oliver und Federica Montseny, zwei von den vier anarchistischen Mitgliedern der Zentralregierung, eilten nach Barcelona und versuchten unter Einsatz ihres Lebens, vor den Barrikaden die Feuereinstellung zu erreichen. Am 5. Mai kam es zu einem Waffenstillstand, der aber nicht von Dauer war. Die innere Zerfleischung setzte alsbald wieder ein. Von den Kommunisten wurde, angeblich während des Waffenstillstandes, auch Professor Berneri, ein italienischer Antifaschist und Anarchist, erschossen, weil er in der von ihm herausgegebenen Zeitschrift geschrieben hatte, daß die kommunistische Diktatur ebenso freiheitsfeindlich sei wie die faschistische. »Heute kämpfen wir gegen Burgos, morgen aber werden wir gegen Moskau kämpfen müssen«, hatte er prophezeit.[4]

Eine der Auswirkungen des Bruderkampfes war der Rücktritt der Regierung Caballero, auf die das Kabinett Negrin ohne Beteiligung der Anarchisten und mit stark vermehrtem Einfluß der Kommunisten folgte. Räteregierungen einzelner Provinzen, wie in Aragon, wurden durch Generalgouverneure ersetzt. »Die moralischen und materiellen Gegebenheiten des Krieges erfordern unausweichlich eine Konzentrierung der Staatsgewalt«, dekretierte die Zentralgewalt, und die Anarchisten mußten sich beugen, wenn sie den Kampf gegen den gemeinsamen Feind fortführen wollten. Die neue Regierung war auch gegen die *Colectividados*; vor allem auf dem Land wurden die Landarbeiterkollektive aufgelöst oder unter kommunistische Leitung gestellt.

»Die zugunsten der Kommunisten von Negrin durchgeführten diktatorischen Maßnahmen untergruben die Kampfmoral der antifaschistischen Bevölkerung«, stellte Augustin Souchy fest.[5]

Auch bei der Verteidigung von Madrid hatten die »konföderalen Kräfte«, wie die Anarcho-Syndikalisten sich nannten, eine hervorragende Rolle gespielt. Am 7. November 1936 schlugen die in den Syndikaten der Anarchisten organisierten Arbeiter unter Edoardo Val in furchtbaren Nachtkämpfen die schon in die Vorstädte Madrids eindringenden Truppen Francos zurück. Erst am folgenden Tag bildete sich unter General Miaja die Verteidigungsjunta aller republikanischen Truppen. Buenaventura Durutti kam mit seiner an der Saragossa-Front bewährten Truppe nach Madrid. Der einstige Terrorist hatte den Aufruf veröffentlicht:

»Wir haben vor Ruinen nicht im mindesten Angst. Die Erde wird uns als Erbe zufallen. Darüber gibt es nicht den leisesten Zweifel. Die Bourgeoisie mag ihre eigne Welt zertrümmern und ruinieren, bevor sie von der Bühne der Geschichte abtritt. Wir bringen eine neue Welt, hier in unseren Herzen. Die Welt wächst in dieser Minute!«[6]

In Madrid aber traf ihn eine Kugel, nach einem Gerücht aus den eigenen Reihen.

»Der tödliche Schuß muß aus einem Fenster aus 2000 Fuß Entfernung abgegeben worden sein, von einem Scharfschützen der Zivilgarde [die in Madrid auf republikanischer Seite kämpfte]. Der Schuß trat ins Herz ein und verletzte keinen der Umstehenden«, berichtet ein Augenzeuge.[7]

Neuerdings kommt freilich die Version auf, ein Rohrkrepierer oder eine fehlerhafte Waffe habe Duruttis Tod verschuldet.

Schon am 17. Dezember 1936 schrieb die *Prawda* in Moskau, daß es in Spanien nun an eine »Säuberung von Trotzkisten und Anarchisten mit derselben Energie wie in der UdSSR« ginge.[8] Zwar hatte die C.N.T. zwei Millionen Mitglieder und die aktivistische F.A.I. stieg sogar bis 1938 von 30 000 auf 150 000 Mitglieder, die Kontrolle des Krieges aber fiel den kommunistischen Kommissaren und den russischen Militärexperten zu.

Als Katalonien schon verloren und Madrid eingeschlossen war, versuchten anarchistische Kräfte in der belagerten Stadt als letzte Anstrengung, zusammen mit allen anderen politischen Parteien und Gruppen der Republik unter dem Vorsitz von General Segismondo Casado einen neuen Verteidigungsrat zu bilden, dem nur die Kommunisten fernblieben. Aber wiederum begann »ein Bürgerkrieg im Bürgerkrieg« zwischen den Anhängern des neuen Verteidigungsrates und den Gefolgsleuten der KP. In der Nacht vom 5. zum 6. März 1939 besetzten konföderierte Milizen alle öffentlichen Gebäude. Im Rundfunk wurde eine Proklamation verlesen, in der es u. a. hieß:

»Als Revolutionäre, Proletarier, Antifaschisten und Spanier können wir den Mangel an Voraussicht sowie [...] die Verantwortungslosigkeit der Regierung nicht mehr dulden [...]. Das Komitee wird bemüht sein, ein Verhängnis zu vermeiden, und es ist bereit, mit allen Spaniern einen gemeinsamen Weg zu beschreiten. [...] Das Komitee hat sich zur Aufgabe gestellt, weiter Widerstand zu leisten. [...] Um diese Aufgabe durchzuführen, benötigen wir die Mitarbeit aller Spanier. Jeder bleibe auf seinem Posten. Wir werden die Parole des Dr. Negrin ›Entweder retten sich alle oder alle gehen dem Untergang entgegen‹ in die Wirklichkeit umsetzen.«[9]

In derselben Nacht verließ Negrin Spanien auf dem Luftweg; General Miaja übernahm in der Verteidigungsjunta den Vorsitz; die Kommunisten errichteten in der Innenstadt Barrikaden. »Eine merkwürdige Situation war entstanden. Während einen halben Kilometer vor der Stadt die faschistischen Heere dem republikanischen Madrid gegenüberstanden [...], gab es im Innern der Stadt einen blutigen Bruderkampf [...]. Kommunisten erhoben sich gegen die Verteidigungsjunta. Anarchisten stellten sich den Kommunisten entgegen, weil sie die

Diktatur der Moskauanhänger nicht mehr duldeten. Die syndikalistischen Gewerkschaften und die anarchistischen Gruppen organisierten Stoßtrupps gegen die kommunistischen Barrikaden. Ein kommunistisches Bollwerk nach dem anderen wurde gestürmt. Konföderierte [...] fielen beim Sturm der Barrikaden von den Kugeln der vom Kreml fanatisierten Stalinanhänger. Der Barrikadenkampf dauerte vom 6. bis zum 13. März. Er endete mit der vollständigen Niederlage der Kommunisten.«[10]

Aber diese Straßenkämpfe hatten, wie zu erwarten, den letzten Widerstandswillen gebrochen. Die Bevölkerung erwartete die Einleitung der Übergabeverhandlungen durch das Komitee der Landesverteidigung.

»Die Konföderierten zeigten Edelmut den besiegten Kommunisten gegenüber. Sie stellten ihnen von den wenigen Transportmitteln Lastkraftwagen zur Verfügung für den Abtransport zur Küste, von wo aus sie das Land per Schiff verlassen konnten.«[11] Die Front löste sich inzwischen auf. Der Krieg gegen die Franco-Truppen war endgültig verloren. Am 30. März hielt der Sieger seinen feierlichen Einzug in Madrid.

XVIII. KAPITEL

Der Durst nach Gerechtigkeit

Ein totaler Krieg, wie es der Spanische Bürgerkrieg war, läßt sich offensichtlich nicht nach anarchistischen Grundprinzipien führen. Doch der Krieg fälschte auch das anarchistische Wirtschaftsexperiment und brachte es zum vorzeitigen Ende, nachdem es, bis zur direkten Bedrohung durch die Kriegsverhältnisse, durchaus erfolgreich zu verlaufen schien. Woodcock sieht in den ökonomischen Leistungen der spanischen Anarcho-Syndikalisten z. B. in Katalonien einen Beweis für die praktische Möglichkeit des libertären Kommunismus, wenn auch, wie er zugibt, in Spanien der soziologische und psychologische Boden dafür besonders geeignet waren. Erschwerend wirkte sich die Rivalität mit den moskauhörigen Stalinisten aus. Stalin selbst hatte schon 1906 in seinem Artikel *Anarchismus oder Sozialismus* geäußert: »Wir sind der Auffassung, daß die Anarchisten richtige Feinde des Marxismus sind. Wir erkennen also auch an, daß man gegen richtige Feinde einen richtigen Kampf führen muß.«[1]

In diesem Artikel wies er gerade die Vorwürfe empört zurück, deren Berechtigung später sein eigner Despotismus erschreckend vor Augen führen sollte. Bei seiner Polemik stützte er sich hauptsächlich auf Zitate aus den frühen Schriften von Karl Marx und Friedrich Engels, in denen die Abschaffung des Staates durchaus in Aussicht gestellt wurde. Die anarchistischen Theoretiker sahen warnend die ganz andere Entwicklung voraus.

Während der autoritäre Kommunismus sich sehr wohl verwirklichen konnte, war es dem Anarchismus verwehrt, seine utopischen Vorstellungen zu realisieren; die Ansätze und Versuche in Spanien und in der Ukraine hatten wegen der Kämpfe und Unruhen vorzeitig abgebrochen werden müssen. So liegt der tragische Schatten ewigen Scheiterns auf seinen Gestalten und Aktionen.

Doch der Scholastik des Marxismus gegenüber stellt der libertäre Sozialismus etwas Ähnliches dar wie seinerzeit der Protest eines Machiavelli gegen das mittelalterliche Lehrgebäude: Das *factum* gilt ihm mehr als die theoretische Motivation. Aber man sollte den Anarchismus nicht der Gewalttat gleichsetzen, wenn auch das Zauberwort immer wieder aus Studenten und jungen Proletariern Attentäter gemacht hat und kriminelle Raubmörder sich mit ihm schmückten. Lenin hat ihn polemisch »ein Produkt der Verzweiflung« genannt, und gewiß hat mancher von Ideen und Fanatismus Gehetzte unter dem schwarzen Banner Erlösung von desperaten Neurosen gesucht.

Seine Ursprünge aber liegen, wie die der gesamten Arbeiterbewegung, in dem »Großen Zorn« über die Ausbeutung des Menschen durch den Menschen, während er doch auch viel vom Liberalismus des neunzehnten Jahrhunderts, gesteigert oder nur leicht verzerrt, widerspiegelt. Auch er ist ein Produkt der bürgerlichen Revolutionen und hat wie sie seine Wurzeln in der Philosophie des 18. Jahrhunderts. Seit sich die himmlische Sanktion der Moral als nichtig erwies, hatten die Philosophen der Aufklärung, vor allem Jean-Jacques Rousseau, die Transzendenz an die Gesellschaft geknüpft. Wie nun aber, wenn der einzelne den Zustand der bestehenden Gesellschaft als ungerecht und sogar als unheilbar krank zu erkennen meint? Schon Karl Follen hatte im Anfang des 19. Jahrhunderts seinen »Unbedingten« den heiklen Satz gelehrt: »Dem Gerechten gilt kein Gesetz, Verwirklichung der Vernunft ist sittliche Notwendigkeit, dazu ist alles erlaubt.«[2] Der bürgerliche Nihilismus, wie er in der Philosophie Nietzsches sich ausprägt, wie er aber auch, bei Flaubert etwa, sich in negierendem Haß auf das »juste milieu« äußert, ist ein paralleles Phänomen, nur daß der Anarchismus häufig simili-religiöse, ja chiliastische Färbung annimmt. Nach Benedetto Croce war ja »die Religion der Freiheit« überhaupt die Triebkraft für die Entwicklung des vorigen Jahrhunderts. Im Anarchismus verschmilzt der Freiheitsdrang mit dem Durst nach Gerechtigkeit. Gerechtigkeit aber kann nach dem fanatischen Glauben der Anarchisten nur durch den totalen Umsturz des Bestehenden durchgesetzt werden. Daher die Mythisierung der Revolution; sie, die Geheiligte, soll jetzt und hier die unaussprechliche Harmonie der Endzeit erschaffen.

Schaut man sich freilich nüchtern um, so ist in den Industrienationen mit einer organisierten Arbeiterschaft sozialer Fortschritt – weit mehr als durch Attentate und Revolutionen – durch den oft verleumdeten Revisionismus erzielt worden. Und sicherlich gilt, was Jean Elleinstein gesagt hat:

»Man kann die wirtschaftlichen, sozialen und kulturellen Funktionen des Staates, so wie er heute existiert, demokratisieren; absurd wäre es aber, zerbrechen zu wollen, was ein unerläßliches Element des sozialen Lebens unserer Zeit darstellt.«[3]

Die Gegenwart ist, stärker als jede Zeit zuvor, mit anarchistischen Elementen jeder Richtung durchsetzt. Das *Handbuch des Stadtguerrillero,* das der Anarchist Carlos Marighela, Sohn eines italienischen Emigranten und einer brasilianischen Negerin, bei seinem Tod im November 1969 – in Sao Paulo von Polizisten erschossen – hinterließ, wurde bekanntlich von jungen Menschen unter erheblich anderen Verhältnissen in der BRD anzuwenden versucht. Herbert Marcuse, der Verkünder einer neuen Jugendbewegung, ruft die »Randgruppen« zum Sturm auf das Establishment auf, wie ja schon Bakunin gesagt hatte, man dürfe nicht – mit Karl Marx – von »Lumpenproletariat« sprechen, denn in ihm allein, nicht in verbürgerlichten Schichten der Arbeiterschaft, lebe der Geist und die Gewalt der künftigen Sozialrevolution. Auch der enthusiastische Mai 1968 in Paris war anarchistische Aktion. Cohn-Bendit formulierte die These Bakunins neu: »Jede revolutionäre Bewegung muß von der einfachen Tatsache ausgehen, daß jede Organisationsform [...] im Widerspruch zum revolutionären Ziel steht.«[4] Selbst das Phänomen der Hippies und das Um-sich-Greifen ihres Lebensstils, ihre ostentative Abneigung gegen die herrschenden Normen, so wie die ganze anti-autoritäre Bewegung, tragen anarchistische Züge; sie weisen manche Parallelen zu den Erscheinungsformen der »nihilistischen« Strömung auf, die vor genau hundert Jahren die russische Jugend ergriff. Ihrerseits erinnern die Flucht aus der Zivilisation und die Provokation einer »Müllkultur« an die Bemühung um »einfaches Leben« bei so manchem Verkünder des anarchistischen Evangeliums.

Gewiß haben sich von jeher viele utopische Träume und eine ungeduldige Kurzschluß-Kriminalität des libertären Gedankens bemächtigt; gewiß sind einzelne politisch-ökonomische Theorien des Anarchismus in der Industriegesellschaft kaum praktikabel; gewiß würde der Umsturz von Grund auf, den die Anarchisten mit inbrünstiger Beharrlichkeit erhofften und erhoffen, einen Kataklysmus darstellen, dessen Auswirkung im Hinblick auf größere Gerechtigkeit und auf Menschenglück doch zweifelhaft wäre. Aber es läßt sich nicht leugnen, daß bei der zunehmenden Tendenz zur Entwertung der Persönlichkeit, dem Wachsen staatlicher Übermacht, der Ausbeutung durch mehr und mehr anonyme Kräfte, das Ideal des libertären Sozialismus mit seinem Durst nach Gerechtigkeit, seinem Sinn für persönliche Freiheit, seiner Sehnsucht nach Solidarität ein korrigierendes Leitbild darstellt. Wenn die Umstrukturierung der Gesellschaft kommt, deren Zeichen am Himmel stehen, möge der libertäre Gedanke sich siegreich ins Spiel mischen.

Nachwort

Der Untertitel *Gestalten und Aktionen* zeigt an, daß es dem Verfasser darauf ankam, die zumeist tragischen Lebensläufe libertärer Sozialisten nachzuzeichnen, weniger auf eine Geschichte des Anarchismus also von den politisch-ökonomischen Theorien her, die mehrfach eine gründliche Darstellung gefunden haben und die hier nur, wo es zum Verständnis tiefgreifender Antagonismen nötig war, skizziert wurden. Verzichtet wurde auch auf die Schilderung der zahlreichen Kontroversen zwischen den verschiedenen anarchistischen Richtungen, die z. B. bei dem gewissenhaften deutschen Chronisten des Anarchismus Max Nettlau nachgelesen werden können.
Unsere Bibliographie enthält nur einen Bruchteil dessen, was in den letzten hundert Jahren über Anarchismus und Anarchisten erschienen ist, vor allem die Bücher, die unserer Darstellung zugrunde gelegt wurden, darüber hinaus sonstige Werke, auf die unser Text Bezug nimmt. Da der Verfasser bevorzugt Schriften benutzt hat, die ihm in der eignen Bibliothek zur Verfügung standen, ergab sich, daß häufig aus französischsprachigen Quellen Zitate ad hoc von ihm übersetzt wurden, von denen auch deutsche Versionen und ältere Übersetzungen vorliegen mögen. Überall, wo dem Verfasser die Existenz deutscher Ausgaben bekannt war, wurde in der Bibliographie darauf hingewiesen. Wer sich eingehender mit der Materie

befassen will, ohne sich ins Studium der zuweilen schwierig zu erreichenden Originalausgaben versenken zu können, sei auf den von A. v. Borries und I. Brandies herausgegebenen Band oder auf die Grundtexte, die O. Rammstedt zusammengestellt hat, sowie auf Taschenbuchausgaben klassischer Texte verwiesen. Empfehlenswert sind die vier Bände von D. Guérin *Ni Dieu ni Maître*, die reiche Auswahl auch weniger bekannter Auszüge bieten, deutsch aber nicht vorliegen. Dagegen gibt es von D. Guérin die präzise Darstellung der Theorie *Anarchismus, Begriff und Praxis* auch in deutscher Ausgabe.
Das Bildmaterial unseres Buches stammt zum größten Teil aus den Archiven und der ikonographischen Abteilung des *Internationaal Instituut voor Sociale Geschiedenis* in Amsterdam, dessen Leitung Verlag und Verfasser zu besonderem Dank verpflichtet sind.

Anmerkungen

I. Kapitel

1 Max Nettlau, *Vorfrühling der Anarchie*, Berlin 1924.
2 Vgl. Nettlau und K. M. Michel: ›Herrschaftsfreie Institutionen‹, in: *Kursbuch* 19.
3 A. v. Knigge, *Nachtrag von weiteren Originalschriften welche die Illuminantensekte* [. . .] *betreffen*, München 1787.

II. Kapitel

1 William Godwin, *Enquiry concerning Political Justice and Its Influence on Morals and Happiness*, London 1793. Zitiert nach *Die Frühsozialisten*, Bd. I, Reinbek 1970.
2 *A.a.O.*
3 *A.a.O.*
4 *A.a.O.*
5 *A.a.O.*
6 *A.a.O.*
7 *A.a.O.*
8 *A.a.O.*
9 *A.a.O.*
10 ›Das brennende Herz‹, übertragen aus dem Englischen von Bert Brecht. In der Anthologie *Im Banne des Dionysos*, München 1958.
11 Zitiert nach E. R. Papa, *Storia dei sovversivi italiani*, Mailand 1968.
12 Zitiert nach R. Pregizer, *Die politischen Ideen Karl Follens*, Leipzig 1912.
13 *A.a.O.*
14 Zitiert im Vorwort von W. E. Richartz zu Thoreau, *Walden oder das Leben in den Wäldern*, Zürich 1971.
15 Henry-David Thoreau, *Über die Pflicht zum Ungehorsam gegen den Staat*, Zürich 1970.
16 Max Stirner, *Der Einzige und sein Eigentum*, Leipzig 1843.
17 *A.a.O.*
18 Zitiert nach H. G. Helms, *Ideologie der anonymen Gesellschaft. Max Stirners »Einziger« und der Fortschritt des demokratischen Selbstbewußtseins vom Vormärz bis zur Bundesrepublik*, Köln 1966.

19 Stirner, *Der Einzige und sein Eigentum.*
20 *A.a.O.*
21 *A.a.O.*
22 *A.a.O.*
23 Ch. Andler, *Nietzsche, sa vie et sa pensée,* Paris 1928.

III. Kapitel

1 Benedetto Croce, *Geschichte des 19. Jahrhunderts,* Frankfurt 1968.
2 Pierre Joseph Proudhon, *De la Justice dans la Revolution et dans l'Eglise,* Paris 1858.
3 *A.a.O.*
4 *A.a.O.*
5 Pierre Joseph Proudhon, *Confessions d'un Revolutionnaire pour* [...], Paris 1849.
Deutsch: *Bekenntnisse eines Revolutionärs, um zur Geschichtsschreibung der Februarrevolution beizutragen,* Reinbek 1969.
6 Pierre Joseph Proudhon, *Qu'est-ce que la propriété,* Paris 1840.
7 Karl Marx, *Die Heilige Familie,* Frankfurt am Main 1845, Neuausgabe Berlin 1953.
8 Proudhon, *Confessions d'un Revolutionnaire.*
9 Pierre Joseph Proudhon, *Idée générale de la révolution au XIX. siècle,* Paris 1851.
10 Proudhon, *Confession d'un Revolutionnaire.*
11 Pierre Joseph Proudhon, *Système des contradictions économiques ou Philosophie de la misère,* Paris 1846.
12 *Cornets de Proudhon* zitiert bei: D. Guérin, *Nie Dieu ni Maître. Anthologie de l'Anarchisme,* I, Paris 1970.
13 Proudhon, *Confessions d'un Revolutionnaire.*
14 Pierre Joseph Proudhon, *La Révolution sociale démontrée par le coup d'Etat du 2 Decembre,* Paris 1852.
15 *A.a.O.*
16 *A.a.O.*
17 *Carnets de Proudhon,* zitiert bei D. Guérin.
18 Zitiert nach Nettlau, *Der Anarchismus von Proudhon zu Kropotkin,* Berlin 1927.
19 *A.a.O.*
20 Pierre Joseph Proudhon, *De la capacité politique des classes ouvrières.* Paris 1864.
21 *A.a.O.*
22 Guérin, *Ni Dieu ni Maître,* I.
23 *A.a.O.*
24 *A.a.O.*
25 Zitiert nach Nettlau, *Der Anarchismus von Proudhon zu Kropotkin.*

IV. Kapitel

1 Alexander Herzen, *Vom anderen Ufer,* deutsch 1850, russisch 1858; Neuauflage München 1969.
2 ›Dem Gedächtnis Herzens‹, in: Lenin, *Werke* Bd. 18, Berlin 1972.

3 Zitiert bei D. Tschižewskij, *Zwischen Ost und West, Russische Geistesgeschichte,* Bd. II, Reinbek 1961.
4 *A.a.O.*
5 *A.a.O.*
6 *A.a.O.*
7 P. Kropotkin, *Memoiren eines Revolutionärs,* Frankfurt am Main 1970.

V. Kapitel

1 Alexander Herzen, *Mein Leben, Memoiren und Reflexionen 1852–68,* Berlin 1962.
2 Zitiert bei Fritz Brupbacher, *Michail Bakunin, der Satan der Revolte,* Zürich 1929. Französische Ausgabe: *Bakounine ou le démon de la révolte, avec annotations et trois études par Jean Barrué,* Paris 1971.
3 *A.a.O.*
4 In einem Vorwort zur Übersetzung von Hegels *Gymnasialreden* in einer Moskauer Zeitschrift 1839. Zitiert bei Jean Barrué. Siehe Anmerkung 2.
5 Michail Bakunin, *Gesammelte Werke* Bd. I, Berlin 1921–24.
6 Zitiert nach Jean Barrué, *a.a.O.*
7 Zitiert nach Rolf R. Bigler, *Der libertäre Sozialismus in der Westschweiz,* Köln 1963.
8 F. Brupbacher, *a.a.O.*
9 Michail Bakunin, *Confession,* Paris 1932. Deutsch: *Michail Bakunins Beichte aus der Peter-Pauls-Festung an Zar Nikolaus I.,* Berlin 1926.
10 Varnhagen von Ense, *Tagebücher* Bd. V, Leipzig 1862.
11 Bakunins Bericht an Herzen vom 8. 12. 1860 aus Irkutsk in: Bakunin, *Socialpolitischer Briefwechsel mit Alexander Herzen und Ogarjew,* Stuttgart 1895. Franz. Ausgabe: *Correspondance de M. Bakounine, Lettres à Herzen et Ogarev,* Paris 1896.
12 *A.a.O.*
13 *A.a.O.*
14 Edmond et Jules Goncourt, *Journal 1851–96* Teil II, Paris 1956.
15 *Correspondance de M. Bakounine.*
16 *»Programme de la Société de la Révolution internationale«,* zitiert nach Brupbacher, *a.a.O.*
17 Wolfgang Dressen, *Antiautoritäres Lager und Anarchismus,* Berlin 1968.
18 ›Revolutionärer Katechismus‹, in: Bakunin, *Philosophie der Tat,* Neuausgabe Köln 1968.
19 Siehe Anm. 18: Richard Beer im Vorwort zur zitierten Ausgabe.
20 *Ebenda.*
21 Michail Bakunin, *Gesammelte Werke* Bd. III, Berlin 1924.
22 Zitiert nach R. R. Bigler, *a.a.O.*
23 Zitiert nach E. R. Papa, *Storia dei sovversivi italiani.*
24 *A.a.O.*
25 Zweite Berner Rede. Siehe Bigler, *a.a.O.*
26 Brupbacher, *a.a.O.*

VI. Kapitel

1 *Correspondance de M. Bakounine.*
2 Tschiżewskij, *a.a.*O.
3 Iwan Turgenjew, *Werke,* München 1957.
4 Paul Mliukow, *Histore de la Russie.* Zitiert bei Jean Barrué, *a.a.*O.
5 *Correspondence de Bakounine.*
6 »Katechismus des Revolutionärs«, zitiert bei Brupbacher, *a.a.*O.
7 *Ebenda.*
8 F. Dostojewskij, *Die Dämonen,* Frankfurt am Main 1954.
9 Tschiżewskij, *a.a.*O.
10 Michail Bakunin »Das Volksgericht« (1870) in: Bakunin, *Werke* Bd. II.
11 Tschiżewskij, *a.a.*O.
12 David Shub, *Lenin,* Wiesbaden 1957.
13 Michail Bakunin, *Gott und der Staat und andere Schriften,* Reinbek 1969.
14 James Guillaume, *Bakounine* zitiert bei Guérin, *a.a.*O.
15 Zitiert nach Nettlau, *Von Proudhon zu Kropotkin.*
16 *A.a.*O.
17 R. R. Bigler, *a.a.*O.
18 *Ebenda.*
19 Brief vom 4. Dez. 1913, zitiert bei Brupbacher, *a.a.*O.
20 Zitiert nach Nettlau, *a.a.*O.
21 Zitiert nach James Joll, *Die Anarchisten,* Frankfurt am Main 1966.
22 Michail Bakunin, ›L'Empire knouto-germanique‹, in: Bakunin, *Gesammelte Werke* Bd. III, Berlin 1924.
23 Friedrich Engels, *Der Briefwechsel zwischen Friedrich Engels und Karl Marx,* 1913; Neuausgabe Berlin 1949–50.

VII. Kapitel

1 Nettlau, *a.a.*O.
2 Zitiert nach Brupbacher, *a.a.*O.
3 Barrué, *a.a.*O.
4 Bakunin, *Confession.*
5 Bakunin, *Gott und Staat.*

VIII. Kapitel

1 James Joll, *a.a.*O.

IX. Kapitel

1 Peter Kropotkin, *Memoiren eines Revolutionärs* (Autour d'une vie, 1902), Frankfurt am Main 1969.
2 *A.a.*O.

3 *A.a.O.*
4 *A.a.O.*
5 *A.a.O.*
6 *A.a.O.*
7 *A.a.O.*
8 *A.a.O.*
9 Jean Elleinstein, *Reflexions sur la Commune de 1871*, Paris 1971.
10 Kropotkin, *Memoiren eines Revolutionärs.*
11 *A.a.O.*
12 *A.a.O.*
13 *A.a.O.*
14 *A.a.O.*
15 Anhänger von Louis-Auguste Blanqui (1805–1881), sozialistischer »Jacobiner«, der an den französischen Revolutionen des 19. Jahrhunderts teilnahm. Von ihm stammt das von den Anarchisten übernommene Wort *Ni Dieu ni Maître* (Weder Gott noch Herr). Er verfocht dabei die sozialistische Diktatur.
16 Kropotkin, *Memoiren eines Revolutionärs.*
17 *A.a.O.*
18 Zitiert nach Nettlau, *Von Proudhon zu Kropotkin.*
19 *A.a.O.*
20 *A.a.O.*
21 *A.a.O.*
22 *A.a.O.*
23 André Salmon, *La Terreur Noire*, Paris 1959.
24 Kropotkin, *Memoiren eines Revolutionärs.*

X. Kapitel

1 Pierre Kropotkin, *Paroles d'un Révolté*, Paris 1885.
2 Pierre Kropotkin, *L'Esprit de Révolté.*
3 Zitiert nach Nettlau, *a.a.O.*
4 Kropotkin, *Memoiren eines Revolutionärs.*
5 *A.a.O.*
6 Prosper Lissagaray, *Geschichte der Kommune von Paris*, Berlin 1956.
7 *A.a.O.*
8 *A.a.O.*
9 Peter Kropotkin, *In Russian and French Prisons*, London 1887.
10 *The Times*, 21. Juli 1960; zitiert nach James Joll, *a.a.O.*
11 Pierre Kropotkin, *L'Anarchie, sa philosophie, son idéal*, Paris 1896, zitiert nach: Rammstedt, *Anarchismus. Grundtexte zur Theorie und Praxis der Gewalt*, Köln und Opladen 1969.
12 Kropotkin, *Memoiren eines Revolutionärs.*
13 Max Nettlau, *Anarchisten und Sozialrevolutionäre*, Berlin 1931.
14 Kropotkin, *Mutual Aid: A Factor of Evolution*, London 1902. Deutsch: Kropotkin, *Gegenseitige Hilfe*, Leipzig 1908.
15 Peter Kropotkin, ›Anarchistische Moral‹, zitiert nach Rammstedt, *a.a.O.*

16 *A.a.O.*
17 *A.a.O.*
18 *A.a.O.*
19 Kropotkin, *Memoiren eines Revolutionärs.*
20 Vernon Richards, *Errico Malatesta, His Life and Ideas*, London 1965.

XI. Kapitel

1 *Pensiero e Volontà*, vom 1. 7. 1926.
2 Zitiert nach Vernon Richards, *a.a.O.*
3 *Pensiero e Volontà.*
4 Zitiert nach E. R. Papa. *A.a.O.*
5 *A.a.O.*
6 Nettlau, *Anarchisten und Sozialrevolutionäre.*
7 *A.a.O.*
8 *A.a.O.*
9 Im Londoner Exilblatt *Associazione* 1889, zitiert nach Richards, *a.a.O.*
10 Nettlau, *Anarchisten und Sozialrevolutionäre.*
11 *A.a.O.*
12 Guérin, *Ni Dieu ni Maître.*
13 *A.a.O.*
14 G. Megaro, *Mussolini dal mito alla realtà*, Mailand 1947.
15 Luigi Fabbri, *Malatesta, l'uomo e il pensiero*, Neapel 1951.
16 Richards, *a.a.O.*
17 Guérin, *Ni Dieu ni Maître* III.
18 Zitiert nach George Woodcock, *Anarchism*, London 1963.
19 *A.a.O.*
20 Fabbri, *a.a.O.*
21 Richards, *a.a.O.*
22 *A.a.O.*

XII. Kapitel

1 Zitiert nach Salmon, *La Terreur Noire.*
2 *A.a.O.*
3 J. C. Longoni, *Four Patients of Dr. Deibler, a Study in Anarchy.*
4 Salmon, *a.a.O.*
5 *A.a.O.*
6 *A.a.O.*
7 Longoni, *a.a.O.*
8 *A.a.O.*
9 *A.a.O.*
10 Salmon, *a.a.O.*
11 Longoni, *a.a.O.*
12 *A.a.O.*

13 Salmon, *a.a.O.*
14 Longoni, *a.a.O.*
15 Zitiert nach Rammstedt, *a.a.O.*
16 Zitiert nach Longoni, *a.a.O.*
17 Zitiert nach Salmon, *a.a.O.*

XIII. Kapitel

1 Zitiert nach Joll, *a.a.O.*
2 Zo d'Axa, *De Mazas à Jerusalem,* Paris 1902.
3 Friedrich Nietzsche, *Der Wille zur Macht. Der Versuch einer Umwertung aller Werte,* Stuttgart 1968.
4 H. H. Holz in einer Sendung des Hessischen Rundfunks.
5 Jean Paulhan, *Les Fleurs de Tarbes,* Paris 1941.
6 Louis Aragon-André Breton, *La Révolution d'abord et toujours* (Manifeste surréaliste), Paris 1928.
7 Georges Sorel, *Reflexions sur la violence,* Paris 1907; *Illusions du Progrès,* Paris 1908.

XIV. Kapitel

1 Friedrich Engels, *Briefwechsel zwischen Friedrich Engels und Karl Marx.*
2 Johann Most, *Memoiren – Erlebtes, Erforschtes und Erdachtes,* New York 1903.
3 R. Rocker, *Johann Most, das Leben eines Rebellen,* Berlin 1924.
4 Most, *a.a.O.*
5 *A.a.O.*
6 *A.a.O.*
7 H. Greulich in: *Zürcher Volksrecht,* Juli 1900, zitiert nach Rocker, *a.a.O.*
8 Eugen Dühring, *Kritische Geschichte der Nationalökonomie und des Sozialismus,* Berlin 1879.
9 Eugen Dühring, *Cursus der National- und Sozialökonomie,* Berlin 1892.
10 Nach Nettlau, *a.a.O.*, in der Dühring-Biographie von E. Döll, 1893.
11 Karl Marx am 19. 10. 1877 an F. Sorge.
12 ›Zur Geschichte der Freiheit‹, in: *Die Freiheit,* Jhrg. 1896.
13 Most, *a.a.O.*
14 Rocker, *a.a.O.*
15 Nettlau, *a.a.O.*
16 Rocker, *a.a.O.*
17 *Die Freiheit,* Jhrg. 1896.
18 Rocker, *a.a.O.*
19 *Die Freiheit,* Jhrg. 1884.
20 George Woodcock, *Anarchism, a.a.O.*
21 Zitiert nach Nettlau, *Anarchisten und Sozialrevolutionäre.*
22 Francis Russel, *Tragedy at Detham,* New York 1962, zitiert nach Joll, *a.a.O.*

23 Gustav Landauer, ›Anarchistische Gedanken über Anarchismus‹, 1901 in: *Die Zukunft,* zitiert nach O. Rammstedt, *a.a.*O.
24 Gustav Landauer, »Die Revolution« in der Reihe: *Die Gesellschaft,* Leipzig 1907.
25 Franz Jung, *Der Weg nach unten,* Neuwied/Rh. 1961.

XV. Kapitel

1 Voline, *La Révolution Inconnue,* Paris 1947.
2 Zitiert nach Joll, *a.a.*O.
3 Voline, *a.a.*O.
4 *A.a.*O.
5 Victor Serge, *Beruf: Revolutuionär,* Frankfurt am Main 1967.
6 Victor Serge, *L'An I de la Révolution russe,* Paris 1971.
7 Kropotkin zitiert nach Voline, *a.a.*O.
8 Voline, *a.a.*O.
9 Barrué, *a.a.*O.
10 W. I. Lenin, *Die nächsten Aufgaben der Sowjetmacht,* in: Lenin, *Werke* Bd. 27, Berlin 1972.
11 P. Archinow, *L'Histoire du movement makhnoviste,* Paris 1928.
12 Archinow, *a.a.*O.
13 Joll, *a.a.*O.
14 Voline, *a.a.*O.
15 Stuart Christie/Albert Meltzer, *The Floadgates of Anarchy,* London 1970.
16 Voline, *a.a.*O.
17 A. Berkman, *Der Aufstand von Kronstadt,* Berlin 1922, zitiert bei A. v. Borries/Ingeborg Brandies, *Anarchismus, Theorie – Kritik – Utopie,* Frankfurt am Main 1970.
18 André Nataf, *La Révolution Anarchiste,* Paris 1968.
19 A. Berkman, *Der Aufstand von Kronstadt,* zitiert nach Borries/Brandies, *a.a.*O.
20 Zitiert nach Nataf, *a.a.*O.
21 A. Berkman, zitiert nach Borries/Brandies, *a.a.*O.
22 Zitiert nach Joll, *a.a.*O.

XVI. Kapitel

1 Zitiert nach Woodcock, *a.a.*O.
2 Nettlau, *Anarchisten und Sozialrevolutionäre.*
3 Nettlau, *a.a.*O.
4 Zitiert nach Woodcock, *a.a.*O.
5 ›Großes Manifest vom März 1883‹, zitiert nach Nettlau, *a.a.*O.
6 Woodcock, *a.a.*O.
7 Dr. Valina in: *Inqiètudes,* 1. 1. 1944, zitiert nach Augustin Souchy, *Anarcho-Syndikalisten über Bürgerkrieg und Revolution in Spanien,* Darmstadt 1969.
8 Zitiert nach Joll, *a.a.*O.
9 Zitiert nach Nettlau, *a.a.*O.

10 Zitiert nach Joll, *a.a.O.*
11 Zitiert nach Souchy, *a.a.O.*
12 *A.a.O.*
13 Zitiert nach D. Guérin, *Ni Dieu ni Maître,* IV.
14 Woodcock, *a.a.O.*
15 *A.a.O.*
16 Souchy, *a.a.O.*
17 *A.a.O.*

XVII. Kapitel

1 Joll, *a.a.O.*
2 Souchy, *a.a.O.*
3 *A.a.O.*
4 Zitiert nach Nataf, *a.a.O.*
5 Souchy, *a.a.O.*
6 Zitiert nach Joll, *a.a.O.*
7 Zitiert nach H.-Ch. Kirsch, *Der Spanische Bürgerkrieg in Augenzeugenberichten,* Düsseldorf 1967.
8 Zitiert nach: Nataf, *a.a.O.*
9 Zitiert nach Souchy, *a.a.O.*
10 *A.a.O.*
11 Souchy, *a.a.O.*

XVIII. Kapitel

1 J. W. Stalin, ›Anarchismus oder Sozialismus?‹, zitiert in: *Kursbuch* 19/1969: ›Kritik des Anarchismus‹.
2 Zitiert bei Pregizer, *a.a.O.*
3 Elleinstein, *a.a.O.*
4 Cohn-Bendit, *Pluralistischer Aufstand,* abgedruckt bei Rammstedt, *a.a.O.*

Bibliographie

Anarchismus	Theorie – Kritik – Utopie, hrsg. von Achim von Borries u. Ingeborg Brandies, Frankfurt am Main 1970.
	Grundtexte zu Theorie und Praxis der Gewalt, hrsg. von Otthein Rammstedt, Köln u. Opladen 1969.
Andler, Ch.	*Nietzsche, sa vie et sa pensée,* Paris 1928.
Aragon, Louis, Breton, André, – etc.	*La Révolution d'abord et toujours (manifeste surréaliste),* Paris 1928.
Archinow, P.	*L'Histoire du mouvement makhnoviste,* Paris 1928.
Arvon, Henri	*L'Anarchisme,* Paris 1951.
Babeuf, Gracchus	*Textes choisis, ed. Claude Mazauric,* Paris 1965.
Bakunin, Michail	*Gesammelte Werke,* 3 Bde., Berlin 1921–24.
	Social-politischer Briefwechsel mit Alexander Herzen und Ogarjew, eingeleitet und erläutert von Michail Dragomanow, Stuttgart 1895; franz. Ausgabe: *Correspondance de M. Bakounine, Lettres à Herzen et Ogarev,* publiées par M. Dragomanov, Paris 1896.
	Philosophie der Tat, Einl. v. Rainer Beer, Köln 1968.
	Confession, traduit du Russe par Paulette Brupbacher, Paris 1932; Deutsch: *Michael Bakunins Beichte aus der Peter-Pauls-Festung an Zar Nikolaus I.,* übers. von Kurt Kersten, Berlin 1926. Neuausg. Frankfurt am Main 1973.
	Gott und der Staat u. andere Schriften, hrsg. von Susanne Hillmann, Reinbek 1969.
Baldessari, Giovanna	*Gli anarchici,* Padova 1968.
Barrès, Maurice	*Le Culte du Moi,* Paris 1891.
	Leurs Figures, Paris 1902.

Barrué, Jean — siehe Brupbacher.
Beer, Rainer — siehe Bakunin.
Bigler, Rolf R. — *Der libertäre Sozialismus in der Westschweiz,* Köln 1963.
Blumberg, Werner — *Karl Marx in Selbstzeugnissen und Bilddokumenten,* Reinbek 1962.
Borries, A. von ... — siehe *Anarchismus, Theorie – Kritik – Utopie.*
Brailsford, H. N. — *Shelley, Godwin and their Circle,* London 1913.
Brandies, Ingeborg — siehe *Anarchismus, Theorie ...*
Breton, André — siehe Aragon, Louis.
Briefe u. Auszüge aus Briefen von J. Ph. Becker, J. Dietzgen, Friedrich Engels, Karl Marx u. a., Stuttgart 1906.
Brupbacher, Fritz — *Michail Bakunin, der Satan der Revolte,* Zürich 1929; franz. Ausg.: *Bakounine ou le démon de la révolte,* avec annotations et trois études par Jean Barrué, Paris 1971.
Buonarroti, Filippo — *Babeuf u. die Verschwörung für die Gleichheit, mit dem durch sie veranlaßten Prozeß* etc., übers. u. eingel. von A. u. W. Blos, Stuttgart 1909.
Christie, Stuart
Meltzer, Albert — *The Floadgates of Anarchy,* London 1970.
Croce, Benedetto — *Geschichte des neunzehnten Jahrhunderts,* dtsch. v. K. Vossler u. R. Peters, Frankfurt am Main 1968.
Doering, Wit von — *Les sociétés secrètes de France et d'Italie,* Paris 1830.
Dostojewskij, Feodor M. — *Die Dämonen,* dtsch. von Gregor Jarcho, Frankfurt am Main 1954.
Dressen, Wolfgang — *Antiautoritäres Lager u. Anarchismus,* Berlin 1968.
Dubois, Félix — *Le Péril anarchiste,* Paris 1894; deutsche Ausg.: *Die anarchistische Gefahr,* Amsterdam 1894.
Dühring, Eugen — *Kritische Geschichte der Nationalökonomie und des Sozialismus,* Berlin 1879.
Cursus der National- und Sozialökonomie, Berlin 1892.
Duveau, Georges — *La Vie Ouvrière en France sous le second Empire,* Paris 1892.
Elleinstein, Jean — *Réflexions sur la Commune de 1871,* Paris 1971.
Engels, Friedrich — *Der Briefwechsel zwischen Friedrich Engels und Karl Marx,* hrsg. von A. Bebel u. E. Bernstein, 4 Bde., 1913; neue Ausg. Berlin 1949–50.

Fabbri, Luigi — *Malatesta, l'uomo e il pensiero,* Napoli 1951.

Fetscher, Iring — ›Sozialismus, Vom Klassenkampf zum Wohlfahrtsstaat‹ Reihe: *Mächte und Kräfte unseres Jahrhunderts,* München 1968.

Die Freiheit, Jahrgänge der Zeitschrift von 1878 bis 1906, London, Schaffhausen, New York, Buffalo.

Die Frühsozialisten I (1789–1848), Texte des Sozialismus und Anarchismus, Reinbek 1970.

Garaudy par Garaudy — *Entretiens avec Claude Gayman,* Paris 1970.

Godwin, William — *An Enquiry Concerning the Principles of Political Justice and Its Influence on General Virtue and Happiness,* 2 vls, London 1793.

Goncourt, Edmond et Jules — *Journal 1851–96,* tome II, Paris 1956.

Guérin, Daniel — *Ni Dieu ni Maître,* Anthologie de l'anarchisme, 4 tomes, Paris 1970.

L'Anarchisme, Paris 1965; dtsch.: *Anarchismus, Begriff und Praxis,* Frankfurt am Main, 3. Aufl., 1969.

Guillaume, James — *L'Internationale, documents et sources,* Paris 1905–1910.

Bakounine, une biographie, Paris 1902.

Hegel, Georg Wilhelm Friedrich — Grundlinien der Philosophie des Rechts, Berlin 1821; Neuausg. in: *Sämtliche Werke,* Bd. I, hrsg. von Glockner, Leipzig 1927–1930.

Helms, Hans-Georg — *Ideologie der anonymen Gesellschaft, Max Stirners »Einziger« und der Fortschritt des demokratischen Selbstbewußtseins vom Vormärz bis zur Bundesrepublik,* Köln 1966.

Hess, Moses — *Die heilige Geschichte der Menschheit,* Köln 1837.

Herzen, Alexander — *Mein Leben, Memoiren und Reflexionen 1852–68,* a. d. Russischen v. Hertha von Schulz, Berlin 1962.

Vom anderen Ufer, München 1969.

Huch, Ricarda — *Michael Bakunin und die Anarchie,* Leipzig 1923.

Joll, James — *Die Anarchisten,* a. d. Engl. v. A. Kellner, Frankfurt am Main 1966.

Jung, Franz — *Der Weg nach unten,* Neuwied/Rh. 1961.

Kirsch, Hans-Christian — *Der spanische Bürgerkrieg in Augenzeugenberichten,* Düsseldorf 1967.

Knigge, A. von — *Nachtrag von weiteren Originalschriften, welche die Illuminatensekte ... betreffen,* München 1787.

Krämer-Badoni, Rudolf — *Anarchismus, Geschichte und Gegenwart einer Utopie,* Wien–München–Zürich 1970.

Kropotkin, Pierre — *Paroles d'un Révolté*, Paris 1885.
In Russian and French Prisons, London 1887.

Kropotkin, Peter — *Mutual Aid, a Factor of Evolution*, London 1902.
Die französische Revolution, Leipzig o. J.
Memoiren eines Revolutionärs (Autour d'une vie, 1902) dtsch. v. Max Pannwitz, Frankfurt am Main 1970.

Kursbuch 1969 — ›Kritik des Anarchismus‹, Frankfurt am Main 1969.

Landauer, Gustav — ›Die Revolution‹, in der Reihe: *Die Gesellschaft* hrsg. v. Martin Buber, Leipzig 1907.

Lenin, W. I. — ›Dem Gedächtnis Herzens‹, *Werke* Bd. 18, Berlin 1972.
›Die nächsten Aufgaben der Sowjetmacht‹ (1918) in: *Werke* Bd. 27, Berlin 1972.

Lennhoff, Eugen — *Politische Geheimbünde*, Wien–München–Zürich 1966.

Lissagaray, Prosper — *Geschichte der Kommune von Paris*, neu hrsg. v. Traute Feigel, Berlin 1956.

Longoni, J. C. — *Four Patients of Dr. Deibler, a Study in Anarchy*, London 1970.

Mackay, John-Henry — *Max Stirner, sein Leben und sein Werk*, Leipzig 1897.

Malatesta, Errico — siehe Richards, Vernon.

Marighela, Carlos — *Handbuch des Stadtguerrillero*, Berlin 1970.

Marx, Karl — *Die Heilige Familie*, Frankfurt am Main 1845; Neuausg. Berlin 1953.
Misère de la Philosophie, Paris 1847, dtsche Ausg.: *Das Elend der Philosophie*, Stuttgart 1885; Neuausg. Berlin 1947.
›Die deutsche Ideologie‹ in: *Der Historische Materialismus*, Die Frühschriften, hrsg. v. S. Landshut u. J. P. Mayer 2 Bde., Leipzig 1932; neue, gekürzte Ausgabe Stuttgart 1953.
Briefwechsel: siehe Friedrich Engels und unter *Briefe und Auszüge ...*

Masini, Pier-Carlo — *Storia degli anarchici italiani da Bakunin à Malatesta*, Milano 1969.

Megaro, G. — *Mussolini dal mito alla realtà*, Milano 1947.

Merlino, Saverio — *Perchè siamo anarchici?*, Genova 1966.

Morelli — *Code de la nature ou le véritable esprit de ses lois*, Paris 1757.

Most, Johann — *Memoiren – Erlebtes, Erforschtes, Erdachtes*, New York 1903.

Nataf, André — *La Révolution anarchiste*, Paris 1968.

Nettlau, Max — *Vorfrühling der Anarchie*, Berlin 1924.
Der Anarchismus von Proudhon zu Kropotkin, Berlin 1927.
Anarchisten und Sozialrevolutionäre, Berlin 1931.

Nietzsche, Friedrich — *Der Wille zur Macht, Versuch einer Umwertung aller Werte*, 1884–88, Neuausg. Stuttgart 1968.

Papa, Emilio R. — *Storia dei sovversivi italiani*, Milano 1968.

Paulhan, Jean — *Les Fleurs de Tarbes*, Paris 1941.

Pensiero e Volontà Jahrgang 1926, Roma.

Père Peinard Jahrgang 1894–1897.

Pregizer, R. — *Die politischen Ideen Karl Follens*, Leipzig 1912.

Proudhon, Pierre-Joseph — *Qu'est-ce que la propriété?* Paris 1841.
Système des contradictions économiques ou Philosophie de la misère, 2 vls, Paris 1846.
Idée générale de la Révolution au XIX. siècle, Paris 1851.
La Révolution sociale démontrée par le coup d'Etat du 2 décembre, Paris 1852.
De la Justice dans la Révolution et dans l'Eglise, Paris 1858.
De la capacité politique des classes ouvrières, Paris 1864.
Confessions d'un Révolutionnaire pour..., Paris 1849; dtsch.: *Bekenntnisse eines Revolutionärs, um zur Geschichtsschreibung der Februarrevolution beizutragen*, hrsg. v. Günter Hillmann, Reinbek 1969.

Rammstedt — siehe *Anarchie, Grundtexte ...*

Richards, Vernon — *Errico Malatesta, His Life and Ideas*, London 1965.

Rocker, Rudolf — *Johann Most, das Leben eines Rebellen*, Berlin 1924.

Rosselli, Nello — *Mazzini e Bakunin*, Torino 1967.

Salmon, André — *La Terreur Noire, Chronique de l'Action anarchiste*, Paris 1959.

Shelley, Percy Bysshe — *The Complete Works of Shelley*, 10 vls, London 1926–1929.
›Das brennende Herz‹ in: *Im Banne des Dionysos*, München 1958.

Serge, Victor — *L'An I de la Révolution russe*, 3 tomes, Paris 1971.
Beruf: Revolutionär, Frankfurt am Main 1969.

Shub, David — *Lenin*, dtsch. v. Zedtwitz u. de Vries, Wiesbaden 1957.

Sorel, Georges — *Réflexions sur la violence*, Paris 1907.
Illusions du Progrès, Paris 1908.

Souchy, Augustin — *Anarcho-Syndikalisten über Bürgerkrieg und Revolution in Spanien*, Darmstadt 1969.

Stirner, Max — *Der Einzige und sein Eigentum*, Leipzig 1843, Neuausgb. München 1970.
Kleinere Schriften, Berlin 1915.

Thomas, Bernard — *Anarchisten, ein Bericht* (Das kurze, aber dramatische Leben des Jules Bonnot und seiner Komplizen), dtsch. v. Verena Haas-Jent u. Ilse Bindseil, Olten u. Freiburg i. Br. 1970.

Thoreau, Henry-David — *Über die Pflicht zum Ungehorsam gegen den Staat*, dtsch. v. W. E. Richartz, Zürich 1970.
Walden oder das Leben in den Wäldern, a. d. Amerikan. v. Emma Emmerich u. Tatjana Fischer, Zürich 1971.

Tschižewskij, Dimitri — *Zwischen Ost und West, Russische Geistesgeschichte*, II. Bd., Reinbek 1961.

Tucker, Benjamin — *Instead of a Book*, New York 1893.

Turgenjew, Iwan — *Werke*, dtsch. v. Johannes von Günther, München 1957.

Varnhagen von Ense — *Tagebücher* Bd. V, Leipzig 1862.

Voline — *La Révolution Inconnue*, Paris 1947.

Woodcock, George — *Anarchism*, London 1963.

Zo d'Axa — *De Mazas à Jérusalem*, Paris 1902.